PONS

Deutsche Grammatik & Rechtschreibung

von Ines Balcik
und Klaus Röhe

PONS GmbH
Stuttgart

PONS
Deutsche Grammatik & Rechtschreibung

von Ines Balcik
und Klaus Röhe

Dieses Werk folgt der neuen amtlichen Regelung der deutschen Rechtschreibung, die am 1. August 2006 in Kraft trat.
Es ist inhaltlich weitgehend identisch mit ISBN 978-3-12-560647-0.

1. Auflage A1 6 5 4 3 / 2014 2013 2012 2011

PONS Produktinfos und Shop: www.pons.de
PONS Sprachenportal: www.pons.eu
E-Mail: info@pons.de

Redaktion: Corinna Löckle-Götz
Layout/Satz: Ulrike Promies, Metzingen
Logoentwurf: Erwin Poell, Heidelberg
Logoüberarbeitung: Sabine Redlin, Heidelberg
Einbandgestaltung: Tanja Haller, Petra Hazer, Stuttgart
Titelfoto: Vlado Golub, Stuttgart
Druck und Bindung: Print Consult GmbH, Oettingenstraße 23, München

Printed in Austria.
ISBN: 978-3-12-561423-9

Herzlich willkommen!

Sie wollen mehr wissen über die deutsche Grammatik.

Dieses Buch wird Ihnen dabei helfen – mit einfachen, verständlichen Erklärungen.

Grammatik, **Rechtschreibung** und **Zeichensetzung** – diese drei Bereiche rund um die Sprache sind sehr eng miteinander verbunden. Deshalb werden sie in diesem Buch auch gemeinsam behandelt.

Viele Erklärungen zur Rechtschreibung und Zeichensetzung werden Sie nicht in gesonderten Kapiteln finden, sondern dort, wo sie zu den Grammatikregeln passen. Dann werden auch die Zusammenhänge klarer.

Alle wichtigen und zusammenfassenden Regeln sind blau gedruckt und stehen in einem schwarzen Rahmen.
Das ! macht Sie auf Besonderheiten und häufige Stolperfallen aufmerksam.
Boxen mit dem ABC-Symbol enthalten Erklärungen zur Rechtschreibung.
Das !?,-Symbol weist auf Tipps zur Zeichensetzung hin.
Boxen mit dem Leiter-Symbol enthalten nützliche weiterführende Informationen.
Verweise auf andere zum jeweiligen Thema passende Stellen im Buch erkennen Sie an der blauen Schrift und dem ▶-Zeichen.

So finden Sie schnell, was Sie suchen:

- ▶ **Grammatikthemen**

  Suchen Sie das gewünschte Thema über das Inhaltsverzeichnis ab Seite 5.

- **Erklärung einzelner Grammatikbegriffe**

  Schlagen Sie den Begriff in der Erklärung der Fachbegriffe ab Seite 318 nach. Vielleicht finden Sie dort bereits genügend Informationen. Falls Sie noch mehr wissen möchten, lesen Sie weiter unter der dort angegebenen Seitenzahl.

- **Regeln zur Rechtschreibung**, zur Groß- und Kleinschreibung oder zur Getrennt- und Zusammenschreibung

  Gehen Sie zum Wegweiser für die Tipps und Erklärungen zur Rechtschreibung ab Seite 11. Die dort angegebenen Beispiele helfen Ihnen, schnell die gewünschte Regel im Buch zu finden.

- **Schreibung schwieriger Wörter**

  Schlagen Sie in der Liste ab Seite 289 nach.

- **Bestimmte Stichwörter**

  Im Sach- und Stichwortverzeichnis ab S. 339 können Sie viele Stichwörter und einzelne Begriffe nachschlagen.

- **Regeln zur Zeichensetzung**

  Auf den Seiten 8 und 9 im Inhaltsverzeichnis finden Sie die Seitenverweise zu den Regeln für die verschiedenen Satzzeichen.

- **Zweifelsfälle und Stolperfallen**

  Der Wegweiser zu den Zweifelsfällen und Stolperfallen ab Seite 16 führt Sie zu einer Reihe von Tipps und Erklärungen, die Ihnen helfen, Stolpersteine zu vermeiden – bei Grammatik, Wortwahl und den häufigsten Kommafehlern.

Dieses Buch enthält außerdem einige praktische Übersichten, in denen Sie z. B. ein schwieriges Verb oder Nomen nachschlagen können. Der Wegweiser auf Seite 10 führt Sie gezielt dorthin.

Inhaltsverzeichnis

Praktische Übersichten

		Seite
Die zehn Wortarten	Nomen (Substantiv), Verb (Zeitwort) …	43
Die vier Kasus (Fälle)	Nominativ (1. Fall)	51
Begleiter	dieser/mein/jeder Stuhl	49 f.
Adjektive mit unregelmäßiger Steigerung	grob, gr**ö**ber, am gr**ö**bsten hoch, h**ö**her, am h**ö**chsten	96 f.
Indefinitpronomen als Begleiter oder Stellvertreter	**Jeder** Spieler darf **alles.** **Keiner** darf **nichts.**	83 f.
Schwierige Nomen	das Tor, die Tor**e** der Tor, die Tor**en**	46 ff.
Nomen, die **aus dem Englischen** stammen	Computer, T-Shirts	61
Verschmelzung von **Präposition + Artikel**	an + das ➤ **ans** hinter + das ➤ **hinters**	183
Vollständige Konjugation von **Beispielverben**	haben sein werden dürfen, können, mögen müssen, sollen, wollen halten (Aktiv und Passiv) reisen	144 f. 146 f. 148 f. 150 f. 152 f. 154 ff. 158 f.
Schwierige Verben	bitten, **bat, gebeten**	119 f.
Wichtige Abkürzungen	usw., z. B., o. g., o. Ä.	261
Schwierige Adjektive	**entsetzt** über + Akkusativ, sich **bewusst** sein + Genitiv	289

Tipps und Erklärungen zur Rechtschreibung

Das Stammprinzip – eine wichtige Regel		Seite
Die richtige Schreibung verwandter Wörter ableiten	**grau** → **gräu**lich hacken → Häcksel	40
Wörter mit Ablaut richtig schreiben	**finden**, **fand**, **Fund**büro	40 f.

Regeln zur Schreibung der Laute		
Die Schreibung der Vokale, Diphthonge und Umlaute		
äu oder **eu**? **ei** oder **ai**? **ä** oder **e**?	säubern – **heu**len; **Leib** – **Laib**; Wände – W**e**nde	22 ff.
Die Schreibung lang gesprochener Vokale		
a, **aa** oder **ah**? **i**, **ie**, oder **ih**? **o**, **oo** oder **oh**? **u** oder **uh**?	**Aa**l, **A**del, Pf**ah**l, V**ie**h, **ih**n, T**o**r, M**oo**r, h**oh**l, n**u**r, K**uh**le	25 f.
ä, **ö**,und **ü** nie verdoppeln	B**ö**tchen, H**ä**rchen, S**ä**le	26
Die Schreibung der Konsonanten nach kurz gesprochenem Vokal		
Verdopplung des Konsonants	Gewi**nn**, La**pp**en, Mu**tt**er, So**mm**er, We**ll**e	27
zwei verschiedene Konsonanten	Li**ns**e, Sta**ng**e, Wo**rt**	27
nur ein Konsonant	**am**, dr**in**, **vom**	27
Die Schreibung des f-Lauts		
f, **ph** oder **v**?	Sen**f**, **f**ertig, Al**ph**abet, **V**orteil	28
fer oder **ver**?	**Fer**ien, **Ver**trag	27
f oder **ph** bei Fremdwörtern?	Fotogra**f** – **Ph**otogra**ph**	28

		Seite
Die Schreibung der s-Laute		
Die sechs Grundregeln	**S**u**s**anne, Fa**ss**, Kno**s**pe, Bu**ß**e	29 f.
Die Wortverlängerung hilft weiter	Ei**s** → ei**s**ig, Flei**ß** → flei**ß**ig	30 f.
Konjugierte Verben mit **s**, **ss** oder **ß**?	la**ss**en → sie lä**ss**t fre**ss**en → er fra**ß** ra**s**en → du ra**s**t	31
das oder **dass**?	Ich weiß **das**. Ich weiß, **dass** …	191
Die Schreibung der **s**-Laute in der **Schweiz**	das Ma**ß** – das Ma**ss**	32
Die Schreibung des w-Lauts		
v oder **w**?	**v**age, **W**agen	32 f.
Die Schreibung des x-Lauts		
chs, **cks**, **gs**, **ks** oder **x**?	A**chs**e, Kle**cks**, flu**gs**, Ke**ks**, A**x**t	33
Die Schreibung des z-Lauts		
z, **tz** oder **zz**?	rei**z**en, Ka**tz**e, Pi**zz**a	33

Weitere Tipps zur Schreibung der Laute		
s oder **ß**? Erfinden Sie Eselsbrücken	Hei**ß**e Luft macht hei**s**er.	32
end- oder **ent-**?	**end**gültig, **ent**schuldigt	38
eee, **fff**, **ttt** – Keine Angst vor Buchstabenhäufungen	Auspu**fff**lamme, Be**ttt**uch, Kaff**ee**-Ersatz	42
Die Schreibung der Laute am Wortende – die Wortverlängerung hilft weiter		
p oder **b**? **d** oder **t**? **g** oder **k**?	Rau**b** → rau**b**en, Ra**t** → ra**t**en, Ber**g** → Ber**g**e	28 f.
s oder **ß**?	Ei**s** → ei**s**ig, Flei**ß** → flei**ß**ig	30 f.

		Seite
Regeln zur Silbentrennung		
Wörter nach Sprechsilben trennen	ab-lau-fen, Bre**nn-n**essel	35
Fremdwörter trennen	Hek-tar / Hekt-ar	36
Wörter mit mehreren Trennmöglichkeiten	d**a-r**auf / da**r-a**uf, Sau**e-r**ei	36
Regeln zur Groß- und Kleinschreibung		
Nomen werden großgeschrieben	**S**usanne, **B**ambi, **T**isch, **I**talien, **L**iebe, **V**eränderung	44
Mit Begleiter werden andere Wörter zu Nomen		
Adjektive	**G**utes tun, alles **S**chöne, das **S**chlechte, viel **T**eures	57 f., 58, 89
Verben	ein lautes **S**töhnen	57
Adverbien	das **H**eute und das **G**estern	58
Präpositionen	das **F**ür und **W**ider	58
Groß- und Kleinschreibung der Indefinitpronomen		
alles, etwas, nichts	Wir standen vor dem **N**ichts und brauchten **a**lles.	57, 85
andere, einer, irgendjemand, manche	Die **a**nderen haben **i**rgendjemanden getroffen.	84 f.
Groß- und Kleinschreibung bei Numeralien		
Kardinalzahlen	eine **Z**wei schreiben, **z**ehn, **M**illion	57, 173
Ordinalzahlen	der **e**rste Mai, der **E**rste sein	57, 174 f.
Bruchzahlen	ein **h**albes Brot, ein **V**iertel der Torte	175 f.
Vervielfältigungszahlen	die **d**reifache Menge, ein **M**ehrfaches teurer	177
Unbestimmte Zahlwörter: ***viel, wenig, einige, einzeln, ganz, sonstige, übrige, weitere …***	**v**iele, **e**inzelne Häuser – der **E**inzelne, das **g**anze Haus – das **G**anze, **ü**briges Essen – die **Ü**brigen, alles **W**eitere	85, 178 f.

		Seite
Die höfliche Anrede		
Sie, Ihnen, Ihr, Ihre	Wie geht es **I**hnen? Das ist **I**hr Büro.	67, 72 f.
Häufige Stolperfallen bei der Groß- und Kleinschreibung		
Dank, Kraft, Laut, Trotz, Zeit als Präpositionen	**d**ank seiner Fürsorge, **t**rotz des Wetters	56 f.
Angst, Bange, Gram, Leid, Pleite, Schuld, Recht, Unrecht als Adjektive	Ich bin es **l**eid. Das ist mir **r**echt. Ich bin nicht **s**chuld. Wir sind **p**leite.	56 f.
Ein ***Paar*** oder ***ein paar***?	**ein p**aar Schuhe, ein **P**aar Schuhe	86

Regeln zur Getrennt- und Zusammenschreibung

Getrennt- und Zusammenschreibung von Verbindungen verschiedener Wortarten		
Adjektiv + Adjektiv	bitterböse – lausig kalt ③* ⑥ ⑦	100
Adjektiv + Partizip	blau gestreift / blaugestreift, weit reichend / weitreichend ⑤	100
Adjektiv + Verb	klein hacken / kleinhacken; freisprechen, festsetzen	161 f.
Adverb + Partizip	zuvor erledigt, herbeikommend	166 f.
Adverb + Verb	dableiben – links gehen	166 f.
Nomen + Adjektiv	eisfrei, steinreich, stocktaub, hitzebeständig ① ④	99 f.
Nomen + Partizip	angsterfüllt ① Trost spendend / trostspendend	99 106 f.
Nomen + Verb	Angst haben – preisgeben	160
Numerale + Adjektiv	hundertjährig ② vielgestaltig	100 175
Partizip + Adjektiv	kochend heiß ⑧	101
Partizip + Verb	gefangen nehmen	107
Präposition + Nomen	mithilfe, vonseiten, zu Hause / zuhause	186

* Die eingekreisten Zahlen verweisen auf die Regelnummer

		Seite
Präposition + Nomen + Verb	infrage / in Frage stellen	186
Präposition + Verb	hintergehen, nachahmen, vorlesen	186
Verbstamm + Adjektiv	kauflustig, kochfest ①	99
Verb + Verb	spazieren gehen	160
andere Wörter + ***sein***	dabei sein, da sein	110
Weitere Regeln zur Getrennt- und Zusammenschreibung		
zu + Verb	**zu** **g**ehen, **zu** **w**iederholen, ein**zu**führen	253
Das Adverb ***nicht*** + Adjektiv, Partizip oder Nomen	nicht amtlich – nichtamtlich, nicht leitend, der **N**ichtleitende	169 f.
Zahlen in Worten schreiben	zwei Millionen dreihunderttausendundfünf	172

Weitere Stolpersteine bei der Rechtschreibung

-es oder **-s** als Endung bei **Nomen** im Genitiv?	des Holz**es**, des Tisch**es**, des Ordner**s**, des Boden**s**	53
Das **Plural-s** bei englischen **Nomen**	Shop**s**, Test**s**, Snack**s**	60
Der Superlativ der **Adjektive**	am komi**schst**en, am treffen**dsten**, das **B**este	97
w**ie**der oder w**i**der?	w**ie**derholen, w**i**dersprechen	26
Zahlen als Ziffern oder in Buchstaben?	**zwölf** Tage, **13** Frauen; **zehn**stellig – **10**-stellig	172, 179
Konjugationsformen der **Verben** richtig schreiben	ich wand**ele** – ich wand**le** du hiel**tst** – du hiel**test**	123, 124
Kein Apostroph bei Verschmelzung von Präposition + Artikel	~~unter's~~ unters Bett	187, 285

Zweifelsfälle und Stolperfallen bei Grammatik, Wortwahl und Kommas

		Seite
Nomen		
Der Genitiv bei Eigennamen	dem ~~Toni seine Frau~~ Tonis Frau	210
Eigennamen immer ohne Artikel!	~~**Die**~~ **Tina** hat gestern in der Schule gefehlt.	65
Adjektive		
Die Beugung bei mehreren Adjektiven	mit passend**em** rot**em** / rot**en** Tuch	93
Nicht deklinierbare Adjektive	prima, extra, super, lila	92 f.
Pronomen		
mir oder ***mich***? – Dialekte und Hochsprache	~~Da werden **Sie** geholfen.~~ Da wird **Ihnen** geholfen.	67
Derselbe oder ***der gleiche***?	das **gleiche** Auto, **dieselbe** Frau	75
Welcher oder ***welches***? ***Welchen*** oder ***welches***?	Zu Beginn **welchen** / **welches** Jahres?	82
Die Deklination von ***jemand*** und ***niemand*** (***anders***)	Das muss ich **jemand anderem** / **jemand anders** geben.	84
ihr oder ***deren***, ***sein*** oder ***dessen***?	Fragen Sie doch Frau Meier, ihre Chefin oder **ihre** / **deren** Sekretärin.	71 f.
deren oder ***derer***?	die Gruppe **derer** ... – Es ergaben sich Probleme, **deren** wir uns nicht bewusst waren.	80

		Seite
Adverbien		
als und ***wie*** auseinanderhalten	so schön **wie** du, schöner **als** du	95
hin und ***her*** auseinanderhalten	**hin**bringen – **her**kommen	169
Worum oder ***um was***?	~~Um was~~ Worum geht es? – Darum.	168, 240
Präpositionen		
wegen und ***um … willen*** + Personalpronomen	~~wegen mir~~ meinetwegen, um unseretwillen	182
während, ***trotz***, ***wegen*** mit dem Genitiv	wegen ~~dem~~ **des** Wetter**s** während ~~den~~ **der** Ferien	183
einschließlich, mangels, statt mit Genitiv oder Dativ	einschließlich **der** Getränk**e**/ Getränk**en**	183
ab, am: Dativ oder Akkusativ bei Datumsangaben und Mengenangaben	**ab** erst**en** / erst**em** April, **am** Samstag, de**m** / **den** 12. Januar	185, 212, 271
entlang mit Genitiv, Dativ oder Akkusativ	entlang **des Ufers** – **das Ufer** entlang	186
Verben		
Trennbare und nicht trennbare **Präfixe** bei Verben	Ich **wider**spreche dir nicht. Ich **spreche** dir **vor**.	38
Modalverben in der Umgangssprache	Wir **wollen** heute zum Volksfest (**gehen**).	111
Zusammengesetzte Zeiten mit **Modalverben**	Ich weiß nicht, was ich **hätte sagen sollen.** Das habe ich nicht **gewollt.**	112

		Seite
Haben oder *sein* bei ***fahren, liegen, sitzen, stehen***?	Ich **habe** das Auto gefahren. Ich **bin** nach Rom gefahren.	115
Präsens oder **Futur I** verwenden?	Morgen **fahre** ich weg/**werde** ich **wegfahren.**	129
Perfekt oder **Präteritum** verwenden?	Gestern **ging** er fort/ ist er **fortgegangen**.	128
Perfekt als Ersatz für das **Futur II**	Wenn er kommt, **werde ich abgereist sein/bin ich abgereist**.	129
Konjunktiv: Ersatzformen und die Umschreibung mit *würde*	Ich **ginge** ja gern. / Ich **würde** ja gerne **gehen.**	134 ff.
Die häufigsten Kommafehler vermeiden		
Das Komma bei Anreden und Grußformeln	Hallo, liebe Kathrin, Herzliche Grüße	270
Dreh- und Zählprobe bei mehreren Adjektiven	ein neuer, großer Spielplatz neue technische Verfahren alte gesetzliche Regelungen	265
Kein Komma bei Adverbialen am Satzanfang!	Entgegen der Annahme vieler Texteschreiber darf in diesem Satz kein Komma stehen.	263

Laute, Buchstaben und Wörter

Die gesprochene Sprache besteht aus Lauten

Laute sind die kleinsten Bausteine der gesprochenen Sprache.

Sie entstehen, indem beim Ausatmen Luft durch die **Sprechorgane** geleitet wird. Zu den Sprechorganen zählen die Stimmbänder, der Gaumen, die Nase, die Zunge und die Lippen. Man kann die verschiedensten Laute bilden, indem man diese Sprechorgane unterschiedlich einsetzt.

Stimmhafte und stimmlose Laute

Stimmhaft sind Laute, die so gesprochen werden, dass die Stimmbänder beim Sprechen mitschwingen. **Stimmlose** Laute entstehen dagegen, ohne dass die Stimmbänder mitschwingen.

Testen Sie, welche Laute stimmhaft sind

Legen Sie zwei Finger an Ihren Kehlkopf und sprechen Sie langsam das Wort *Ferienbeginn* aus. Sie werden über die Fingerspitzen merken, wie die Stimmbänder schwingen, denn das Wort *Ferienbeginn* besteht aus vielen stimmhaften Lauten. Versuchen Sie es dann mit dem Wort *Obstkuchen*. Wenn Sie langsam sprechen, stellen Sie fest, dass die Stimmbänder bei den Lautfolgen *bstk* und *ch* nicht mitschwingen, denn dies sind stimmlose Laute.
Probieren Sie es ruhig auch mit anderen Wörtern aus.

Die Vokale

Vokale sind Laute, bei denen die Stimmbänder in Schwingung versetzt werden, danach kann der Luftstrom aber ungehindert entweichen. **Vokale sind immer stimmhaft.**

Vokale werden mit den Buchstaben ***a, e, i, o, u*** wiedergegeben. Zu den Vokalen zählen auch die **Diphthonge** (Zwielaute) ***au, ei, eu, ai, äu*** und die **Umlaute *ä, ö*** und ***ü***.

Alle Vokale in der Übersicht

Die einfachen Vokale		Die Diphthonge		Die Umlaute	
a	T**a**g	**au**	**lau**fen	**ä**	Gew**ä**sser
e	W**e**g	**ei**	Z**ei**ger	**ö**	Str**ö**me
i	b**i**s, l**ie**gen	**eu**	h**eu**len	**ü**	w**ü**nschen
o	K**o**ffer, M**oo**s	**ai**	H**ai**		
u	St**u**hl, Z**u**cker	**äu**	l**äu**ten		

Die unterschiedliche Aussprache der Vokale

Vokale kommen in verschiedenen **Klangfarben** vor. Zum Beispiel steht in dem Wort *Verkehr* der erste *e*-Laut an unbetonter Stelle und klingt entsprechend schwach und farblos. Der zweite *e*-Laut des Wortes jedoch strömt breit durch die Mundöffnung und klingt hell und klar. In *Teenager* wird das *e* wie ein langes *i* ausgesprochen. In *Fest* hören wir ein *ä*.

▶ *Schreibung der Vokale, S. 22 ff.*

Ähnliches gilt auch für die *o*-Laute, z. B. in dem Wort *Motto*: Das kurze offene *o* vor dem *t*-Laut hat wesentlich weniger Klangcharakter als das gedehnte und geschlossene *o* am Ende des Wortes.

Die offene und geschlossene Aussprache des Vokals *o*

Von ***geschlossenem o*** sprechen wir, wenn der Laut mit kreisrund geöffneten, „gespitzten" Lippen gesprochen wird wie im Wort *Moos*. ***Offene Aussprache*** ist, wenn die Lippen weiter geöffnet sind, z. B. beim *o* in dem Wort *Koffer*.

Die Konsonanten

Alle Buchstaben unseres Alphabets außer den Vokalen sind Konsonanten. Bei den Konsonanten wird der Luftstrom behindert oder sogar ganz unterbrochen. Dies geschieht mithilfe der Lippen, der Nase, des Gaumens und der Zunge.

Viele Konsonanten und Konsonantenverbindungen können wir einteilen in stimmhafte und stimmlose Konsonanten:

Stimmhafte Konsonanten und Konsonantenverbindungen			
b	am Silbenanfang: **B**ahn, ha**b**en	**ng**	Fa**ng**, Fi**ng**er
d	**d**urch, we**d**eln	**sch**	Pa**g**e, Gara**g**e
g	**G**ang, **g**ur**g**eln	**r**	**r**ot, Pfa**rr**er
j	**j**eder, **j**agen	**s**	**s**agen, **s**au**s**en
l	**l**eben, Wa**ll**	**v**	**V**ase, **v**ibrieren
m	**M**ut, Ha**mm**er	**w**	**W**asser, e**w**ig
n	**nennen**		
Stimmlose Konsonanten und Konsonantenverbindungen			
b	am Silbenende: O**b**st, Kor**b**	**s**	ro**s**tig, la**ss**en, flie**ß**en
ch	aufwa**ch**en, wi**ch**tig	**sch**	A**sch**e, **Sch**ild

f	**F**all, **f**ort	**t**	We**tt**er, **T**ee**t**asse
h	**H**alt, **h**allen	**tsch**	plan**tsch**en, Pa**tsch**e
k, ck	lo**ck**er, **K**äse**k**uchen	**v**	**V**etter, **v**erweilen
p	**P**a**pp**el, O**p**er	**x, ks**	fi**x**, Ni**x**e
pf	Wi**pf**el, **Pf**effer	**z**	gei**z**ig, wür**z**en

Die Aussprache und Schreibung von *sp* und *st*

Wenn ein Wort oder eine Silbe mit ***sp*** oder ***st*** beginnt, spricht man diese beiden Buchstaben wie ***schp*** bzw. ***scht***:

Und andersrum: Geschrieben wird am Wort- oder Silbenanfang immer nur *sp* und *st*, auch wenn Sie ein *schp* oder *scht* hören.

spitze Steine (gesprochen: ***schp**itze **Scht**eine*)

Stehen ***sp*** oder ***st*** jedoch in der Mitte eines Wortes zwischen zwei Vokalen oder am Wortende, spricht man sie auch als ***sp*** bzw. ***st***:

knisternde Holzraspel (gesprochen: *kni**st**ernde Holzra**sp**el*)

Die geschriebene Sprache besteht aus Buchstaben

Die gesprochene Sprache besitzt eine Vielzahl von Lauten, die in der geschriebenen Sprache einer begrenzten Anzahl von Buchstaben zugeordnet werden müssen. Umgekehrt kann aber auch ein Laut mit verschiedenen Buchstaben und Buchstabenkombinationen geschrieben werden.

Die Schreibung der Vokale

äu oder *eu*? *ei* oder *ai*? *e* oder *ä*?

Man schreibt ein Wort mit ***ä*** bzw. ***äu***, wenn man es auf ein verwandtes Wort mit ***a*** oder ***au*** zurückführen kann. Beispiele:

ä/äu	verwandtes Wort
sich **äu**ßern	**au**ßen
F**ä**lle, f**ä**llen	F**a**ll, f**a**llen
F**äu**le	f**au**l
Gl**äu**biger	gl**au**ben
beh**ä**nde	H**a**nd
s**äu**bern	s**au**ber
t**äu**schen	T**au**sch

Ist eine solche Rückführung nicht möglich, schreibt man in der Regel ***e*** oder ***eu***:

*B**eu**le, **Eu**le, **Eu**ter, Fr**eu**de, h**eu**te, h**eu**len, L**eu**te, M**eu**te, S**eu**che, Sch**eu**sal, t**eu**er, Z**eu**ge ...*

Einprägen sollten Sie sich aber noch folgende Wörter, die man mit ***äu*** schreibt, obwohl man sie nicht auf ein Wort mit *au* zurückführen kann:

*Kn**äu**el, R**äu**de* (Tierkrankheit), *sich r**äu**spern, S**äu**le, sich str**äu**ben*

Auch für die Unterscheidung von ***ei*** und ***ai*** gibt es keine feste Regel und beide Laute klingen gleich. Zum Glück gibt es aber nur wenige Wörter mit *ai*. Einige kann man sich leicht merken, weil man sie anderen Wörtern mit *ei* gut gegenüberstellen kann:

*L**ei**b* (Körper)	aber:	*L**ai**b* (Brot)
*L**ei**che* (toter Körper)	aber:	*L**ai**ch* (Froscheier)
*S**ei**te* (im Buch)	aber:	*S**ai**te* (bei Saiteninstrumenten)
*w**ei**se, W**ei**se*	aber:	*W**ai**se* (Kind ohne Eltern)

Wenn Sie sich auch noch die folgenden Wörter merken, kennen Sie praktisch alle Wörter mit ***ai***:

*K**ai**, K**ai**ser, H**ai**, H**ai**n, L**ai**e, M**ai**, M**ai**s, R**ai**n*

Die **Umlaute *ä, ö*** und ***ü*** sind häufig in Wörtern zu finden, die von anderen Wörtern abgeleitet wurden. Dabei wird ein *a* zu *ä*, ein *o* wird zu *ö* und ein *u* wird zu *ü*.

ahnen →	ähnlich	Chor →	Chöre
Fall →	Fälle	malen →	Gemälde
Rose →	Röschen	Schwamm →	Schwämme
Stuhl →	Stühle	Ton →	Töne
wahren →	Gewähr	Wand →	Wände

Ein ***ö*** oder ein ***ü*** können Sie leicht heraushören.

Schwieriger ist es beim **Umlaut *ä***, denn das *ä* klingt häufig wie ein *e*. Es gibt leider keine feste Regel, wann man ein *e* oder *ä* schreibt. Das bedeutet: Wenn Sie Wörter mit solch einem Laut nicht von einem Wort ableiten können, das mit *a* geschrieben wird, müssen Sie sich dessen Schreibung einprägen. Hier sind einige Wörter, die sich nicht ableiten lassen und gleich klingen, aber unterschiedlich geschrieben werden (**Homophone**):

*die B**ä**ren*	*B**ee**ren*
*die **E**hre*	*die **Ä**hre (Getreidefruchtstand)*
*die L**e**rche (ein Vogel)*	*die L**ä**rche (ein Nadelbaum)*
*der S**e**gen*	*die S**ä**gen*

Sammeln Sie schwierige Wörter

Die Schreibweisen im Zusammenhang mit den *Vokalen* sind vielgestaltig und lassen sich leider nicht immer in feste Regeln fassen; daher muss man sich die Schreibweise vieler Wörter einfach merken.
Notieren Sie Wörter, die Sie immer wieder falsch schreiben, auf kleinen Karteikärtchen. Sammeln Sie die Kärtchen in einem passenden Kasten. Bei Gelegenheit können Sie diese Wörter laut vorlesen und anschließend aus dem Gedächtnis aufschreiben.

Die Schreibung lang gesprochener Vokale – *a, aa* oder *ah*? *i, ie* oder *ih*? *o, oo* oder *oh*? *u* oder *uh*?

Es gibt leider keine festen Regeln für die Schreibweisen bei lang gesprochenen Vokalen, aber wenn man weiß, welche verschiedenen Möglichkeiten der Schreibung es gibt, fällt es leichter, sich die Wörter zu merken.

- Nach langem Vokal schreibt man häufig ein ***Dehnungs-h***.
  *h**oh**l, F**oh**len, K**oh**le, k**üh**l, M**eh**l, m**eh**r, S**oh**le, St**uh**l, w**äh**len, w**üh**len, Z**ah**l ...*

- Ein langer ***i***-Laut wird fast immer als ***ie*** geschrieben.
  *B**ie**ne, d**ie**nen, M**ie**ne, v**ie**le, z**ie**hen ...*

- Die Buchstabenfolge ***ih*** gibt es nur bei den Wörtern ***ihn, ihm, ihr, ihnen, ihre, ihren, ihrem.***

- Nur ganz wenige Wörter enthalten die Buchstabenverbindung ***ieh***; das *h* hört man hier aber nicht oder kaum:
  *fl**ieh**en* *V**ieh*** *w**ieh**ern* *z**ieh**en*
  Außerdem taucht das ***ieh*** auch manchmal bei den folgenden starken Verben auf:
  befehlen → *bef**ieh**lt* *geschehen* → *gesch**ieh**t*
  sehen → *s**ieh**t* *stehlen* → *st**ieh**lt*

- Lange ***a-, e-*** und ***o-***Laute werden manchmal als ***aa, ee*** oder ***oo*** geschrieben. Aber zum Glück gibt es nur wenige Wörter mit dieser Schreibweise, die Sie sich schnell einprägen können. Hier die häufigsten:
  aa: *Aal, Aar, Aas, Haar, Maat, Maar, Paar, Saal* (aber Mehrzahl: *Säle*), *Saat, Staat, Waage*
  ee: *Allee, Armee, Beere, Beet, Fee, Galeere, Gelee, Heer, Idee, Kaffee, Klee, leer, Leere, Lorbeer, Meer, Püree, Reederei, Schnee, See, Seele, Speer, Tee, Teer*
  oo: *Boot, Moor, Moos, Zoo*

Die Umlaute *ä, ö* und *ü* werden nie verdoppelt

Die Umlaute *ä, ö* und *ü* werden nie verdoppelt, auch wenn sie lang gesprochen werden:

Säle (= Mehrzahl von *Saal*), *Bötchen, Härchen* (= Verkleinerungsformen von *Boot, Haar*)

- Am häufigsten werden lang gesprochene Vokale ohne jedes Dehnungszeichen geschrieben. Einige Beispiele:
__A__del, __A__der, B__a__d, b__e__ben, d__a__ran, d__i__r, g__e__gen, g__u__t, H__u__t, kl__e__ben, l__e__ben, l__e__gen, l__o__ben, L__o__rbeer, __o__ben, r__o__deln, r__u__fen, s__a__gen, S__e__gen, St__e__g, str__e__ben, v__o__r, w__a__gen, W__a__l, W__e__g, w__i__r …

***wieder* oder *wider*?**

Das Wort ***wieder*** bedeutet *erneut/nochmals* oder *zurück*.

Manchmal wird *wieder* mit einem nachfolgenden Verb zusammengeschrieben, manchmal nicht. Hier sollten Sie in einem guten Wörterbuch nachschlagen.

Das Wort ***wider*** hat immer die Bedeutung von *gegen* und wird immer mit einem nachfolgenden Verb zusammengeschrieben:

widerrufen, sich widersetzen, widerspiegeln, widersprechen, widerstehen …

Wider kommt auch in anderen Wörtern vor, z. B.:

Widerstand, widersinnig, widerspenstig, widerwillig …

Die Schreibung der Konsonanten

Die Schreibweisen nach kurz gesprochenem Vokal

Auch für die Schreibung nach kurz gesprochenem Vokal gibt es keine feste Regeln. Aber auch hier gibt es immerhin nur eine beschränkte Anzahl von Möglichkeiten, nach denen Sie die Wörter sortieren können.

- Auf einen kurzen Vokal folgen meist zwei Konsonanten. Dabei kann es sich um zwei verschiedene Konsonanten handeln oder der nachfolgende Konsonant wird verdoppelt.
  – **zwei verschiedene Konsonanten:** *Geld, Gurt, Kante, Kiste, Linse, Macke, Stange, Wort …*
  – **ein verdoppelter Konsonant:** *Blätter, dass, donnern, dumm, Lippe, Mutter, Pfeffer …* ▶ *siehe auch s-Laute, S. 29 ff.*

- Das ***kk*** und das ***cc*** kommen nur in Fremdwörtern vor, z. B.: *Mokka, Boccia*. Ansonsten schreibt man immer ***ck***: *Backe, knacken, packen, zwicken …*

- Einzelne Konsonanten am Ende eines Wortes nach kurzem Vokal kommen selten vor. Beispiele: ***am**, **bin**, **bis**, **Bus**, **drin**, **hin**, **im**, **mit**, **Tram**, **vom**, **Wagnis**, **zum** …*

Die Schreibweisen des f-Lauts

Der ***f***-Laut wird auf verschiedene Arten geschrieben: ***f, v, ph***. In vielen Fällen müssen Sie sich einfach merken, wie die Wörter geschrieben werden, aber es gibt ein paar Hilfen:

- Nach einem ***n*** schreiben wir innerhalb derselben Silbe immer ***f***: *Auskunft, Senf, Vernunft, Zukunft, Zunft …*

- Viele Wörter mit dem ***f***-Laut besitzen das Präfix ***ver-*** oder ***vor-***. Sie werden also mit ***v*** geschrieben.

fer oder *ver*?

Die Wörter ***Ferien, fern, fertig, Ferkel*** und ***Ferse*** sind die einzigen deutschen Wörter, die mit **fer** beginnen. Alle Wörter, die sich aus diesen Wörtern zusammensetzen, werden entsprechend auch mit **f** geschrieben:

Fernsehen, fertigen, Fertiggericht, Ferienende, Ferkelei

Alle anderen Wörter werden mit **v** geschrieben:

Vertrag, vergehen, Verdruss, vereinbaren, Verkauf, unverhofft …

- Das ***ph*** kommt nur in Fremdwörtern vor.
  *Al**ph**abet, As**ph**alt, **Ph**iloso**ph**, **Ph**os**ph**or, Stro**ph**e …*

f oder *ph*? – Bei *phon*, *phot* und *graph* haben Sie die Wahl

Wörter mit den Wortteilen ***phon, phot*** und ***graph*** können Sie mit ***ph*** oder mit ***f*** schreiben, z. B.:

*Fotogra**f** – **Ph**otogra**ph**; Gra**f**ik – Gra**ph**ik; Saxo**f**on – Saxo**ph**on*
*Tele**f**on* schreiben Sie jetzt allerdings besser nur noch mit *f*.

Die Laute *p*, *t* und *k* am Wortende

Schreibt man ein Wort am Ende mit ***p*** oder ***b***, ***t*** oder ***d***, ***k*** oder ***g***? Das können Sie herausfinden, wenn Sie das **Wort verlängern**. Dann hören Sie den Buchstaben genau, z. B.:

	verlängertes Wort		**verlängertes Wort**
	p oder *b*?		
Camp	Camping	Dieb	Diebe
Hieb	Hiebe	Kalb	Kälber
Raub	rauben	Tipp	tippen
	d oder *t*?		
Entgelt	entgelten	Geld	Gelder
Rad	Räder, radeln	Rat	Räte, raten
Tod	des Todes	tot	töten
	g oder *k*?		
Balg	Bälge	Berg	Berge
Tag	Tage	Talg	talgig
Teig	teigig	Werk	Werke, werken
Volk	Völker	Zweig	Zweige

Achtung: Bei einigen Wörtern steht das ***b*** oder ***p*** mitten im Wort. Deshalb kann man nicht heraushören, wie sie geschrieben werden. Also prägen Sie sie sich die häufigsten am besten gleich ein:
Mit ***b*** schreibt man: *A**b**t, Er**b**se, Her**b**st, Kre**b**s, O**b**st, Scha**b**lone*
Mit ***p*** schreibt man: *Gi**p**s, gra**p**schen, Gri**p**s, Hau**p**t, Kla**p**s, kni**p**sen, Knir**p**s, Pa**p**st, Schli**p**s, Se**p**tember, Stu**p**s, tra**p**sen*

s, ss oder *ß*? – die Schreibung der *s*-Laute

Es gibt in der gesprochenen Sprache einen stimmhaften und einen stimmlosen **s-Laut.** Einen stimmhaften *s*-Laut können Sie immer als einfaches s schreiben. Schwieriger wird es, wenn das *s* stimmlos ausgesprochen wird. Die folgenden **sechs Grundregeln** sollten Sie sich unbedingt einprägen:

1. Stimmhaftes ***s*** **+ Vokal** oder **Diphthong** oder **Umlaut** am Anfang eines Wortes oder einer Silbe werden immer als **einfaches *s*** geschrieben.

*Am**s**el, Do**s**e, knau**s**ern, Rei**s**e, **S**u**s**anne, **s**au**s**en, nie**s**en …*

2. Nach einem Konsonanten steht immer ein **einfaches *s*.**

*Er**bs**e, Li**ns**e, (des) Compute**rs**, Pi**ls**, plum**ps**en, Stu**ps**, ru**ms**en …*

3. Vor einem ***p*** steht immer ein **einfaches *s*.**

*Bei**sp**iel, Kno**sp**e, li**sp**eln, Ri**sp**e, **sp**ülen …*

4. Vor einem ***t*** steht immer ein **einfaches *s*.**

*A**st**, fa**st**, Ko**st**, mei**st**ens, Mi**st**, **St**iel, **st**oppen, Verlu**st** …*

! Regel Nr. 4 gilt jedoch nicht für Verben und von ihnen abgeleitete Partizipien. ▶ *ABC-Tipp, S. 31*

> **5.** Das stimmlose ***ß*** kann nur **nach einem lang gesprochenen Vokal, Umlaut** oder **Diphthong** stehen.

***auß**en, **beiß**en, bl**oß**, B**uß**e, fl**ieß**en, Fl**oß**, Fr**aß**, M**aß**, **reiß**en, Sch**oß**, Sp**äß**e, sp**aß**en, Str**auß** ...*

> **6.** Ein ***ss*** ist immer stimmlos und kann immer nur **nach kurz gesprochenem Vokal** stehen.

*B**ass**, B**iss**, F**ass**, f**ass**en, Fl**uss**, H**ass**, h**ass**en, er **isst**, K**uss**, P**ass**, p**ass**en, R**oss**, Schl**oss**, T**ass**e, Überdr**uss** ...*

! Einige Wörter werden nur mit einem *s* statt mit *ss* geschrieben, obwohl sie nach Regel Nr. 6 mit *ss* geschrieben werden müssten. Aber das sind nicht sehr viele, die Sie sich deshalb schnell einprägen können. Hier die wichtigsten:

Nomen, die auf ***-ismus*** enden, z. B.: **Fanatismus, Realismus**
Nomen, die auf ***-nis*** enden, z. B.: **Geheimnis** (Plural: Geheimnisse), **Finsternis, Wagnis** (Plural: Wagnisse)
Fremdwörter, die auf ***-us*** enden, z. B.: **Fiskus** (Plural: Fisken), **Globus** (Plural: Globusse / Globen), **Kaktus** (Plural: Kakteen), **Krokus** (Plural: Krokusse), **Status** (Plural: Status)
Weitere Wörter: **Atlas** (Plural: Atlasse / Atlanten), **bis**, **Bus** (Plural: Busse), **das** (▶ *ABC-Tipp, S. 191)*, **Kürbis** (Plural: Kürbisse), **was**

Mithilfe der Wortverlängerung den *s*-Laut richtig schreiben

Bei manchen Wörtern mit einem *s*-Laut am Ende hilft es, wenn Sie das Wort verlängern. Wenn dann der *s*-Laut stimmhaft wird, schreibt man in der Einzahl nur ein einfaches *s*. Bleibt jedoch auch beim verlängerten Wort der *s*-Laut stimmlos, schreibt man in der Einzahl *ß*. (▶ *siehe Regel Nr. 1, S. 29)* Beispiele:

Eis → *eisig* (stimmhaft)	*Strauß* → *Sträuße* (stimmlos)
fies → *fieser* (stimmhaft)	*Fleiß* → *fleißig* (stimmlos)

! Wird ein Wort mit ***ss*** oder ***ß*** geschrieben, werden auch die mit ihm verwandten Wörter mit ***ss*** oder ***ß*** geschrieben, aber niemals nur mit einfachem *s* z. B.:

*flie**ß**en, Flo**ß**, Flu**ss***   *genie**ß**en, Genu**ss***   *Ma**ß**, me**ss**en*

▶ *siehe auch Tipp, S. 41, und ABC-Tipp auf dieser Seite*

Ein paar wichtige Wörter mit *s*-Lauten passen in keine der Regeln 1 bis 6. Sie lassen sich auch nicht verlängern. Da hilft nur auswendig lernen:

mit einfachem *s*	mit *ß*
aus, Gneis (ein Gestein), Griesgram, heraus, hinaus, Mais, Mus (Brei), raus, Reis	Grieß, Steißbein

Einfaches *s, ss* oder *ß*? – Der Infinitiv hilft weiter!

ABC

1. Bei **Verben mit stimmlosem *ss* oder *ß* im Infinitiv** taucht auch in den konjugierten Formen nur *ss* oder *ß* auf. Ob mit *ss* oder *ß* geschrieben wird, richtet sich nach dem davorstehenden Vokal *(▶ Regeln 5.und 6., S. 30)*. Es gilt:
   - konjugierte Verbform mit kurzem Vokal → ***ss:***
     *kü**ss**en* → *sie kü**ss**te*   *sprie**ß**en* → *sie spro**ss***
     *rei**ß**en* → *er ri**ss***
   - konjugierte Verbform mit langem Vokal bzw. Diphthong oder Umlaut → ***ß:***
     *la**ss**en* → *sie lie**ß***   *fre**ss**en* → *er fra**ß***   *rei**ß**en* → *er rei**ß**t*

   Es kann bei solchen Verben ein Wechsel zwischen *ss* und *ß* stattfinden, aber ein einfaches *s* taucht nie auf!
2. **Verben mit einfachem *s* im Infinitiv** haben in den konjugierten Formen immer nur ein **einfaches *s***, aber nie *ss* oder *ß*.
   *le**s**en* → *sie lie**s**t, sie la**s***   *bla**s**en* → *es blä**s**t, es blie**s***
   *rei**s**en* → *ich rei**s**e, sie rei**s**te*   *lö**s**en* → *ich lö**s**e, du lö**s**test*

Schreibung der *s*-Laute in der Schweiz

In der Schweiz verzichtet man auf den Buchstaben *ß*. Stattdessen wird dort immer *ss* geschrieben; gesprochen werden die Wörter allerdings genauso:

das Maß → Schweizerdeutsch: *das Mass*
büßen → Schweizerdeutsch: *büssen*

Erfinden Sie Eselsbrücken

In manchen Gegenden spricht man kein stimmhaftes *s*. Gehören Sie dazu? Dann haben Sie es leider ein wenig schwerer bei der Schreibung der s-Laute.

Versuchen Sie, sich die unterschiedlichen Schreibweisen ähnlich klingender Wörter mithilfe von Beispielsätzen zu merken, z. B.:

*Huch, die Farbe auf meinen Badflie**s**en flie**ß**t davon!*
*Ich bin schon ganz hei**s**er von der hei**ß**en Luft.*
*Auch nie**s**en kann man genie**ß**en.*
*Rei**s**en rei**ß**t mich nicht vom Hocker.*
*Der wei**ß**haarige Wei**s**e wei**s**t dir den Weg.*

Je komischer die Beispiele sind, die Sie sich ausdenken, desto besser können Sie sie im Kopf behalten.

Die Schreibweisen des w-Lauts

- Die meisten Wörter mit einem ***w***-Laut werden auch mit ***w*** geschrieben.

  *Ant**w**ort, be**w**egen, Ge**w**ehr, Ju**w**el, Kra**w**atte, Mö**w**e, vor**w**itzig, **W**agen, **W**and, **w**eil, **w**ellen, **w**erfen, **w**ieso, **w**ild, **w**issen, **W**ort, **W**ürze, **W**unde …*

- Alle Wörter, bei denen ein *w* gesprochen, aber ein ***v*** geschrieben wird, sind Fremdwörter. Hier ein paar wichtige:

*Akti**v**ität, bra**v**o, E**v**ent, e**v**entuell, extra**v**agant, insol**v**ent, In**v**alide, jo**v**ial, La**v**endel, Para**v**ent, pri**v**at, Re**v**olution, tri**v**ial, **V**akuum, **V**anille, **v**ariabel, **V**ase, **V**egetarier, **V**ene, **V**entil, **V**ideo, **V**illa, **V**irus, **V**isite, **v**isuell, **V**itamin, **V**olt, **V**ulkan*

Die Schreibweisen des x-Lauts

Der Laut, der am Ende des Wortes *lin**ks*** zu hören ist, wird auf verschiedene Weisen geschrieben.

- ***chs:*** *A**chs**e, Bu**chs**baum, Bu**chs**e, Bü**chs**e, Da**chs**, Dei**chs**el, dre**chs**eln, E**chs**e, Fu**chs**, Fla**chs**, La**chs**, Lu**chs**, O**chs**e, Sa**chs**e, se**chs**, Wa**chs**, wa**chs**en, we**chs**eln, Wu**chs** …*
- ***cks:*** *glu**cks**en, Hä**cks**el, Kle**cks**, Kna**cks**, kni**cks**en, Mu**cks** …*
- ***gs:*** *flu**gs**, halbwe**gs**, unterwe**gs** …*
- ***ks:*** *Ke**ks**, Ko**ks**, mur**ks**en, schla**ks**ig …*
- ***x:*** *A**x**t, E**x**emplar, E**x**perte, He**x**e, Ju**x**, kra**x**eln, Le**x**ikon, mi**x**en, Ni**x**e, Pra**x**is, Se**x**, Ta**x**i, Te**x**t, verfli**x**t …*

Manchmal hilft es Ihnen hier weiter, wenn Sie nach verwandten Wörtern suchen, z. B.: *ha**ck**en* → *Hä**ck**sel, Flu**g*** → *flu**g**s*

Die Schreibweisen des z-Lauts

Der Buchstabe ***z*** steht am Wort- oder Silbenanfang und nach einem lang gesprochenen Vokal oder einem Diphthong allein:

*Be**z**iehung, Bre**z**el, sie**z**en, rei**z**en, **Z**ahlen, **Z**eiger, **Z**ug …*

Nach einem kurz gesprochenen Vokal taucht das *z* aber immer nur gemeinsam mit dem ***t*** auf:

*Ka**tz**en, Mü**tz**en, Pla**tz**, pu**tz**en, schwi**tz**en …*

Ein ***zz*** taucht nur bei Fremdwörtern auf: *Pi**zz**a, Ra**zz**ia, Ski**zz**e …*

Wortbausteine fügen sich zu Wörtern zusammen

Die Welt der Wörter ist wie ein Baukasten: Eine Unmenge an Bausteinen unterschiedlichster Größen steht zur Verfügung, um die Wörter so zusammenzusetzen, wie man sie braucht.

Phonem, Morphem und Lexem

Kleinster Baustein ist das **Phonem**. Ein Phonem ist die feinste lautliche Unterscheidung, die bei Wörtern die Bedeutung verändert, z. B.: ***l**iegen* und ***s**iegen* oder *le**b**en* und *le**g**en*.

Die kleinsten bedeutungstragenden Bausteine sind die **Morpheme**. Dazu gehören die sogenannten Wortstämme wie *wort, bau, stein, hand, viel, fahr*.
Daneben gibt es auch Morpheme, die für sich selbst kein Wort sind. Sie können aber einem Wort vorangestellt werden, an das Wort angehängt werden oder mitten im Wort vorkommen und dadurch die Bedeutung des Wortes verändern. Beispiele: ***er**bau**lich**, Händ**ler**, stein**ig**, **Un**wort, viel**e**, **Er**fahr**ung***

Als **Lexem** bezeichnet man solche Bausteine, die schon allein für sich selbstständige Wörter sind und so in den Wörterbüchern auftauchen: *Bild, gehen, oft, schwer* …

In vielen Fällen entsprechen die Lexeme den Morphemen.

Die Silben und die Silbentrennung

Unter Silben versteht man Teile von Wörtern, die jeweils eine Sprecheinheit bilden. Jede Silbe enthält einen Vokal, Diphthong oder Umlaut.

Einsilbige Wörter (z. B. *Ei, Haus, klar, Zwerg*) können nicht getrennt werden.

Bei mehrsilbigen Wörtern ergibt sich manchmal die Notwendigkeit zu trennen, wenn man beim Schreiben am Zeilenende angekommen ist, weil das Wort nicht mehr ganz in die Zeile passt. Normalerweise trennt man ein Wort nach den Sprechsilben, das heißt nach den Bestandteilen, aus denen das Wort bei ganz langsamem Sprechen besteht: *hei-ßen, Ei-er, Pfle-ger, Ku-gel …* Dies ist die Grundregel. Aber ein paar Besonderheiten müssen beachtet werden:

- **Zusammengesetzte Wörter** trennen wir an der **Wortfuge**, also dort, wo sie aneinandergefügt wurden:

  Fern-seher, Schreib-tisch-uhr, spiegel-glatt, ab-holen …

  So vermeidet man auch sinnentstellende Trennungen, die das Lesen nur unnötig erschweren. Wir trennen also: *Spar-gelder* (nicht: *Spargel-der*), *Erb-information* (nicht: *Erbin-formation*), *Schlupf-lider*, (nicht: *Schlupfli-der*)

- **Einzelne Vokale** am Wortbeginn oder -ende dürfen nicht abgetrennt werden; also z. B. keine Trennung bei ***a**ber*, ***A**der*, ***I**gel*, ***O**fen*, *La**ie***, *Tri**o***. Das gilt auch bei zusammengesetzten Wörtern (Komposita): *Bi**o**-müll* (nicht: *Bi-omüll*). Bei Pluralformen mancher Wörter kann man aber trennen, wenn wegen der Pluralendung die Vokale am Wortende nicht mehr allein dastehen: *Tri-**os***, *Lai-**en***.

- Im Wortinneren hat man **bei zwei aufeinanderfolgenden Einzelvokalen** die Wahl, zu welcher Silbe man sie stellt, sofern es nicht die Fuge bei einem zusammengesetzten Wort betrifft: *europä-ische* oder *europäi-sche*, *nati-onal* oder *natio-nal*, *re-alistisch* oder *rea-listisch*, *Rui-ne* oder *Ru-ine …*

- Folgen in einem Wort **mehrere Konsonanten** aufeinander, kommt nur der letzte **Konsonant** auf die nächste Zeile:

Brenn-nessel, eif-rig, es-sen, Don-ner, größ-te, Karp-fen, knusp-rig, Lan-ze, Mus-ter, schnup-pern, sit-zen; Achtung bei ***tsch***: *Kut-sche, Prit-sche*

- Folgende **Buchstabenverbindungen trennt man nicht**, weil sie gemeinsam einen Laut ergeben: ***ch*** *(la-chen)*, ***ck*** *(We-cker)*, ***sch*** *(La-sche)*, ***ph*** *(Stro-phe)*, ***th*** *(Ma-thematik)*, ***sh*** *(Fa-shion)*, ***rh*** *(Zir-rhose)*
- Folgt in **Fremdwörtern** ein *l, n* oder *r* auf einen anderen Konsonanten, so kann nach dem Konsonanten getrennt werden *(Hyd-rant)* oder beide Konsonanten gehen auf die nächste Zeile *(Hy-drant)*. Beispiele: *stag-nieren / sta-gnieren; Fib-rin / Fi-brin, nob-le / no-ble Hotels, Mag-net / Ma-gnet*

Bei manchen Wörtern kann man nicht mehr erkennen, wie sie sich zusammensetzen, man kann also die Trennstelle nicht mehr genau ermitteln. In diesen Fällen hat man zwei Möglichkeiten der Trennung. Beispiele:

hin-auf / hi-nauf	*inte-ressant / inter-essant*
her-an / he-ran	*Pä-dagoge / Päd-agoge*
dar-um / da-rum	*Chry-santheme / Chrys-antheme*

Die Präfixe und die Suffixe

Die deutsche Sprache besitzt eine große Zahl von Präfixen und Suffixen, mit denen wir viele Wörter bilden können.

> Echte Präfixe und Suffixe sind keine selbstständigen Wörter, aber wenn wir sie vor oder hinter ein Wort hängen, verändern sie die Bedeutung des Wortes.

Die Präfixe

Präfixe verändern die Bedeutung von Nomen und Verben:

Präfixe zur Bildung von Nomen und Verben		
be-	Ruf → **Be**ruf	lagern → **be**lagern
dar-	reichen → **dar**reichen	Stellung → **Dar**stellung
emp-	finden → **emp**finden	fangen → **emp**fangen
ent-	wenden → **ent**wenden	warnen → **ent**warnen
er-	tragen → **er**tragen	Ziehung → **Er**ziehung
ge-	stehen → **ge**stehen	hören → **ge**hören
miss-	Handlung → **Miss**handlung	achten → **miss**achten
ver-	tragen → sich **ver**tragen	Achtung → **Ver**achtung
zer-	reißen → **zer**reißen	streuen → **zer**streuen

Auch Wörter, die wir aus einer Fremdsprache übernommen haben, können Präfixe haben. Beispiele:

a-	**a**sozial, **a**typisch	**ex-**	**Ex**trakt, **Ex**matrikulation
de-	**de**hydrieren, **de**fekt	**im-**	**Im**port, **Im**puls
dis-	**Dis**kurs, **Dis**sonanz	**re-**	**Re**sonanz, **re**flektieren

Auch viele **Präpositionen** und **Adverbien** können wir als Präfixe benutzen und mit ihnen neue Nomen und Verben bilden. Zwei Beispiele:

- das Nomen ***Sicht***: ***Ab****sicht*, ***An****sicht*, ***Auf****sicht*, ***Aus****sicht*, ***Durch****sicht*, ***Hin****sicht*, ***Nach****sicht*, ***Über****sicht*, ***Um****sicht*, ***Vor****sicht*
- das Verb ***legen***: ***ab****legen*, ***an****legen*, ***auf****legen*, ***aus****legen*, ***bei****legen*, ***hin****legen*, ***hinein****legen*, ***hinter****legen*, ***nach****legen*, ***nieder****legen*, ***über****legen*, ***unter****legen*, ***vor****legen*, ***wider****legen*, ***zu****legen*

Weitere Wörter, die Präfixe sein können: ***ein-***, ***für-***, ***weg-***

Das Präfix ***un-*** wird meistens bei Adjektiven benutzt und kehrt deren Bedeutung ins Gegenteil:

anständig → ***un**anständig* *brauchbar* → ***un**brauchbar*

Trennbare und nicht trennbare Präfixe bei Verben

Bei Verben können alle Präfixe, die im Infinitiv beim Sprechen betont werden, vom Verb getrennt werden:

*ablegen: Ich muss heute die zweite Prüfung **ablegen**.*
*Die dritte Prüfung **lege** ich übernächste Woche **ab**.*
*einstellen: Wir müssten eigentlich noch jemanden **einstellen**.*
*Aber unser Chef **stellt** gerade niemanden **ein**.*

Verben mit unbetontem Präfix sind dagegen nicht trennbar:

*hinterlassen: Boris **hinterließ** eine Nachricht.*
*widersprechen: Er **widersprach** nicht.*

Selten gibt es zwei verschiedene Betonungen. Dann hat das Verb auch zwei verschiedene Bedeutungen und ist im einen Fall trennbar, im anderen nicht.

*umgehen: Er **ging** gut mit der neuen Situation **um**.*
*umgehen: Er **umging** das Problem auf elegante Weise.*

▶ *Satzklammer, S. 213 f.*

end- oder *ent-*?

Das Präfix ***ent-*** vor einem Verb bedeutet eine Abgrenzung oder Trennung von etwas. Das Präfix ***ent-*** ist immer unbetont:

entfernen, Entgelt, entschuldigen, entfärben, entwachsen ...

Das Präfix ***end-*** bedeutet dagegen, dass das Wort etwas mit *Ende* zu tun hat. Die Silbe ***end-*** ist immer betont:
endlos, endgültig, Endzeit, Endreim, Endabrechnung, endlich, Endeffekt, Endlauf, Endlosigkeit ...

Also können Sie ganz einfach entscheiden: Ist die erste Silbe des Wortes unbetont, schreiben Sie *ent-*, ist die erste Silbe des Wortes betont, schreiben Sie *end-*.

Die Suffixe

Mithilfe von **Suffixen** können wir Nomen und Adjektive bilden.

Suffixe zur Bildung von Nomen			
-ei	Schweiner**ei**, Tröde**lei**	**-sal**	Lab**sal**, Schick**sal**
-heit	Dunkel**heit**, Schön**heit**	**-schaft**	Eigen**schaft**, Knapp**schaft**
-keit	Einig**keit**, Tapfer**keit**	**-sel**	Anhäng**sel**, Schnip**sel**
-ling	Feig**ling**, Neu**ling**	**-tum**	König**tum**, Reich**tum**
-nis	Hinder**nis**, Wag**nis**	**-ung**	Befrei**ung**, Ort**ung**
Suffixe zur Bildung von Adjektiven			
-bar	streit**bar**, wunder**bar**	**-lich**	ähn**lich**, lieb**lich**
-haft	mangel**haft**, schad**haft**	**-los**	lieb**los**, ziel**los**
-ig	kant**ig**, schmutz**ig**	**-sam**	selt**sam**, spar**sam**
-isch	herr**isch**, kind**isch**	**-ern**	eh**ern**, silb**ern**

Viele Wörter enthalten mehrere Prä- und Suffixe:
***an-er**-kennen, **Ver-ur**-teil-**ung**, **un-ver**-wund-**bar**, **Vor-be**-halt …*

kindlich oder *kindisch* – ein Unterschied?

Beachten Sie, dass unterschiedliche Suffixe erhebliche Bedeutungsunterschiede bewirken können. Zum Beispiel klingen die Adjektive *kind**lich*** und *kind**isch*** zwar sehr ähnlich, sie beschreiben aber unterschiedliches Verhalten: Ein *kindliches* Verhalten ist typisch für ein Kind. Aber ein *kindisches* Verhalten bedeutet, dass jemand, der gar kein Kind mehr ist, sich wie ein Kind benimmt.

Wortstämme und Ableitungen

Von großer Bedeutung für die Rechtschreibung ist das **Stammprinzip**. Viele Wörter lassen sich nämlich von einem Wort oder einem Wortstamm ableiten.
Ein **Wortstamm** trägt die eigentliche Bedeutung eines Wortes. Mit dem Wortstamm als Grundbaustein kann man viele Wörter bilden. Beispiele für Wortstämme:

fahr, find, grau, Stange, Hand, Wand, Wald, Laut

> Wenn Sie wissen, wie sich der **Wortstamm** schreibt, können Sie davon die Schreibung vieler anderer Wörter ableiten.

Also schreibt man z. B. *gr**äu**lich* mit *äu*, weil es von *gr**au*** abstammt. Weitere Beispiele:

Wort	Abstammung
*beh**ä**nde* (nicht: behende)	*Hand*
*l**äu**ten* (nicht: leuten)	*Laut*
*St**ä**ngel* (nicht: Stengel)	*Stange*
*W**ä**ldchen* (nicht: Weldchen)	*Wald*

> Von **Ableitung** spricht man, wenn ein Wortstamm den Grundbaustein bildet und durch Präfixe, Suffixe und andere Wortendungen neue Wörter gebildet werden, die mit der Bedeutung des Wortstamms zusammenhängen. Auf diese Weise entstehen ganze **Wortfamilien**.

Beispiel: der Wortstamm *find*: ***find**en, auf**find**en, auf**find**bar, er**find**en, Ab**find**ung, uner**find**lich, Er**find**er, emp**find**en, Be**find**lichkeit*

Manchmal ändert sich der Vokal in einem Wortstamm, wenn man neue Wörter ableitet; dann spricht man von einem **Ablaut**.

Weitere Wörter, die zum Beispiel vom Wortstamm *find* abgeleitet werden können, aber gar kein *i* mehr enthalten, sind: *f**a**nd, f**ä**nde, gef**u**nden, F**u**nd, F**u**ndbüro*. Bei diesen Beispielwörtern sind *a, ä* und *u* die Ablaute zum *i* im Wortstamm *find*.

Bilden Sie Wortfamilien

Bilden Sie **Wortfamilien**, z. B. zu den Wörtern *wissen* und *weisen* oder *reißen* und *reisen*. So erweitern Sie Ihren Wortschatz und Sie wissen immer, wie die einzelnen Wörter geschrieben werden. Ein Wörterbuch hilft Ihnen gerne beim Wörtersammeln.

Komposita

Wortstämme eignen sich gut dazu, mit anderen Wörtern zusammengesetzt zu werden und dadurch neue Begriffe zu bilden.

Komposita (zusammengesetzte Wörter) bestehen aus einem **Grundwort**, das immer am Ende des zusammengesetzten Wortes steht, und einem oder mehreren **Bestimmungswörtern**. Dabei bestimmt das Grundwort die Wortart des Kompositums.

Zusammengesetzte Nomen richten ihr Geschlecht nach dem Grundwort. Beispiel:

schreib + (die) Feder + (der) Halter = ***der*** *Schreibfeder****halter***

Dieses neue Wort ist maskulin, da das Grundwort, *der Halter*, maskulin ist.

Ein anderes Beispiel:

(das) Land + (der) Bezirk + (der) Fachbereich + (der) Vorstand + (die) Sitzung = ***die*** *Landesbezirksfachbereichsvorstands**sitzung***

Dieses Wort ist feminin, weil das Grundwort, *die Sitzung*, feminin ist.

Zusammensetzungen von Wortstämmen gibt es auch **bei Adjektiven und Verben:** *hell**blau**, fach**kundig**, kund**tun**, weis**sagen***. Auch hier bestimmt das Grundwort am Ende des Wortes die Wortart und wird durch die davorgesetzten Wörter nur näher bestimmt.

Bei manchen Komposita taucht ein ***Fugen-s*** auf, mit dem die Wörter verfugt, also miteinander verbunden werden. So lässt sich das Kompositum besser aussprechen:

*Arbeit**s**amt, Bischof**s**mütze, gebrauch**s**fertig, Staat**s**minister …*

Auch ein ***Fugen-t*** kommt manchmal vor:

*gelegen**t**lich, eigen**t**lich, hoffen**t**lich …*

Eine feste Regel dafür, wann das *Fugen-s* und das *Fugen-t* verwendet werden, gibt es aber nicht.

Keine Angst vor Buchstabenhäufungen

Bei *Komposita* kann es zu Buchstabenhäufungen kommen, die zwar nicht immer schön aussehen, aber trotzdem richtig sind:

Auspu**fff**lamme, Be**ttt**uch, Bre**nnn**essel, Pa**ppp**lakat, Sto**ff**-**f**etzen, T**eee**i, zellsto**fff**rei

Sie dürfen solche Wörter auch mit Bindestrich schreiben: *Stoff-Fetzen, Papp-Plakat* usw.

▶ *siehe auch: Bindestrich, S. 282*

Die zehn Wortarten

Im Deutschen gibt es zehn verschiedene Wortarten:

Wortart	Beispiele
Nomen (Substantive, Hauptwörter)	Arbeit, Beruf, Schönheit
Artikel (Geschlechtswörter)	der, die, eine, ein
Pronomen (Fürwörter)	ich, euch, jemand, einer
Adjektive (Eigenschaftswörter)	schön, freundlich, blöd
Adverbien (Umstandswörter)	gern, heute, dahinter
Verben (Zeitwörter)	haben, spielen, vergeuden
Numeralien (Zahlwörter)	zwei, hundert, viele
Präpositionen (Verhältniswörter)	auf, neben, hinter, dank
Konjunktionen (Bindewörter)	und, aber, weil, dass
Interjektionen (Empfindungswörter)	aha, ups, huch, hey, pst, puff, bing, zack

Diese zehn Wortarten lassen sich in zwei Gruppen einteilen:

- Wörter, die veränderlich, **flektierbar** sind: Nomen, Artikel, Adjektive, Pronomen, Numeralien, Verben
- Wörter, die unveränderlich, also **nicht flektierbar** sind **(Partikeln)**: Adverbien, Präpositionen, Konjunktionen, Interjektionen

Flektierbar *(beugbar)* bedeutet, dass die Wörter durch Anhängen von verschiedenen Endungen und manchmal auch noch stärkere Umbildungen verändert werden können.

Das Nomen und seine Begleiter

Die Hauptmerkmale der Nomen

Nomen sind Namen für Lebewesen (Personen, Tiere, Pflanzen) und Namenwörter für Sachen und gedachte Begriffe. Sie werden immer **großgeschrieben.**

Nomen lassen sich in verschiedene Gruppen einteilen:

Namen (Eigennamen)	
Namen für Personen und Tiere	Susanne Lehmann, Dr. Badener, Willi Gerber, Bambi ...
Straßen- Städte- und Ländernamen	Kölnstraße, Konrad-Adenauer-Platz, Bonn, Frankreich ...
geografische Namen; das sind Namen für Flüsse, Seen, Meere, Berge, Landschaften usw.	Rhein, Weserbergland, Bodensee, Mittelmeer, Mount Everest, Vesuv ...
Namen für Gebäude und Organisationen	Beethovenhaus, Kölner Dom, Käthe-Kollwitz-Realschule, Eiserner Steg, Rotes Kreuz ...
Namenwörter	
Namen für Dinge, die wir mit unseren Sinnen wahrnehmen können (Sehen, Hören, Fühlen, Riechen, Schmecken); sie heißen auch **Konkreta** *(Gegenstandswörter)*	Haus, Zange, Baum, Stuhl, Lärm, Zucker, Qualm, Metall, Blume ...
Namen für Dinge, die wir nicht mit den Sinnen begreifen können, weil sie mehr oder weniger einen geistigen Inhalt haben **(Abstrakta).**	Fantasie, Talent, Schicksal, Verkauf, Start, Unterricht, Angst, Freude, Liebe, Ehrlichkeit, Intelligenz, Bildung, Musik, Erdkunde, Kalorie, Sekunde ...

Die Schreibung bei mehrteiligen Namen

Bei Namen für Gebäude, Straßen oder Organisationen, die sich aus mehreren einzelnen Namen zusammensetzen (meistens Vor- und Nachnamen), werden die einzelnen Wörter meist durch Bindestriche getrennt:

Theodor-Heuss-Gymnasium, Heinrich-Böll-Stiftung

Straßennamen sind oft Zusammensetzungen, die aus einem **Grundwort** (2. Teil) und aus einem **Bestimmungswort** (1. Teil) bestehen (▶ *S. 41*). Man schreibt beide Wörter zusammen, wenn das Bestimmungswort nicht dekliniert ist:

Bachstraße, Torweg, Kupfergasse

Wenn das Bestimmungswort dekliniert ist, schreibt man getrennt:

*Köln**er** Ring, Märki**sche** Straße, Neu**es** Ufer, Alt**e** Liebe*

Für Straßennamen gibt es noch weitere Grundwörter, z. B.:

-allee, -platz, -graben, -ufer, -stieg, -promenade …

Getrennt schreibt man auch, wenn Straßennamen eine **Präposition** enthalten. In diesen Fällen werden alle Wörter bis auf den Artikel großgeschrieben:

***A**n der Vogelstange, **H**inter der Mauer, **Z**ur **G**roßen Freiheit*

! Bei mehrteiligen **Eigennamen für Personen** werden nicht immer alle Wörter großgeschrieben:

*Friedrich **von** Schiller, Andreas **von der** Gracht* ▶ *siehe auch S. 55*

Nomen an ihrer Endung erkennen

Alle Wörter, die auf ***-heit**, **-keit, -ling, -mut, -nis**, **-sal**, **-schaft**, **-tum**, **-ung*** enden, sind Nomen und werden deshalb großgeschrieben. ▶ *Die Suffixe, S. 39*

Alle Nomen haben ein **Genus** (grammatisches Geschlecht), sie können **maskulin** (männlich), **feminin** (weiblich) oder **neutral** (sächlich) sein.

Entsprechend sind ihnen Artikel (Geschlechtswörter) zugeordnet:
der *Draht* (maskulin) ***die*** *Macht* (feminin) ***das*** *Bad* (neutral)

Nomen gibt es im **Singular** (Einzahl) und im **Plural** (Mehrzahl).

das Bad – die Bäder *der Draht – die Drähte*
der Junge – die Jungen *die Macht – die Mächte*

Singular- und Pluralwörter

Manche Nomen kommen nur im Singular vor, weil sie nicht zählbar, sondern nur mengenmäßig messbar sind, z. B.:

das Fleisch, das Gold, das Silber, das Obst, die Liebe, die Polizei, die Kälte (*Zwei Fleisch* zu sagen ist deshalb nicht sinnvoll.)

Manche Nomen kommen nur im Plural vor, z. B.:

die Einkünfte, die Eltern, die Ferien, die Kosten, die Leute

Schwierige Nomen

Manche Nomen haben mehrere Bedeutungen **(Homonyme)**, manche haben schwierige Pluralformen. Und manche Nomen haben verschiedene Pluralformen, weil sie unterschiedliche Bedeutungen besitzen. Beispiele:

Singular	Plural	Bedeutung des Wortes
Album, das	die Alben	Sammelbuch
Atlas, der	die Atlasse / Atlanten	Landkartensammlung
Band, der	die Bände	Buch
Band, das	die Bänder	Stoffstreifen
Bank, die	die Bänke	Sitzgelegenheit
Bank, die	die Banken	Geldinstitut

Singular	Plural	Bedeutung des Wortes
Bund, der	die Bünde	Bündnis
Bund, das	die Bunde	Bündel, Gebinde
Erbe, der	die Erben	Person, die erbt
Erbe, das	die Erbschaften	Hinterlassenschaft
Firma, die	die Firmen	Unternehmen
Flur, der	die Flure	Korridor
Flur, die	die Fluren	Wald und Feld
Fundus, der	die Fundus	Utensiliensammlung
Gehalt, das	die Gehälter	Arbeitslohn
Gehalt, der	die Gehalte	Inhalt
Gericht, das	die Gerichte	Mahlzeit
Gericht, das	die Gerichte	Ort der Rechtsprechung
Globus, der	die Globusse / Globen	Erdkugel
Kaktus, der	die Kakteen	Stachelpflanze
Kiefer, der	die Kiefer	Gesichtsknochen
Kiefer, die	die Kiefern	Baum
Komma, das	die Kommas / Kommata	Satzzeichen
Lexikon, das	die Lexika / Lexiken	Nachschlagewerk
Lob, das	die Lobsprüche	Anerkennung
Mal, das	die Male	Ereignis
Mal, das	die Male	Kennzeichen
Marke, die	die Marken	Produktname
Mast, die	die Masten	Tierfütterung
Mast, der	die Maste(n)	Mastbaum
Monitor, der	die Monitoren / Monitore	Bildschirm

Singular	Plural	Bedeutung des Wortes
Motor, der	die Motoren / Motore	Maschine
Pizza, die	die Pizzas / Pizzen	überbackenes Fladen-brot
Radius, der	die Radien	Halbdurchmesser
Rhythmus, der	die Rhythmen	Taktart (Musik)
Schild, der	die Schilde	Schutz
Schild, das	die Schilder	Hinweis
See, der	die Seen	Binnensee
See, die	–	Meer
Studie, die	die Studien	Entwurf
Studium, das	die Studien(gänge)	Hochschulbesuch
Tau, das	die Taue	Seil
Tau, der	–	Niederschlag
Tor, der	die Toren	Narr
Tor, das	die Tore	Pforte
Verdienst, der	die Verdienste	Einkommen
Verdienst, das	die Verdienste	Leistung
Verhalten, das	die Verhaltensweisen	Benehmen
Virus, das / der	die Viren	Krankheitserreger
Visum, das	die Visen / Visa	Sichtvermerk
Wagen, der	die Wagen / Wägen	Gefährt, Fahrzeug
Wort, das	die Wörter	einzelnes Wort
Wort, das	die Worte	Textzusammenhang
Zirkus, der	die Zirkusse	Wanderschau

▶ *siehe auch Nomen aus dem Englischen, S. 59 f.*

Begleiter machen ein Wort zum Nomen

Begleiter und Nomen gehören zusammen wie die Soße zum Braten: Das eine ist ohne das andere nicht sinnvoll. Zu jedem Nomen gehört also ein **Begleiter** und umgekehrt ist jedes Wort, das einen Begleiter bei sich hat, ein Nomen.

> Der **Numerus** (Singular oder Plural) und das **Genus** (grammatisches Geschlecht) von Begleiter und Nomen müssen immer übereinstimmen **(Kongruenz)**.

Die einzigen Wörter, die nur als Begleiter eines Nomens auftreten können, sind die **bestimmten** und **unbestimmten Artikel.**

Die bestimmten Artikel heißen ***der, die, das.***

der *Draht*, ***die*** *Macht*, ***das*** *Bad* ▶ *S. 63 ff.*

Die unbestimmten Artikel heißen ***ein, eine, ein.***
Logisch, dass es die unbestimmten Artikel nur im Singular gibt, denn sie bedeuten ja auch nur *eins!*

ein *Draht*, ***eine*** *Macht*, ***ein*** *Bad* ▶ *S. 63, S. 64*

! Manchmal steht zwischen dem Begleiter und dem Nomen noch ein Adjektiv: *ein schönes Haus*. Oder sogar noch ein Adverb: *ein sehr schönes Haus*. Oder noch mehr: *ein für diese Wohngegend sehr schönes Haus.* ▶ *Attribut, S. 206 ff.*

Nicht immer steht ein Artikel als Begleiter vor dem Nomen. Die folgenden Wortarten können ebenfalls als **Begleiter**, also zusammen mit einem Nomen auftreten. Dann ersetzen sie den Artikel. Sie können jedoch auch allein – anstatt eines Nomens – stehen:

Weitere Begleiter des Nomens	
Demonstrativpronomen	***dieses*** *Glas,* ***jene*** *Flasche,* ***dasselbe*** *Kleid,* ***solche*** *Bereiche …*
Possessivpronomen	***mein*** *Auto,* ***deine*** *Hose,* ***ihr*** *Buch …*
Indefinitpronomen	***etwas*** *Licht,* ***alle*** *Schüler,* ***kein*** *Hund,* ***manche*** *Aufgaben,* ***jeder*** *Tag …*
Numeralien	***zwei*** *Türen,* ***vierhundert*** *Riegel,* ***viele*** *Menschen …*
Interrogativpronomen	***Welcher*** *Eingang?* ***Welches*** *Boot?* …

▶ *Pronomen, S. 69, 73, 81* ▶ *Numeralien, S. 171 ff.*

Manchmal kann der Begleiter völlig fehlen, und zwar in folgenden Fällen:

- wenn man von Dingen im Allgemeinen spricht, z. B.:
  Holz ist ein natürlicher Werkstoff. Glas isoliert nicht. Einsamkeit ist kein schöner Zustand.

- wenn man Nomen im Plural nennt, aber keine bestimmten meint. Das hängt damit zusammen, dass hier eigentlich der unbestimmte Artikel *ein* gebraucht wird, aber es kann ja nicht im Plural stehen.
  Beispiele: *Autos brauchen Benzin, Fahrräder brauchen Muskelkraft.*

! Manchmal ist der **Begleiter in einem Adjektiv versteckt**, das dem Nomen beigefügt ist:
*weich**er** Stoff, groß**es** Unglück, schön**e** Bescherung*
In diesen Fällen übernimmt das Adjektiv die Endungen des Artikels *der, die, das* und passt sich dadurch dem Geschlecht des Nomens an.

▶ *Starke Deklination der Adjektive, S. 90*

Die Deklination der Nomen und ihrer Begleiter

Um die Nomen mit ihren Begleitern für ihre Verwendung in Sätzen passend zu machen, müssen sie dekliniert (gebeugt) werden. Das heißt, sie werden in ihrer Form verändert.

Die Deklination der Nomen vollzieht sich
- in vier grammatischen **Kasus** (Fällen)
- nach dem **Numerus**: Singular und Plural
- nach den drei **Genera** (grammatischen Geschlechtern).

Die vier Kasus (Fälle)

Der Nominativ (1. Fall) antwortet auf die Frage **„Wer oder was?"**	Der *Weltmeister* gewann. Frage: **Wer oder was** gewann? Antwort: *Der Weltmeister.* → *der Weltmeister* steht im Nominativ.
Der Genitiv (2. Fall) antwortet auf die Frage **„Wessen?"**	Er rühmt sich *seiner Kraft.* Frage: **Wessen** rühmt er sich? Antwort: *Seiner Kraft.* → *seiner Kraft* steht im Genitiv.
Der Dativ (3. Fall) antwortet auf die Frage **„Wem?"**	Er versetzt *dem Gegner* einen Schlag. Frage: **Wem** versetzt er einen Schlag? Anwort: *Dem Gegner.* → *dem Gegner* steht im Dativ.
Der Akkusativ (4. Fall) antwortet auf die Frage **„Wen oder was?"**	Er gewinnt *den Kampf.* Frage: **Wen oder was** gewinnt er? Antwort: *Den Kampf.* → *den Kampf* steht im Akkusativ.

Es gibt zwei verschiedene Arten der Deklination der Nomen: **die starke und die schwache Deklination**. Man unterscheidet diese beiden Arten der Deklination nach den Genitivformen im Singular und den Nominativformen im Plural.

Starke Deklination der maskulinen Nomen		
	Singular	**Plural**
Nominativ	der Lehrer, Tag	die Lehrer, Tag**e**
Genitiv	des Lehrer**s**, Tag**es**	der Lehrer, Tag**e**
Dativ	dem Lehrer, Tag(e)	den Lehrern, Tagen
Akkusativ	den Lehrer, Tag	die Lehrer, Tage

Signale für die starke Deklination der Maskulina:

- angehängtes ***-s*** oder ***-es*** im Genitiv Singular
- angehängtes ***-e***, ***-er***, ***-s*** oder keine Endung im Nominativ Plural
- Selten taucht heute im Dativ Singular noch ein ***-e*** auf: *in diesem Sinn**e**, im Lauf**e** der Zeit, auf dem Weg**e***

Starke Deklination der femininen Nomen		
	Singular	**Plural**
Nominativ	die Maus, Oma, Mutter	die Mäus**e**, Oma**s**, Mütter
Genitiv	der Maus, Oma, Mutter	der Mäuse, Omas, Mütter
Dativ	der Maus, Oma, Mutter	den Mäusen, Omas, Müttern
Akkusativ	die Maus, Oma, Mutter	die Mäuse, Omas, Mütter

Signale für die starke Deklination der Feminina:

- Die Formen im Singular sind alle gleich.
- angehängtes ***-e*** oder ***-s*** oder keine Endung im Nominativ Plural

Starke Deklination der neutralen Nomen		
	Singular	**Plural**
Nominativ	das Bad, Büro	die Bäd**er**, Büro**s**
Genitiv	des Bad**es**, Büro**s**	der Bäder, Büros
Dativ	dem Bad, Büro	den Bädern, Büros
Akkusativ	das Bad, Büro	die Bäder, Büros

Die Signale für die starke Deklination der neutralen Nomen sind dieselben wie für die starke Deklination der maskulinen.

▶ *siehe S. 52*

Fügt man einem Nomen ein **Adjektiv** hinzu, muss man auch die Endungen des Adjektivs beachten. Je nach Art des **Begleiters** ändert sich die Deklination. Beispiel:

Starke Deklination der neutralen Nomen mit Adjektiv		
	Singular, Begleiter „das“	**Singular, Begleiter „ein“**
Nominativ	das neue Bad	ein neu**es** Bad
Genitiv	des neu**en** Bad**es**	eines neu**en** Bad**es**
Dativ	dem neu**en** Bad	einem neu**en** Bad
Akkusativ	das neue Bad	ein neu**es** Bad

▶ *Vollständige Deklination: siehe Adjektive, S. 90 f.*

Endung *-s* oder *-es* beim Genitiv Singular?

Die normale Endung bei maskulinen und neutralen stark deklinierten Nomen im Genitiv Singular ist **-s**.
Aber: Es kann ***-es*** angehängt werden, wenn das Nomen nur aus einer Silbe besteht, z. B. *Tag**es***, *Wort**es***, oder wenn die letzte Silbe betont ist, z. B. *Erfolg**es***, *Besitz**es***; ***-es*** muss angehängt werden, wenn ein Nomen auf ***-s, -ß, -sch, -st, -x*** oder ***-z*** endet, z. B. *Glas**es***, *Geiz**es***.

Im Deutschen sollte immer an mindestens einem Wort eindeutig erkennbar sein, in welchem Fall das Nomen steht. Wenn ein Begleiter vor dem Nomen steht, wird der Begleiter stark dekliniert. Steht nur ein Adjektiv davor, wird das Adjektiv stark dekliniert, weil es die Aufgabe des Begleiters mit übernehmen muss. Und wenn das Nomen ganz allein steht, muss es möglichst selbst eine eindeutige Endung erhalten.

Nomen mit Umlaut

Alle Nomen mit einem Umlaut im Plural sind stark deklinierte Nomen, z. B.:

der Baum → *die B**ä**ume* *die Laus* → *die L**ä**use*
das Haus → *die H**ä**user* *der Stuhl* → *die St**ü**hle*

Schwache Deklination maskuliner und femininer Nomen			
Singular	**maskulin**	**feminin**	**Signale für die Deklination**
Nominativ	der Junge	die Tür	Im Singular enden die maskulinen Nomen im Genitiv, Dativ und Akkusativ auf ***-en***.
Genitiv	des Jung**en**	der Tür	
Dativ	dem Jung**en**	der Tür	
Akkusativ	den Jung**en**	die Tür	
Plural	**maskulin**	**feminin**	Im Plural enden sowohl die maskulinen als auch die femininen Nomen immer auf ***-en***.
Nominativ	die Jung**en**	die Tür**en**	
Genitiv	der Jung**en**	der Tür**en**	
Dativ	den Jung**en**	den Tür**en**	
Akkusativ	die Jung**en**	die Tür**en**	

! Es gibt keine neutralen Nomen mit schwacher Deklination.

Einige maskuline und neutrale Nomen werden im Singular stark, aber im Plural schwach dekliniert. Dann spricht man von der **gemischten Deklination**, z. B.:

*das Ohr, des Ohr**es**,* aber: *die Ohr**en**; das Auge, des Aug**es**,* aber: *die Aug**en**; das Bett, des Bett**es**,* aber: *die Bett**en**; der Dorn, des Dorn**s**,* aber: *die Dorn**en**; das Hemd, des Hemd**es**,* aber: *die Hem-d**en**; der Staat, des Staat**es**,* aber: *die Staat**en***

Besonderheiten zur Groß- und Kleinschreibung

Großschreibung von Eigennamen und Fachbegriffen

Außer Nomen schreibt man manchmal auch **Adjektive** groß, nämlich dann, wenn sie zusammen mit einem Nomen einen Eigennamen oder einen festen Begriff bilden. Beispiele:

- **Personen** der Zeitgeschichte und Amtsinhaber: *Karl der **G**roße, der **H**eilige Vater, der **R**egierende Bürgermeister …*
- **Begriffe aus der Fachsprache**: *die **S**chwarze Witwe* (Biologie), *der **G**roße Belt* (Geografie), *der **F**erne/**N**ahe Osten, die **K**leine Anfrage* (Politik), *der **W**estfälische Friede* (Geschichte), *die **G**elbe Karte* (Sport), *der **G**roße Wagen* (Astronomie) …
- **besondere Kalendertage**: *der **H**eilige Abend, der **E**rste Mai* …
- **Organisationen**: *das **R**ote Kreuz, die **V**ereinten Nationen, der **W**eiße Ring …*

Es gibt aber auch Ausnahmen, z. B.: *das neue Jahr, die eiserne Lunge* (Medizin), *der graue Star* (Medizin)

! Bei einigen festen Verbindungen können die **Adjektive** klein- oder großgeschrieben werden, z. B.:
*der **w**eiße/**W**eiße Sport* (Tennis), *der **w**eiße/**W**eiße Tod* (Lawinentod), *der **b**laue/**B**laue Brief, das **s**chwarze/**S**chwarze Brett* (Anschlagtafel)

Nomen werden zu Präpositionen und Adjektiven

Die Nomen ***Dank***, ***Laut***, ***Trotz***, ***Zeit*** und ***Kraft*** können auch als Präpositionen gebraucht werden und werden dann kleingeschrieben:

Großschreibung	Kleinschreibung
Wir schulden dir großen **Dank.**	Es geht mir **dank** deiner liebevollen Pflege wieder gut.
Er gab stundenlang keinen **Laut** von sich.	Wir dürfen **laut** dieser Vereinbarung jetzt Pause machen.
Zum **Trotz** blieb er einfach sitzen.	Er hörte **trotz** meiner Ermahnungen nicht auf mich.
In dieser **Zeit** lebten dort nur wenige Menschen.	Er hat **zeit** seines Lebens kein Handy benutzt. (**aber:** *zeitlebens*)
Ich habe keine **Kraft** mehr!	Diese Verordnung wurde **kraft** Gesetzes aufgehoben.

Die Nomen ***Schuld, Recht, Unrecht, Leid, Gram, Pleite, Angst*** und ***Bange*** können die Eigenschaften eines Nomens verlieren und zu Adjektiven werden, wenn sie mit *sein, werden* oder *bleiben* verbunden sind; dann schreibt man sie klein. Beispiele:

groß	klein
Er nahm die **S**chuld auf sich.	Er ist **s**chuld ...
Du hast kein **R**echt ...	Es ist nicht **r**echt ...
Wir hatten große **A**ngst.	Mir wird **a**ngst ...
Nur keine **B**ange!	... und **b**ange.
Geteiltes **L**eid ist halbes **L**eid. Du hast mir ein **L**eid angetan.	Ich bin es **l**eid ... Es tut mir **l**eid ...
Aus **G**ram erkrankte sie.	Bleib mir nicht **g**ram.
Das war eine große **P**leite!	Der Laden ist **p**leite.

Die Wörter **Recht** und **Unrecht** dürfen Sie groß- oder kleinschreiben, wenn sie in Verbindung mit *behalten, bekommen, geben, haben, tun* verwendet werden: *Du hast recht/Recht behalten. Tu ihm nicht unrecht/Unrecht.*

! Unterscheiden Sie: zu **R**echt/**U**nrecht bestraft werden = mit/ohne Grund bestraft werden, **aber:** *sich zurechtmachen, zurechtlegen, zurechtfinden, etwas zurechtbiegen …*

Andere Wörter werden zu Nomen

Viele Wortarten können zu Nomen werden **(Nominalisierung/Substantivierung).** Voraussetzung: Ihnen wird ein **Begleiter** zugeordnet oder sie werden **wie ein Nomen dekliniert.** Dann muss man sie großschreiben.

Mit Begleiter werden andere Wortarten zu Nomen	
Verben	
wenn sie im Infinitiv auftreten ▶ *Infinitiv, S. 105* ▶ *versteckter Begleiter, S. 50*	ein lautes **St**öhnen (Begleiter: *ein*), zum **S**pielen (Begleiter: *zum = zu dem*), frühes **A**ufstehen (Begleiter versteckt in *früh**es***)
wenn ein Partizip wie ein Nomen dekliniert wird ▶ *Partizip, S. 105 ff.*	Die **R**eisenden kamen zu spät. (Begleiter: *die*) Man muss **G**elernt**es** wiederholen. (kein Begleiter, aber Deklination wie beim Nomen)
Die Indefinitpronomen ***alles, nichts, etwas***	
Du bist ein **N**ichts. ▶ *siehe auch ABC-Tipp, S. 85*	

Adjektive und Partizipien	
wenn sie dekliniert sind und sich nicht auf ein vorausgehendes oder nachfolgendes Nomen beziehen ▶ *ABC-Tipp, S. 89*	Wir wünschen dir alles **G**ute. (Begleiter: *alles*) Der **N**ächste bitte! (Begleiter: *der*) Frag die **W**issenden! (Begleiter: *die*)
Adverbien	
Das **H**eute zählt, nicht das **G**estern. (Begleiter: *das*)	
Präpositionen	
Wir müssen das **F**ür und **W**ider abwägen. (Begleiter: *das*)	
Bestimmte und unbestimmte Zahlwörter	
Er hat als **E**rster eine **Z**wei geschrieben. (Begleiter: *ein*) ▶ *siehe auch Kapitel* Zahlwörter*, S. 171 ff.;* ▶ *Übersicht, S. 175* Die **Ü**brigen können jetzt gehen. (Begleiter: *die*) ▶ *ABC-Tipp, S. 178 und 179*	
Die Wörter *ja* und *nein*	
Sie antwortete mit einem lauten **N**ein. (Begleiter: *einem*)	

! Auch die Pronomen und Zahlwörter ***alles, etwas, mancherlei, nichts, viel, wenig*** können **Begleiter** sein. Dann schreibt man auch ein nachfolgendes Adjektiv groß, wenn es dekliniert ist und sich nicht auf ein Nomen bezieht – es wird selbst zum Nomen:

*Bei dem Besuch haben wir etwas **N**eues erfahren.*

Aber: *Der junge Mann war leider etwas **s**chüchtern.* (undekliniert)

Wenn Sie unsicher sind, wie Sie schreiben müssen, hilft immer ein Blick in das Wörterbuch.

▶ *siehe auch ABC-Tipp, S. 89*

Zusammengesetzte Nomen

Zusammengesetzte Nomen entstehen, wenn man einem Nomen als **Grundwort** andere **Bestimmungswörter** voranstellt, zum Beispiel andere Nomen, Adjektive oder Verben. Das Genus (grammatische Geschlecht) des so entstandenen neuen Nomens richtet sich nach dem Grundwort.

▶ *Grundwort und Bestimmungswort, S. 41*

Nomen + Nomen	
der Vogel + die Zucht der Sand + die Düne	die Vogelzucht die Sanddüne
Adjektiv + Nomen	
groß + die Stadt leicht + das Gewicht	die Großstadt das Leichtgewicht
Verb + Nomen	
backen + der Ofen loben + die Rede	der Backofen die Lobrede
andere Wortarten + Nomen	
viel + der Fraß gegen + der Wind	der Vielfraß der Gegenwind

Zusammengesetzte Wörter, besonders Nomen, schreibt man oft mit **Bindestrich**, um das Lesen zu erleichtern.

▶ *ABC-Tipp, S. 45, Bindestrich, S. 281 f.*

Nomen, die aus dem Englischen stammen

Immer mehr Wörter aus dem englischen Sprachraum dringen in die deutsche Sprache ein. Viele von ihnen werden allerdings häufig nicht in der Originalform verwendet, sondern den Regeln der deutschen Sprache angepasst: Sie bekommen ein Geschlecht und wir wenden die Groß- und Kleinschreibung und Getrennt- und Zusammenschreibung an.

Englische Nomen, die auf ***-er, -or, -ant*** enden, sind im Deutschen meist maskulin. Den Plural bildet man in der Regel durch Anhängen eines ***-s***. Manchmal entfällt es aber auch.

Das Plural-*s* im Englischen

Dem Plural-*s* eines Nomens aus dem Englischen geht nie ein Apostroph voraus. Es heißt immer nur ***Shops***, ***Snacks*** und ***Tests***. Das gilt auch für englische Abkürzungen: ***CDs***, ***CD-ROMs***, ***VIPs***. Atmen Sie einfach tief durch, wenn Sie Schaufenster-Sprüche sehen wie *50% auf alle Slip's! Fish and Chip's!*
Men's Wear (Herrenbekleidung) ist allerdings richtig, denn hier wird durch den Apostroph im Englischen der Genitiv angezeigt.

Englische Begriffe in der deutschen Sprache können und sollen wir nicht verhindern, aber wir können uns bemühen, deutsche Wörter zu benutzen, wo es möglich und sinnvoll ist. So bleibt alles, was wir schreiben, für jeden verständlich.

Zusammengesetzte Nomen aus dem Englischen

Zusammengesetzte Nomen aus dem Englischen, die auf dem ersten Wortteil stärker betont werden als auf dem zweiten, schreibt man zusammen:
Homebanking, Mountainbike, Outsourcing, Warehouse, Stuntman, Swimmingpool
Bei anderer Betonung schreiben wir getrennt:
Electronic Cash, High Fidelity

Einige Beispiele für Nomen aus dem Englischen:

Singular	Plural	Übersetzung
der Artdirector	die Artdirectors	künstlerischer Leiter
die Band	die Bands	Musikgruppe
der Catwalk	die Catwalks	Laufsteg
die CD (Compact disc)	die CDs	Kompaktschallplatte
der Computer	die Computer	Rechner
die DVD	die DVDs	digital versatile disc (kompakte Speicherplatte für Ton- und Bilddaten)
der Consultant	die Consultants	Berater
die E-Mail	die E-Mails	elektronische Post
der Flirt	die Flirts	Liebesabenteuer
der Flop	die Flops	Misserfolg
das Free-TV	---	gebührenfreies Fernsehen
das Handy	die Handys	Mobiltelefon
das Hobby	die Hobbys	Freizeitbeschäftigung
das Outfit	die Outfits	äußere Aufmachung
das Outsourcing	---	Ausgliederung von Betriebsteilen
der Producer	die Producer	Hersteller
der Referee	die Referees	Schiedsrichter
der Reporter	die Reporter	Berichterstatter
der Safe	die Safes	Geldschrank
die SMS	die SMS	Kurzmitteilung über ein Handy
der Snack	die Snacks	Imbiss
der Smog	die Smogs	durch Abgase verunreinigte Luft über Städten
der Snob	die Snobs	Vornehmtuer
die Soapopera	die Soapoperas	Fernsehserie über das Alltagsleben
die Story	die Storys	Geschichte zum Lesen
das T-Shirt	die T-Shirts	Hemd ohne Knöpfe
der VIP (very important person)	die VIPs	wichtige Person des öffentlichen Lebens

Die Artikel als Begleiter des Nomens

Die Artikel heißen ***der***, ***die***, ***das*** und ***ein***, ***eine***. Sie geben das Genus (das grammatische Geschlecht) der Nomen an. Indem wir einem Nomen einen Artikel voranstellen, wird deutlich, ob das Nomen maskulin, feminin oder neutral ist.

Beispiel: Wenn man die Nomen *Tisch, Blume, Spiel* ohne Artikel nennt, ist nicht erkennbar, welches Geschlecht diese Nomen haben. Erst durch den Artikel wird das Geschlecht bestimmt: ***der*** *Tisch*, ***eine*** *Blume*, ***das*** *Spiel*.

Artikel sind **keine selbstständige Wortart**, denn sie treten immer nur in Verbindung mit den Nomen auf, nie allein. Sie werden gemeinsam mit ihnen dekliniert.

der, die oder _das_?

Die Zuordnung des Artikels zu einzelnen Nomen hat manchmal ihre Tücken. So sagen wir zum Beispiel ***das*** *Band* und meinen einen Streifen Stoff. Wir sagen ***der*** *Band* und meinen ein Buch aus einer bestimmten Buchreihe.
Es heißt ***der*** *Computer*, ***die*** *Maschine*, ***das*** *Schiff*.
Aber es lohnt sich nicht zu fragen, warum das so ist. Man muss sich einfach merken, welches Genus ein Nomen hat.
Übrigens: Im Französischen heißt es nicht *die Sonne* und *der Mond*, sondern *der Sonne – le soleil* und *die Mond – la lune*.

Das natürliche und das grammatische Geschlecht

Bei Lebewesen folgt die Sprache bei der Zuordnung der Artikel meist dem **Sexus**, also dem natürlichen Geschlecht: ***der*** *Hahn*, ***die*** *Henne*, ***das*** *Küken*; ***der*** *Mann*, ***die*** *Frau*, ***das*** *Kind*. Dabei drückt der neutrale Artikel meist aus, dass das natürliche Geschlecht (noch) keine Rolle spielt.

Das natürliche Geschlecht stimmt aber nicht immer mit dem Genus, also dem grammatischen Geschlecht überein. Beispiele: ***Das*** *Weib* und ***das*** *Mädchen* sind neutral, obwohl das natürliche Geschlecht weiblich ist. ***Der*** *Rogner* ist maskulin, obwohl dies die Bezeichnung für einen weiblichen Fisch ist. ***Der*** *Teenager* und ***der*** *Säugling* sind maskulin, obwohl das natürliche Geschlecht weiblich oder männlich sein kann.

Die bestimmten Artikel

Die bestimmten Artikel heißen ***der, die, das***. Sie kommen im Singular und im Plural vor und werden gemeinsam mit den Nomen, vor denen sie stehen, dekliniert.

Singular			
	maskulin	**feminin**	**neutral**
Nominativ	**der** Traktor	**die** Kutsche	**das** Schiff
Genitiv	**des** Traktors	**der** Kutsche	**des** Schiffes
Dativ	**dem** Traktor	**der** Kutsche	**dem** Schiff
Akkusativ	**den** Traktor	**die** Kutsche	**das** Schiff
Plural			
Im Plural lauten die bestimmten Artikel für alle Genera gleich:			
Nominativ	**die** Traktoren, **die** Kutschen, **die** Schiffe		
Genitiv	**der** Traktoren, **der** Kutschen, **der** Schiffe		
Dativ	**den** Traktoren, **den** Kutschen, **den** Schiffen		
Akkusativ	**die** Traktoren, **die** Kutschen, **die** Schiffe		

Bestimmter Artikel
+ Nomen zur Bezeichnung einer Gruppe

Manchmal meinen wir keine bestimmte Sache, sondern die Gesamtheit einer Gruppe von Dingen. Auch dann können wir den bestimmten Artikel benutzen:

***Der Traktor** ist für die moderne Landwirtschaft wichtig.*
***Das Auto** hat das Leben des Menschen total verändert.*

Die unbestimmten Artikel

Die unbestimmten Artikel heißen ***ein***, ***eine***, ***ein***. Sie kommen nur im Singular vor, denn sie bedeuten als Menge auch nur *eins*. Unbestimmte Artikel werden gemeinsam mit den Nomen dekliniert, zu denen sie gehören.

	maskulin	feminin	neutral
Nominativ	**ein** Traktor	**eine** Kutsche	**ein** Schiff
Genitiv	**eines** Traktors	**einer** Kutsche	**eines** Schiffes
Dativ	**einem** Traktor	**einer** Kutsche	**einem** Schiff
Akkusativ	**einen** Traktor	**eine** Kutsche	**ein** Schiff

Im Plural fallen die unbestimmten Artikel weg. Beispiel:

Singular: *Hier soll **ein** Haus gebaut werden.*
Plural (ohne unbestimmten Artikel): *Hier sollen Häuser gebaut werden.*

Im Plural ersetzen manchmal **unbestimmte Zahlwörter** die unbestimmten Artikel:

***einige** Wagen, **etliche** Kutschen, **manche** Schiffe*

Wann wir auf Artikel verzichten

Manchmal können wir auf den Artikel verzichten:

- bei Eigennamen und Titeln (▶ *siehe Tipp unten*):
  Kathrin *ist unsere netteste Kollegin.*
  Herr Taubel *vergisst ständig irgendetwas.*
  Doktor Feige *hat mir Massagen verordnet.*
- bei Adjektiven und Verben, die zum Nomen geworden sind:
  Ich mag ***Gegrilltes. Lesen*** *macht Spaß.*
- bei gedachten Begriffen und bei Bezeichnungen für Materialien, die nicht zählbar sind:
  Glück *und* ***Glas****, wie leicht bricht das!*
  Pflanzen brauchen ***Licht****,* ***Wasser*** *und gute* ***Luft****.*
  Zum Brotbacken braucht man ***Mehl****,* ***Hefe****,* ***Salz*** *und* ***Wasser****.*
- wenn andere Begleiter an die Stelle des Artikels treten
  (▶ *Weitere Begleiter des Nomens, S. 50*):

unser *Auto*	***manche*** *Gelegenheiten*
welcher *Lehrer?*	***diese*** *Wahrheit*
jene *Unsicherheit*	***keine*** *Mühe*

- wenn wir von Personen oder Dingen im Allgemeinen sprechen:
  Mensch *und* ***Maschine*** *ergänzen sich auf hervorragende Weise.*
  Computer *und* ***Kopierer*** *gehören in jedes moderne Büro.*

Eigennamen immer ohne Artikel!

Manchmal wird vor Eigennamen der bestimmte Artikel benutzt:

Die Frau Meinel geht regelmäßig zur Kosmetikerin.
Die Tina hat gestern ein neues Fahrrad bekommen.

Dies ist jedoch umgangssprachlich. Im Schriftlichen dürfen Sie keinen Artikel benutzen:

Frau Meinel geht regelmäßig zur Kosmetikerin.
Tina hat gestern ein neues Fahrrad bekommen.

Die Pronomen

Pronomen nennt man so, weil sie fast alle „für" ein Nomen stehen können; sie können also anstelle eines Nomens benutzt werden. Deshalb bezeichnet man diese Wortart auch oft als **Stellvertreter**. Pronomen werden dekliniert.

Personalpronomen

Die Personalpronomen heißen:
ich, du, er, sie, es, wir, ihr, sie.

Die Personalpronomen werden immer als **Stellvertreter** benutzt.

Die Deklination der Personalpronomen					
Singular					
	1. Person	**2. Person**	**3. Person**		
			maskulin	feminin	neutral
Nominativ	ich	du	er	sie	es
Genitiv	meiner	deiner	seiner	ihrer	seiner
Dativ	mir	dir	ihm	ihr	ihm
Akkusativ	mich	dich	ihn	sie	es
Plural					
	1. Person	**2. Person**	**3. Person**		
Nominativ	wir	ihr	sie	Im Plural gibt es bei der 3. Person nur ein Pronomen für alle drei Genera.	
Genitiv	unser	euer	ihrer		
Dativ	uns	euch	ihnen		
Akkusativ	uns	euch	sie		

Die höfliche Anrede: *Sie*

Das Personalpronomen ***Sie*** für die höfliche Anrede und seine deklinierten Formen schreibt man immer groß.

Können ***Sie*** *mir sagen, wie spät es ist?*
Ich danke ***Ihnen****.*

Die Pronomen ***du*** und ***ihr*** schreibt man grundsätzlich klein, in Briefen allerdings darf man sie auch großschreiben:

Vielleicht kannst ***du / Du*** *mir schreiben, wann* ***ihr / Ihr*** *zurückkommt.*

Habe ich ***dir / Dir*** *schon gesagt, wie sehr ich* ***euch / Euch*** *vermisse?*

▶ *siehe auch ABC-Tipps, S. 72 f.*

mir oder *mich*? – Dialekte und Hochsprache

Bayrisch, Berlinerisch, Rheinländisch, Schwäbisch – es gibt viele so genannte **Dialekte** in der deutschen Sprache.
In diesen Dialekten werden viele Wörter anders ausgesprochen und die Grammatik folgt hier manchmal anderen Regeln. Dialekte werden in der Regel aber nur gesprochen. Auch ein Bayer oder ein Schwabe muss in der Schriftsprache das **Hochdeutsch**, unsere **Standardsprache**, benutzen.

Vertauschungen des Dativs und Akkusativs bei den Personalpronomen (z. B. *mir* und *mich*) kommen bei vielen Dialekten häufig vor. Der Satz *„Da werden Sie geholfen"* ist schriftsprachlich falsch (auch wenn Sie ihn vielleicht schon in der Werbung gehört haben). Denn bei dem Verb *helfen* benutzen wir den Dativ (wem?). Also muss es richtig heißen: *„Da wird* ***Ihnen*** *geholfen."* Falsch ist auch der Satz *„Ich rufe* ***dir*** *an"*. Denn bei dem Verb *anrufen* muss man den Akkusativ (wen?) benutzen, also: *„Ich rufe* ***dich*** *an."*

Haben Sie auch schon *„Das erinnere ich gut"* gehört? Richtig heißt es immer noch: *sich* ***an*** *etwas oder jemanden erinnern.*
Also: Vielleicht erinnern Sie sich manchmal daran?

Leider gibt es keine Regeln, die man lernen könnte, damit man bei der Wahl des richtigen Falls nichts falsch macht. Man muss es sich einfach merken.

Das Pronomen *es*

- Das Personalpronomen *es* ist Stellvertreter

  – für Personen: *Dort saß* ***das Kind****.* ***Es*** *weinte bitterlich.*
  – für Sachen: *Das ist* ***Quellwasser****.* ***Es*** *wird dir schmecken.*

- Das Pronomen *es* steht oft bei Verben, die mit dem Wetter zu tun haben, z. B. *regnen, hageln, donnern, blitzen, nieseln, schneien* ... (**unpersönliche Verben**). Das Wetter ist eine unpersönliche Angelegenheit – es geschieht einfach. Deshalb wird hier ein **unpersönliches *es*** als Subjekt benutzt, denn jeder Satz muss ja einen Subjekt haben. ▶ *Subjekt, S. 194 f.*

  Es schneit *schon den ganzen Tag.*

- *Es* kann auch als hinweisendes Wort auf einen ***dass-Satz*** oder eine **Infinitivgruppe** stehen:

  weist hin auf

  Es *ärgert mich, dass du dich nicht meldest.*

  weist hin auf

  Es *hat mich gefreut, von Ihnen zu hören.*

  In diesen beiden Beispielen weist *es* voraus auf einen Sachverhalt, der im Nebensatz bzw. durch eine Infinitivgruppe näher dargestellt wird. Dieses *es* entfällt, wenn man den Satz umstellt: *Mich ärgert, dass du dich nicht meldest. Von Ihnen zu hören hat mich gefreut.*
  ▶ *Infinitivgruppe, S. 251 ff.*

  Aber oft wird aus dem Zusammenhang schon klar, was gemeint ist. Dann lassen wir den *dass*-Satz oder die Infinitivgruppe einfach weg:

  Allmählich wird ***es*** *aber Zeit!*
  Ich habe ***es*** *kommen sehen.*

- *Es* kann Platzhalter sein für ein Subjekt, das erst weiter hinten im Satz genannt wird. Dann steht *es* am Satzanfang. Bei einer anderen Wortstellung wird *es* aber überflüssig:

  Es *blies ein Jäger wohl in sein Horn.*
  → Andere Wortstellung: *Ein Jäger blies in sein Horn.*

- Das unpersönliche *es* kommt auch in den festen Wendungen *es handelt sich um, es gibt* und *es war einmal …* vor:

  Es handelt sich um *eine wichtige Angelegenheit.*
  Gibt es *denn nichts zu trinken? Nein,* ***es gibt*** *nur Brezeln.*
  Es *war einmal eine Prinzessin …*

Possessivpronomen

Die Possessivpronomen heißen

	Singular	Plural
1. Person (ich)	**mein**	**unser**
2. Person (du)	**dein**	**euer**
3. Person (er / sie / es)	**sein / ihr / sein**	**ihr**

Possessivpronomen stehen meistens als **Begleiter** vor dem Nomen, auf das sie sich beziehen. Sie werden stark dekliniert.

Alle Possessivpronomen (*mein, dein, sein, unser, euer* und *ihr*) erhalten bei der Deklination dieselben Endungen. Deshalb wird in der folgenden Tabelle als Beispiel nur das Pronomen *mein* vorgestellt. Die Endungen sind fettgedruckt.

Die Deklination der Possessivpronomen. Beispiel: mein			
	Singular		
	vor maskulinen Nomen	vor femininen Nomen	vor sächlichen Nomen
Nominativ	mein Tisch	mein**e** Uhr	mein Buch
Genitiv	mein**es** Tisches	mein**er** Uhr	mein**es** Buches
Dativ	mein**em** Tisch	mein**er** Uhr	mein**em** Buch
Akkusativ	mein**en** Tisch	mein**e** Uhr	mein Buch
	Plural		
	Vor Nomen im Plural lautet das Possessivpronomen *mein* für alle Geschlechter gleich.		
Nominativ	mein**e** Tische / Uhren / Bücher		
Genitiv	mein**er** Tische / Uhren / Bücher		
Dativ	mein**en** Tischen / Uhren / Büchern		
Akkusativ	mein**e** Tische / Uhren / Bücher		

! Manchmal werden die Possessivpronomen nicht als Begleiter, sondern als echte Pronomen benutzt:

Dieses Haus ist	**meines, deines, seines, ihres, unseres, eures, ihres, Ihres.**

Wem gehört dieser Hut? Das ist ***seiner****.*
Sie haben wirklich einen wohlerzogenen Hund. ***Meiner*** *hört nie auf mich.*

Ein Possessivpronomen bezieht sich nicht nur auf das Nomen, das den Besitz angibt, sondern auch auf den Besitzer.

Diese doppelte Abhängigkeit des Possessivpronomens wird deutlich, wenn man von Personen in der 3. Person Singular spricht: Vom Genus des Besitzers hängt ab, ob man *sein* oder *ihr* benutzen muss. Von Genus, Numerus und Kasus des Besitzes hängt ab, welche Endungsform man anhängen muss.

Bernd hat ***seinen*** *Flur und* ***seine*** *Küche gestrichen.*

Bernd ist maskulin, deshalb muss man das Pronomen *sein* benutzen (nicht *ihr*). Das Nomen *Flur* ist maskulin und steht im Akkusativ (wen oder was?) Singular, deshalb muss man *sein**en*** benutzen (nicht *seine* oder *sein*). Das Nomen *Küche* ist feminin und steht ebenfalls im Akkusativ (wen oder was?) Singular, deshalb muss man *sein**e*** benutzen (nicht *sein* oder *seinen*).

Klara hat ***ihren*** *Flur und* ***ihre*** *Küche gestrichen.*

Klara ist feminin, deshalb muss man das Pronomen *ihr* benutzen (nicht: *sein*). Das Nomen *Flur* ist maskulin und steht im Akkusativ (wen oder was?) Singular, deshalb benutzt man *ihr**en*** (nicht: *ihre* oder *ihr*). Das Nomen *Küche* ist feminin und steht ebenfalls im Akkusativ (wen oder was?) Singular, deshalb benutzt man *ihr**e*** (nicht: *ihr* oder *ihren*).

ihr oder *deren*, *sein* oder *dessen*?

Mithilfe der Pronomen ***deren*** und ***dessen*** können Sie Missverständnisse vermeiden. Lesen Sie folgenden Satz:

Wenden Sie sich an Frau Meier, ihre Chefin oder ihre Sekretärin.

Zu wem gehört die Sekretärin: zu Frau Meier oder zu Frau Meiers Chefin? Wenn die Sekretärin zu Frau Meier gehört, dann dürfen Sie *ihre* schreiben. Wenn die Sekretärin jedoch zu Frau Meiers Chefin gehört, schreiben Sie lieber:

Bitte wenden Sie sich an Frau Meier, ihre Chefin oder ***deren*** *Sekretärin.*

Dann werden die Beziehungen eindeutig. Nun lesen Sie den folgenden Satz:

Frag doch Kevin oder seinen Freund oder seinen Bruder.

Gehört der Bruder zu Kevin oder zu seinem Freund? Wenn der Bruder tatsächlich Kevins Bruder ist, dürfen Sie *seinen* schreiben. Wenn der Bruder aber nicht Kevins Bruder ist, sondern der Bruder seines Freundes, schreiben Sie besser:

Frag doch Kevin oder seinen Freund oder ***dessen*** *Bruder.*

Und noch ein Beispiel:

Ich habe Frau Meier und Frau Müller gefragt. Es ist ihr Auto.

Gehört das Auto Frau Meier oder Frau Müller oder beiden gemeinsam? Wenn das Auto nur Frau Meier oder Frau Müller gehört, schreiben Sie:

Ich habe Frau Meier und Frau Müller gefragt. Es ist Frau Meiers Auto. Oder: *Es ist Frau Müllers Auto.*

Wenn das Auto jedoch beiden gemeinsam gehört, schreiben Sie:

Ich habe Frau Meier und Frau Müller gefragt. Es ist ihr ***gemeinsames*** *Auto.*

Die höfliche Anrede: *Ihr, Ihre*

Das Possessivpronomen *Ihr* in der höflichen Anrede wird in allen Deklinationsformen großgeschrieben:

*Herr Meier, dort ist **I**hr Tisch. Ich habe **I**hre Mappe auf **I**hren Tisch gelegt und **I**hre Bücher liegen auf **I**hrem Stuhl.*

Dagegen schreibt man *dein* und *euer* grundsätzlich klein – nur in Briefen darf man sie auch großschreiben.

*Du hast in **d**einem / **D**einem letzten Brief geschrieben, dass **e**uer/**E**uer Telefon kaputt ist. Ich hoffe, dass **d**ein / **D**ein Handy funktioniert.*

▶ *siehe auch ABC-Tipps, S. 67 oben und S. 73*

Sie oder *sie*? *Ihren* oder *ihren*?

Achten Sie gut darauf, wann Sie die Pronomen *sie* und *ihren* groß- oder kleinschreiben müssen. Denn der Sinn eines Satzes ändert sich gewaltig:

Gestern hat jemand bei Meiers eingebrochen und ***i****hren* (nicht: *Ihren*) *ganzen Schmuck gestohlen. Und* ***s****ie* (nicht: *Sie*) *saßen währenddessen vor dem Fernseher und haben nichts bemerkt. Stellen* ***S****ie* (nicht: *sie*) *sich das mal vor!*

Demonstrativpronomen

Die am häufigsten benutzten Demonstrativpronomen heißen:

dieser, diese, dieses	**derjenige, diejenige, dasjenige**
jener, jene, jenes	**solcher, solche, solches**
derselbe, dieselbe, dasselbe	

Die Demonstrativpronomen ***dieser***, ***jener*** und ***solcher*** weisen auf etwas bereits Bekanntes hin. Die Demonstrativpronomen ***derjenige*** und ***derselbe*** weisen auf etwas hin, das in einem Relativsatz (▶ *S. 239 ff.*) näher erläutert wird.

Dieser *Stuhl wackelt auch.* ***Solche*** *Stühle taugen nichts.*

Es ist ***derselbe*** *Stuhl, auf dem ich neulich schon saß.*

Relativsatz

Demonstrativpronomen können als echte Pronomen benutzt werden, also als **Stellvertreter** für ein Nomen. Sie können aber auch **Begleiter** sein. Sie werden immer kleingeschrieben.

Beispiele:

als Pronomen	als Begleiter
Ich will **dieses** da.	Ich will **diesen** Mantel.
Ich mache gerade **dieses** und **jenes.**	In **jenem** Monat geschah es.
Er ist seitdem nicht mehr **derselbe.**	Immer **dasselbe** Geschwätz!
Diejenigen, die dafür verantwortlich sind, sollen es zugeben.	Es sind **diejenigen** Frauen, die mehr als zwei Kinder haben.

Die Deklination von *dieser, diese, dieses*				
	Singular			**Plural**
	maskulin	**feminin**	**neutral**	für alle Geschlechter gleich
Nominativ	dieser	diese	dieses	diese
Genitiv	dieses	dieser	dieses	dieser
Dativ	diesem	dieser	diesem	diesen
Akkusativ	diesen	diese	dieses	diese

Jener, jene, jenes und ***solcher, solche, solches*** werden genauso dekliniert.

! Die Pronomen ***dieser*** und ***solcher*** können in Ausnahmefällen auch anders dekliniert werden. ▶ *Tipp, S. 82*

Die Demonstrativpronomen ***derjenige***, ***diejenige***, ***dasjenige*** und ***derselbe***, ***dieselbe***, ***dasselbe*** bestehen aus zwei Teilen, die beide dekliniert werden müssen:

Die Deklination von *derjenige, diejenige, dasjenige*				
	Singular			**Plural**
	maskulin	**feminin**	**neutral**	für alle Geschlechter gleich
Nominativ	**der**jenige	**die**jenige	**das**jenige	**die**jenig**en**
Genitiv	**des**jenig**en**	**der**jenig**en**	**des**jenig**en**	**der**jenig**en**
Dativ	**dem**jenig**en**	**der**jenig**en**	**dem**jenig**en**	**den**jenig**en**
Akkusativ	**den**jenig**en**	**die**jenige	**das**jenige	**die**jenig**en**

Die Demonstrativpronomen ***derselbe***, ***dieselbe***, ***dasselbe*** werden genauso dekliniert.

Derselbe oder der *gleiche?*

Das Demonstrativpronomen *derselbe, dieselbe, dasselbe* wird oft mit *der/die/das gleiche* verwechselt. Aber es gibt hier einen Unterschied in der Bedeutung.

Susanne und Janina benutzen ***dasselbe*** *Auto*. Dieser Satz bedeutet, dass Susanne und Janina gemeinsam ein (einziges) Auto benutzen.

Susanne und Janina fahren das ***gleiche*** *Auto*. Dieser Satz bedeutet, dass Susanne und Janina jeweils ein eigenes Auto haben, aber die beiden Autos sind von derselben Marke und derselben Bauart.

Da es jeden Menschen nur einmal auf der Welt gibt, können Sie deshalb auch immer nur sagen:

Das ist ***derselbe*** *Mann, den ich neulich schon gesehen habe.* (nicht: *der gleiche Mann*)

Regel: Benutzen Sie *derselbe*, wenn Sie von einer einzigen Sache oder einer einzigen Person sprechen. Benutzen Sie *der gleiche*, wenn Sie von verschiedenen Sachen oder Personen der gleichen Art sprechen.

Auch die Artikel ***der, die, das*** können als Demonstrativpronomen benutzt werden.

Der *hat mir gerade noch gefehlt.* ***Das*** *ist ja unglaublich!*

Das Pronomen selbst / selber

Auch das Pronomen *selbst* zählt zu den Demonstrativpronomen. Aber es wird nicht dekliniert.

Du ***selbst*** *hast es versprochen. Sie glaubt* ***selbst*** *nicht daran.*

Das Pronomen ***selber*** hat dieselbe Bedeutung wie *selbst*. Aber es wird eher nur in der Umgangssprache benutzt.

Wir haben alles ***selber*** *gemacht.*

Reflexivpronomen

Reflexivpronomen beziehen sich auf das Subjekt (wer?), das vorher im Satz genannt wurde.

▶ *Subjekt, S. 194 f.*

Leider hat der Lehrer ***sich*** *geirrt.*

Im Beispielsatz sind *der Lehrer* und *sich* dieselbe Person, das Pronomen *sich* bezieht sich also zurück auf *der Lehrer*. Deshalb nennt man solche Pronomen reflexiv.

Manchmal steht das Pronomen auch vor dem Bezugswort:

Leider hat ***sich*** *der Lehrer geirrt.*

Die häufigsten Formen der Reflexivpronomen sind die Formen des Akkusativs (wen oder was?). Sie heißen:

Ich freue **mich.**	Wir freuen **uns.**
Du freust **dich.**	Ihr freut **euch.**
Er / Sie / Es freut **sich.**	Sie freuen **sich.**

Reflexivpronomen brauchen wir immer zusammen mit Reflexivverben.

▶ *Reflexivverben S. 115 f.*

Ich freue ***mich****. Du schämst* ***dich****. Er wundert* ***sich****.*

Aber auch viele transitive Verben können wir reflexiv benutzen:

▶ *transitive Verben S. 113 f.*

Ich habe das Brot geschnitten.	↔	Ich habe **mich** geschnitten.
Wir müssen die Umwelt retten.	↔	Wir müssen **uns** retten.

Reflexivpronomen kommen selten auch im Dativ (wem?) vor.

Ich überlege **mir** etwas.	Wir überlegen **uns** etwas.
Du überlegst **dir** etwas.	Ihr überlegt **euch** etwas.
Er / Sie / Es überlegt **sich** etwas.	Sie überlegen **sich** etwas.

Reflexivpronomen in der Bedeutung von gegenseitig / einander

Reflexivpronomen werden bei manchen Verben auch in der Bedeutung von ***gegenseitig / einander*** benutzt. Dann allerdings stehen das Subjekt (wer?) und das Prädikat immer im Plural.

Kevin und Anna *trafen* ***sich*** *zufällig in der Stadt. Anna rief: „****Wir*** *haben* ***uns*** *ja schon lange nicht mehr gesehen!“*

Natürlich traf Kevin nicht sich selbst, sondern Anna. Und Anna traf Kevin. Sie hatten nicht sich selbst lange nicht mehr gesehen, sondern jeweils den anderen. Die Pronomen *sich* und *uns* drücken hier eine **wechselseitige Beziehung** aus und sind keine echten Reflexivpronomen mehr.

Weitere Verben, bei denen wir die Reflexivpronomen in dieser Bedeutung benutzen können:

sich ähneln, sich anfreunden, sich begegnen, sich begrüßen, sich bekämpfen, sich einigen, sich streiten, sich wieder vertragen …

Relativpronomen

Die Relativpronomen heißen ***der, die, das*** und ***welcher, welche, welches***. Sie werden dekliniert.

Singular			
	maskulin	**feminin**	**neutral**
Nominativ	**der**, welch**er**	**die**, welch**e**	**das**, welch**es**
Genitiv	**dessen**	**deren**	**dessen**
Dativ	**dem**, welch**em**	**der**, welch**er**	**dem**, welch**em**
Akkusativ	**den**, welch**en**	**die**, welch**e**	**das**, welch**es**
Plural			
Im Plural sind die Formen für alle drei Geschlechter gleich:			
Nominativ	**die**, welch**e**	**Dativ**	**denen**, welch**en**
Genitiv	**deren**	**Akkusativ**	**die**, welch**e**

Das Relativpronomen *welcher, welche, welches* kommt nicht im Genitiv vor.

Der Mann, der … oder der Mann, welcher …?

Das Relativpronomen *welcher, welche, welches* wird nicht so häufig benutzt wie *der, die, das*. Nur dann, wenn *der, die, das* direkt mit einem gleich lautenden Artikel zusammentrifft, sollten Sie *welcher, welche, welches* benutzen. Beispiel:

Die Blumen, ***die die*** *Nachbarin mir brachte, sind wunderschön.*
Der Zitronenbaum, ***der der*** *Nachbarin gehörte, steht jetzt in meinem Wohnzimmer.*

Besser klingt es so:

Die Blumen, ***welche die*** *Nachbarin mir brachte, …*
Der Zitronenbaum, ***welcher der*** *Nachbarin gehörte, …*

Relativpronomen leiten **Relativsätze** ein. Sie beziehen sich auf ein Nomen oder ein anderes Pronomen, das zuvor genannt wurde, und ersetzen dieses Wort im Relativsatz. Dabei müssen sie in Genus (Geschlecht) und Numerus (Singular oder Plural) mit dem Wort übereinstimmen, das sie ersetzen.

▶ *Relativsätze, S. 239 ff.*

Im folgenden Beispiel ersetzt das Relativpronomen *der* im Nebensatz das maskuline Nomen *der Zug*:

Der Zug, ***der*** *gestern zu spät abfuhr, fährt heute gar nicht.*

In welchem Fall das Relativpronomen stehen muss, hängt davon ab, welche Aufgabe es im Relativsatz hat. Es kann dort Subjekt oder Objekt sein.

▶ *Subjekt, S. 194, 196;* ▶ *Objekt, S. 196 ff.*

Beim folgenden Beispiel ist das Relativpronomen *den* ein Akkusativobjekt (Wen oder was verpasste ich?):

Der Zug, ***den*** *ich gestern verpasste, fährt heute zu spät ab.*

Manchmal steht vor dem Relativpronomen noch eine Präposition wie im folgenden Beispiel (Auf wen oder was muss ich warten?):

*Der Zug, **auf** den ich nun warten muss, ist verspätet.*

▶ *Präpositionalobjekt, S. 199*

deren oder *derer*?

***deren* weist** immer **zurück** auf ein schon vorher genanntes Wort und kommt vor als

- Demonstrativpronomen im Genitiv Singular Femininum und Genitiv Plural aller Genera:
  *Wir bewunderten die Musikerin und **deren** (ihr) kostbares Instrument. Es waren nur Kollegen und **deren** (ihre) Angehörige eingeladen. Die Damen und **deren** (ihre) Begleiter trafen zügig ein.*
- Relativpronomen im Genitiv Singular Femininum und Genitiv Plural aller Genera:
  *Die Musikerin, **deren** Spiel wir bewunderten ... Die Geige, **deren** sie sich bedient, ... Die Häuser, **deren** Fassaden frisch verputzt waren, ... Die Verbrechen, **deren** er beschuldigt wird ...*
    - allein stehendes Pronomen:
      *Er besitzt nicht nur einen Mercedes, sondern **deren** drei (= drei davon).*

derer kommt hauptsächlich vor als

- Demonstrativpronomen im Genitiv Plural aller Genera.
  Dann **weist** es **voraus** auf ein nachfolgendes Bezugswort:
  *Das ist die Meinung **derer**, die sich auskennen.* In diesen Fällen kann *derer* auch durch *derjenigen* ersetzt werden.
- Relativpronomen im Genitiv Plural aller Genera. In diesen Fällen darf stattdessen auch *deren* benutzt werden:
  *Das sind die Zeiten, während **derer** (auch: deren) ich zu arbeiten habe.*

▶ *Relativsätze, S. 239 ff.*

Interrogativpronomen

Es gibt zwei Arten von Interrogativpronomen: ***wer***, ***was*** und ***welcher, welche, welches***.

Mit ***wer?*** fragen wir nach Personen, mit ***was?*** fragen wir nach Sachen oder Sachverhalten. *Wer* und *was* sind immer **Stellvertreter** und können nur im Singular stehen, aber sie können dekliniert werden:

Die Deklination von *wer* und *was*		
Nominativ	**wer?**	**was?**
Genitiv	**wessen?**	**wessen?**
Dativ	**wem?**	**wem?**
Akkusativ	**wen?**	**was?**

Wer *soll das bezahlen?* ***Was*** *hast du gesagt?*

Die Deklination von *welcher, welche, welches*				
	Singular			**Plural** (für alle Geschlechter gleich)
	maskulin	feminin	neutral	
Nominativ	welch**er?**	welch**e**	welch**es?**	welch**e?**
Genitiv	welch**es**/ welch**en?**	welch**er?**	welch**es**/ welch**en?**	welch**er?**
Dativ	welch**em?**	welch**er?**	welch**em?**	welch**en?**
Akkusativ	welch**en?**	welch**e?**	welch**es?**	welch**e?**

Das Interrogativpronomen ***welcher, welche, welches*** benötigt meistens ein Bezugswort, dessen Genus (Geschlecht) es sich anpasst. Im folgenden Beispiel steht *welche* direkt als **Begleiter** vor dem Nomen *Farbe*, auf das es sich bezieht:

***Welche** Farbe nimmst du?*

Im folgenden Beispiel bezieht sich *welchen* auf *einen Mantel*, auch wenn es nicht direkt davorsteht.

*Ich brauche einen Mantel, aber **welchen** soll ich nehmen?*

Welcher oder *welches*? *Welchen* oder *welches*?

Wir drücken uns korrekt aus, wenn wir fragen:

*Welch**en** Wagen fährst du? Welch**e** Möglichkeiten gibt es?*

Stellt man aber die Frage anders, so lautet sie:

*Welch**es** ist dein Wagen? Welch**es** sind unsere Möglichkeiten?*
*Welch**es** ist der längste Fluss? Welch**es** sind die schönsten Blumen?*

Regel: Mit *welches* (neutral) leiten Sie Fragen ein, wenn es nicht als Begleiter direkt vor einem Bezugswort steht, sondern als selbstständiges Interrogativpronomen die Frage einleitet.

Eine weitere Besonderheit gibt es, wenn Sie *welcher* im Genitiv (wessen?) benötigen. Bei schwach deklinierten maskulinen Nomen (▶ S. 54) wird im Genitiv kein *-s* angehängt (*der Junge* ⟶ *des Jung**en***). Bei solchen Nomen müssen Sie im Genitiv immer *welch**es*** verwenden:

*Welch**es** Mensch**en** Schicksal erfüllt sich nicht?*
*Welch**es** Jung**en** Pullover ist das?*

Bei allen anderen Nomen haben Sie jedoch die Wahl:
Sie können *welch**es*** oder *welch**en*** davorsetzen, denn hier wird bereits durch das *-s* am Ende des Nomens deutlich, dass das Nomen im Genitiv steht:

*Zu Beginn welch**es** / welch**en** Jahr**es** wurde er geboren?*
*Welch**es** / Welch**en** Kind**es** Mutter würde da wegschauen?*

▶ *siehe Regelkasten im Kapitel* Nomen, *S. 54 oben*

Übrigens: Dieselbe Regelung gilt auch für die Pronomen ***dieser***, ***jeder*** und ***solcher***:

*Gezahlt wird am Ende jed**es** / jed**en** Monats.*
*Der Grund solch**es** / solch**en** Ärgers ist immer derselbe.*

Indefinitpronomen

Indefinitpronomen drücken aus, dass im Einzelnen nicht bekannt oder unwichtig ist, welche Personen, Sachen, Begriffe gemeint sind.

! Eine klare Unterscheidung der Indefinitpronomen von den *unbestimmten Zahlwörtern* (*▶ S. 178 ff.*) ist nicht möglich. Deshalb werden sie häufig auch in einer Gruppe zusammengefasst.

Indefinitpronomen, die **Begleiter oder Stellvertreter** für ein Nomen sein können	
jeder, jede, jedes	**Jeder** Spieler erhält fünf Spielsteine.
	Es kann **jeder** mitmachen.
alle	**Alle** Spielsteine sind schon verteilt.
	Jetzt müssen **alle** mal kurz herhören.
alles	Viel Erfolg und **alles** Gute!
	Ich habe bis jetzt **alles** richtig gemacht.
anderer, andere, anderes	Ich möchte eine **andere** Farbe.
	Die Spielleitung kann ein **anderer** machen.
irgendein, irgendeine, irgendeines	Da ist wohl **irgendein** Fehler in den Regeln.
	Irgendeiner hat zu viele Spielsteine.
irgendetwas	Sag mir **irgendetwas** Schönes.
	Irgendetwas stimmt hier nicht.
etwas	Ich will **etwas** Neues ausprobieren.
	Mir fehlt **etwas**.
kein, keine, kein	Ich habe noch **keine** Spielsteine.
	Du hast noch **keines** deiner Ziele erreicht.

nichts	Ich habe **nichts** Falsches gesagt.
	Ich habe **nichts** falsch gemacht.
mancher, manche, manches	Ich habe **manche** Spiele gewonnen.
	Manche können es gar nicht glauben.
Indefinitpronomen, die nur **Stellvertreter** sein können	
einer, eine, eines	Nur **einer** kann gewinnen.
jemand	**Jemand** hat geschummelt.
niemand	**Niemand** hat verloren.
irgendjemand	**Irgendjemand** hat zu viele Spielsteine.
irgendwer	Ich muss **irgendwem** Bescheid sagen.
man	**Man** erlebt immer wieder Neues.

Die Deklination von ***jemand*** und ***niemand*** ist nicht ganz leicht, vor allem in Verbindung mit dem Wort ***anders***:

	jemand / niemand	jemand + anders
Nominativ	Das weiß bestimmt **jemand** / **niemand.**	Das ist **jemand anders** / **anderes.**
Genitiv	Das ist **jemandes** / **niemandes** Eigentum.	Das ist die Jacke **eines anderen** / von **jemand anders.**
Dativ	Das muss ich **jemandem** / **niemandem** erzählen.	Das muss ich **jemand anders** / **anderem** schicken.
Akkusativ	Ich kenne hier **jemand(en)** / **niemand(en).**	Ich kenne noch **jemand anders** / **anderen.**

▶ *siehe auch Kapitel* Nomen *S. 57 f.*

Groß- und Kleinschreibung der Indefinitpronomen

Grundsätzlich werden alle Indefinitpronomen kleingeschrieben. Auch alle Wendungen mit ***andere*** (auch in Verbindung mit einem Begleiter) schreiben Sie am besten immer klein.

*Der eine war groß, der **a**ndere klein.*
*Ich habe jetzt **a**nderes im Kopf.*

Wenn Sie aber *andere* ganz betont als Nomen benutzen möchten, dürfen Sie auch großschreiben:

Ich sehne mich nach dem Anderen (= nach einer anderen Welt).

Nur die Pronomen ***alles, nichts, etwas*** können zum Nomen werden, wenn ihnen ein Begleiter vorangestellt wird. Dann schreibt man sie groß:

*Sie ist mein **E**in und **A**lles. Wir standen vor dem **N**ichts.*
*Ich sah ein kleines **E**twas.*

Besonderheiten der Indefinitpronomen

- Das Pronomen ***man*** gibt es nur in dieser Form; es lässt sich nur im Nominativ und im Singular verwenden. Für andere Fälle können Sie das Pronomen ***einer*** benutzen.

  Man *kann zwar nicht alles haben, aber man muss* ***einem*** *schon die Wahl lassen.*

- Die Zusammensetzungen mit ***irgend-*** drücken aus, dass der Sprecher über die Person oder die Sache tatsächlich keine Kenntnisse hat, jedoch gerne mehr wüsste:

  Irgendjemand *hat in diesen Schubladen herumgestöbert.* (Ich wüsste zu gerne, wer das war.)

Ein *Paar* oder *ein paar*?

Wenn Sie mit *ein paar* eine kleinere, aber unbestimmte Anzahl von Dingen meinen, dann schreiben Sie klein:

*ein **p**aar Brötchen, ein **p**aar Münzen*

Meinen Sie aber genau zwei Stück von paarweise vorkommenden Dingen, dann schreiben Sie groß:

*ein **P**aar Augen, zwei **P**aar Socken, mehrere **P**aar Schuhe*

Die Adjektive

Merkmale und Bildung von Adjektiven

Adjektive beschreiben, wie etwas beschaffen ist. Sie beziehen sich immer auf ein Nomen und geben zusätzliche Informationen über das Nomen. Adjektive schreibt man klein.

ein ***bissiger*** *Hund* *eine* ***blaue*** *Tür* *die* ***riesigen*** *Berge*

Wenn ein Adjektiv vor dem Nomen steht, auf das es sich bezieht, wird es dekliniert.

*der bissig****e*** *Hund* *der blau****en*** *Tür* *riesig****er*** *Berge*

Wenn ein Adjektiv hinter dem Nomen steht, auf das es sich bezieht, wird es nicht dekliniert.

Der Hund ist ***bissig****.* *Die Tür ist* ***blau****.* *Die Berge sind* ***riesig****.*

▶ *Tipp, S. 201*

Viele Adjektive entstehen, indem an einen Wortstamm **Suffixe** *(▶ S. 39)* gehängt werden, z. B.:

*sicht****bar*** *silb****ern*** *schmack****haft*** *herz****ig***
*herr****isch*** *herr****lich*** *erhol****sam*** *lust****los***

Neue Adjektive mit abgestufter Bedeutung können entstehen, indem man einem Adjektiv ein anderes Wort oder einen **Wortstamm** voranstellt:

stein*reich* ***halb****voll* ***denk****faul* ***dunkel****blau*
blut*arm* ***spindel****dürr* ***hilf****reich* ***himmel****blau*

Manchmal taucht dabei ein ***Fugen-s*** oder ein ***Fugen-t*** auf:

*hilf**s**bereit* *geruch**s**arm* *versehen**t**lich*

Viele Adjektive lassen sich durch **Präfixe** in ihr Gegenteil verkehren oder verstärken. ▶ *Präfixe, S. 37 f.*

Gegenteil:

möglich ↔ ***un**möglich*
reparabel ↔ ***ir**reparabel*
direkt ↔ ***in**direkt*
mobil ↔ ***im**mobil*

Verstärkung:

gewichtig → ***über**gewichtig*
irdisch → ***unter**irdisch*
alt → ***ur**alt*
eilig → ***vor**eilig*

Auch die **bestimmten** und die **unbestimmten Zahlwörter** können als Adjektive benutzt werden.

*die **drei** Musketiere*
*ein **doppelter** Wodka*
*die **übrigen** Hörer*
*der **erste** Astronaut*
***viele** Menschen*
*die **gesamte** Menge* ▶ *Zahlwörter, S. 171 ff.*

! Viele Adjektive sind aus Nomen und Adjektiv zusammengesetzt:
*Himmel + blau = **h**immelblau* *Stein + reich = **s**teinreich*
Obwohl der erste Teil des Wortes ein Nomen ist, bleibt das zusammengesetzte Wort dennoch ein Adjektiv und wird deshalb kleingeschrieben. Denn das Adjektiv steht als **Grundwort** am Ende und bestimmt damit die Wortart.
▶ *Grundwort, Bestimmungswort, S. 41*

Manche Adjektive binden Nomen oder Pronomen an sich, die dann in einem bestimmten Kasus stehen müssen.

*Er war sich **seines Verhaltens** gar nicht **bewusst**.*
(*bewusst* + Genitiv) ▶ *Übersicht „Schwierige Adjektive", S. 289*

Adjektive können zu Nomen werden

Adjektive können wie ein Nomen benutzt werden; meistens steht in solchen Fällen ein Artikel, ein anderer Begleiter oder ein unbestimmtes Zahlwort davor und sie werden dekliniert. Dann schreibt man sie groß:

*Nur der Mensch allein vermag **das U**nmögliche.*
***Im G**roßen und **G**anzen ist das richtig.* ▶ S. 187
*Es gibt **nichts G**utes, außer man tut es.*
***Die G**ute hatte einen Kuchen für uns gebacken!*
***Das N**ötigste haben wir natürlich vergessen: unsere Pässe.*
*Auf **ein N**eues!*
*So **etwas S**chönes gibt's nur einmal.* ▶ siehe auch S. 57

Achtung: Manchmal steht kein Begleiter davor. Aber auch in solchen Fällen steht kein Nomen im Satz, auf das sich die Adjektive beziehen könnten; sie selbst sind zum Nomen geworden:

*Man muss **G**utes tun und **S**chlechtes verhindern.*
***J**ung und **A**lt trafen sich bei der Jahresfeier.*

Die Großschreibung dürfen Sie auch in festen Wortverbindungen anwenden, die aus **Präposition + dekliniertem Adjektiv** bestehen:

*aufs **B**este, seit **L**ängerem, binnen **K**urzem, von **N**euem*

Aber: Man schreibt ein Adjektiv klein, wenn vorher ein Nomen genannt wurde oder noch im gleichen Satz genannt wird, auf das sich das Adjektiv bezieht:

*Meine neuen Schuhe sind viel schöner als meine **a**lten.*

*Ich habe ein rotes Auto. Ein **b**laues wäre mir lieber.*

*Herr Meier ist der **b**este von allen Lehrern.*

Wir könnten in diesen Fällen das Nomen auch nochmals nennen (*Herr Meier ist der beste Lehrer von allen Lehrern*), aber es würde nicht gut klingen.

Die Deklination der Adjektive

Wenn Adjektive vor dem Nomen stehen, auf das sie sich beziehen, werden sie wie das Nomen dekliniert. Dabei unterscheidet man wie bei den Nomen zwischen *starker* und *schwacher Deklination*.

Die starke Deklination

Die **starke Deklination** wendet man an, wenn **kein Begleiter** vor dem Adjektiv steht.

Die starke Deklination der Adjektive			
Singular			
	maskulin	**feminin**	**neutral**
Nominativ	tief**er** Klang	schwer**e** Zeit	alt**es** Holz
Genitiv	tief**en** Klangs	schwer**er** Zeit	alt**en** Holzes
Dativ	tief**em** Klang	schwer**er** Zeit	alt**em** Holz
Akkusativ	tief**en** Klang	schwer**e** Zeit	alt**es** Holz
Plural (für alle Geschlechter gleich)			
Nominativ	tief**e** Klänge	schwer**e** Zeiten	alt**e** Hölzer
Genitiv	tief**er** Klänge	schwer**er** Zeiten	alt**er** Hölzer
Dativ	tief**en** Klängen	schwer**en** Zeiten	alt**en** Hölzern
Akkusativ	tief**e** Klänge	schwer**e** Zeiten	alt**e** Hölzer

Sobald jedoch ein **Begleiter** vor dem Adjektiv steht, wird nicht mehr das Adjektiv, sondern der Begleiter stark dekliniert.

Die schwache Deklination

In Verbindung mit den Begleitern ***der, dieser, jener, derselbe, jeder, mancher, welcher*** werden die Adjektive im Singular nur **schwach dekliniert.** Im Plural enden die Adjektive in allen vier Kasus (Fällen) auf ***-en*.**

Die schwache Deklination der Adjektive			
Singular			
	maskulin	**feminin**	**neutral**
Nominativ	der tief**e** Klang	jene schwer**e** Zeit	dieses alt**e** Holz
Genitiv	des tief**en** Klangs	jener schwer**en** Zeit	dieses alt**en** Holzes
Dativ	dem tief**en** Klang	jener schwer**en** Zeit	diesem alt**en** Holz
Akkusativ	den tief**en** Klang	jene schwer**e** Zeit	dieses alt**e** Holz
Plural (für alle Geschlechter gleich)			
Nominativ	die tief**en** Klänge	jene schwer**en** Zeiten	diese alt**en** Hölzer
Genitiv	der tief**en** Klänge	jener schwer**en** Zeiten	dieser alt**en** Hölzer
Dativ	den tief**en** Klängen	jenen schwer**en** Zeiten	diesen alt**en** Hölzern
Akkusativ	die tief**en** Klänge	jene schwer**en** Zeiten	diese alt**en** Hölzer

Die gemischte Deklination

In Verbindung mit den Begleitern ***ein, kein, mein, dein, sein ihr, euer, unser, irgendein*** verwenden wir im Singular die **gemischte Deklination.** Die Pluralformen enden in allen Fällen bei allen drei Geschlechtern auf ***-en***.

Die gemischte Deklination der Adjektive			
Singular			
Fall	**maskulin**	**feminin**	**neutral**
Nominativ	sein tief**er** Klang	eure schwer**e** Zeit	kein alt**es** Holz
Genitiv	seines tief**en** Klangs	eurer schwer**en** Zeit	keines alt**en** Holzes
Dativ	seinem tief**en** Klang	eurer schwer**en** Zeit	keinem alt**en** Holz
Akkusativ	seinen tief**en** Klang	eure schwer**e** Zeit	kein alt**es** Holz
Plural (für alle Geschlechter gleich)			
Nominativ	seine tief**en** Klänge	eure schwer**en** Zeiten	keine alt**en** Hölzer
Genitiv	seiner tief**en** Klänge	eurer schwer**en** Zeiten	keiner alt**en** Hölzer
Dativ	seinen tief**en** Klängen	euren schwer**en** Zeiten	keinen alt**en** Hölzern
Akkusativ	seine tief**en** Klänge	eure schwer**en** Zeiten	keine alt**en** Hölzer

! Manche Adjektive, die aus einer anderen Sprache übernommen wurden, werden überhaupt nicht dekliniert, z. B.:

ein ***prima*** *Abschluss* ***extra*** *Fahrkarten* *ein* ***super*** *Ergebnis*

! Auch viele **Farbadjektive** werden nicht dekliniert. Schöner klingt es hier aber, wenn man noch die deklinierbare Endung ***-farben*** dranhängt:
der ***rosa*** *Pullover*; besser: *der rosa****farbene*** *Pullover*
Ebenso z. B.: ***beige, lila, oliv, orange***

Die Deklination bei mehreren Adjektiven

Wenn mehrere Adjektive vor dem Nomen stehen, werden sie alle gleich dekliniert:

*ein schön****er****, warm****er****, sonnig****er*** *Monat*
*in rücksichtslos****er****, gemein****er*** *Weise*

Wenn mehrere Adjektive vor einem maskulinen oder neutralen Nomen im Dativ (wem?) Singular stehen und kein Begleiter davorsteht, haben Sie aber zwei Möglichkeiten:

- Beide Adjektive werden stark dekliniert:
  *ein Anzug mit passend****em*** *braun****em*** *Gürtel*
  *ein Haufen aus alt****em****, verfault****em*** *Laub*
- Oder es wird nur das erste Adjektiv stark dekliniert:
  *ein Anzug mit passend****em*** *braun****en*** *Gürtel*
  *ein Haufen aus alt****em****, verfault****en*** *Laub*

▶ *Komma bei der Aufzählung von Adjektiven, S. 265 f.*

Vergleiche anstellen – die Steigerung (Komparation) der Adjektive

Mithilfe der **Steigerung (Komparation)** der Adjektive kann man Dinge miteinander vergleichen und Mengen- und Qualitätsunterschiede ausdrücken.

Das Auto ist ***schnell****, der Intercity ist* ***schneller als*** *das Auto, aber das Flugzeug ist* ***am schnellsten****.*

Vergleiche kann man auf drei Stufen anstellen: im **Positiv,** im **Komparativ** und im **Superlativ**.

Der Positiv (Grundstufe)

Bei Vergleichen mit ***so … wie*** werden zwei Dinge oder Personen gleichgestellt.

Sie ist ***so schlank wie*** *eine Tanne.*
Das Gerät ist nur ***so groß wie*** *eine Streichholzschachtel.*

Manchmal wird das Wort *so* auch weggelassen:

Ich bin ***arm wie*** *eine Kirchenmaus.*

Der Komparativ (Steigerungsstufe)

Mit dem Komparativ kann man einen Unterschied zwischen zwei Dingen oder Personen deutlich machen. Dabei wird der zweite Vergleichsbegriff mit ***als*** angeschlossen.

Der Rhein ist breiter ***als*** *die Weser.*

Zur Bildung des Komparativs hängt man an das Adjektiv die Endung ***-er*** an.

*heiter → heiter**er*** *häuslich → häuslich**er*** *bunt → bunt**er***

Wenn das Adjektiv im Komparativ vor dem ersten Begriff steht, wird es dekliniert.

*Das ist ein höher**er** Betrag* ***als*** *der vorige.*
*Dies ist eine wichtiger**e** Angelegenheit* ***als*** *die letzte.*

! Manchmal werden Vergleiche auch mithilfe von Nebensätzen ausgedrückt. Dann werden *als* und *wie* zu **Konjunktionen** und es muss ein Komma davorgesetzt werden:
Das ist ein höherer Betrag, ***als*** *ich dachte.*
Der Urlaub war so teuer, ***wie*** *ich zuvor geplant hatte.*

▶ *Komparativsätze, S. 238, 247 f.;* ▶ *Komma bei Nebensätzen, S. 273 ff.*

So halten Sie *als* und *wie* auseinander

Die Vergleichswörter *wie* und *als* kann man leicht verwechseln. Deshalb merken Sie sich die Faustregel: *wie* verwenden Sie immer nur bei Gleichheit, *als* verwenden Sie bei Unterschieden.

*Er ist **so klein wie** ich, aber wir sind beide **größer als** sie.*

Bei manchen Adjektiven wechseln die Vokale *a, o, u* im Komparativ zu ***ä, ö, ü***.

arg → ***ä**rg**er***   *groß* → *gr**ö**ß**er***   *dumm* → *d**ü**mm**er***

Der Superlativ (Höchststufe)

Das Adjektiv im Superlativ schreibt einem Begriff eine Menge oder eine Qualität zu, die nicht zu überbieten ist.

*Der Mount Everest ist **der höchste** Berg der Erde.*

Zur Bildung des Superlativs werden an das Adjektiv die Endung ***-(e)st*** und eine entsprechende Deklinationsendung angehängt: ***-e, -en*** oder ***-er***. Adjektive im Superlativ werden wie im Positiv dekliniert.

lieb → *der lieb**ste** Enkel*   *laut* → *die laut**esten** Motoren*

Steht das Adjektiv vor dem Nomen, steht meistens der bestimmte Artikel davor:

***der** frecheste Junge*   ***die** neueste Ausgabe*   ***das** kleinste Haus*

Häufig wird das Adjektiv im Superlativ mit der Präposition ***am*** benutzt. Dann erhält es die Endung ***-en*** und wird nicht gebeugt.

*Seine Rede war **am** längst**en**, aber auch **am** interessantest**en**.*

Das Adjektiv und seine Aufgabe im Satz

Das Adjektiv kann innerhalb eines Satzes drei verschiedene Aufgaben erfüllen:

1. Als **Attribut** eines Nomens steht es vor dem Nomen, auf das es sich bezieht, und wird dekliniert.

   ein guter Witz *schlechteres Wetter* *die kühlsten Tage*

2. Als **Prädikatsadjektiv** steht es in der Regel hinter dem Nomen oder Pronomen, auf das es sich bezieht, und wird nicht dekliniert, allenfalls gesteigert:

   Der Himmel blieb grau. Du bist am schönsten.

   (Frage: Wie blieb der Himmel? → *grau* bezieht sich auf das Nomen *Himmel*.)

3. Als **Adjektivadverb** hat es im Satz die Funktion eines Adverbials (Umstandsbestimmung).

   Sie arbeitete schnell/schneller/am schnellsten.

   (Frage: Wie arbeitete sie? → *am schnellsten* bezieht sich auf das Verb *arbeitete*.)

▶ *siehe auch Tipp, S. 201;* ▶ *Adverbial, S. 202 f.*

Adjektive mit unregelmäßiger Steigerung

Manche Adjektive haben unregelmäßige Komparativ- und Superlativformen:

Positiv	Komparativ	Superlativ
gut	besser	am besten
nahe	näher	am nächsten
hoch (! der **hohe** Berg)	höher	am höchsten
teuer (! das **teure** Auto)	teurer	am teuersten

Manche Adjektive haben schwierige oder zwei verschiedene Steigerungsformen:

Grundstufe	Komparativ	Superlativ
arg	ärger	am ärgsten
bange	banger / bänger	am bangsten / bängsten
blass	blasser / blässer	am blassesten / blässesten
fromm	frommer / frömmer	am frommsten / frömmsten
gesund	gesünder (gesunder)	am gesündesten (gesundesten)
glatt	glatter / glätter	am glattesten / glättesten
grob	gröber	am gröbsten
karg	karger / kärger	am kargsten / kärgsten
klug	klüger	am klügsten
krank	kränker	am kränksten
nass	nasser / nässer	am nassesten / nässesten
sauber	sauberer	am saubersten
schmal	schmaler / schmäler	am schmalsten / schmälsten
schwarz	schwärzer	am schwärzesten

Manchmal gibt es Verbindungen von **Adjektiv + Partizip**; dann steigern wir meistens den ersten Teil der Wortkombination:

gutgehende → *bessergehende Geschäfte*
nahe liegende → *näher liegende Häuser*
schwerwiegende → *schwerer wiegende Probleme*
(aber auch möglich: *schwerwiegendere*)
weitreichende → *weiter reichende Vollmachten*
(aber auch möglich: *weitreichendere*)

▶ *S. 99*

Die richtige Schreibung der Superlativform

- Bei der Superlativform von Adjektiven, die auf ***-isch*** enden, achten Sie darauf, dass Sie keinen Buchstaben vergessen:

  kindisch → *am kindi**schst**en*   *komisch* → *am komi**schst**en*

- Achten Sie auch darauf, ob vor die Endung *-st* ein ***d*** oder ein ***t*** gehört, auch wenn man es beim Sprechen fast nicht hört. Überlegen Sie, wie der Positiv (die Grundform) des Adjektivs lautet:

  *die enttäuschen**d**ste Vorstellung* (Positiv: *enttäuschen**d***)
  *der verzweifel**t**ste Blick* (Positiv: *verzweifel**t***)

- Wenn die Präposition ***am*** vor dem Superlativ eines Adjektivs steht, schreibt man immer klein:

  *Es wäre **am b**esten, du gingest nach Hause.*

  Aber: Wie jedes andere Adjektiv kann auch eine Superlativform zum Nomen mit Begleiter werden:

  *Er nahm von allem immer nur das **B**este.*

  Hier steht kein Nomen, auf das sich das Adjektiv beziehen könnte. Es ist selbst zum Nomen geworden.
  Beim folgenden Satz hingegen bezieht sich *das beste* auf das Nomen *Bücher*, deshalb schreibt man es klein.

  *Dies ist von ihren Büchern das **b**este.* ▶ *siehe auch S. 89*

Nicht steigerbare Adjektive

Manche Adjektive werden überhaupt nicht gesteigert:

- Adjektive, die von ihrer Bedeutung her nicht steigerbar sind oder bereits als Endstufe gelten, z. B.:
  silbern, tot, leer, täglich, absolut, schriftlich, einzig, minimal, optimal, eckig, logisch, kinderlos, spanisch …
  (Also sagen Sie bitte nicht: *die optimalste Lösung*)

- Adjektive für Farben; sie können aber anders gesteigert werden:
  rot, blau, grün → ***hell**rot, **mittel**blau, **dunkel**grün*

- zusammengesetzte Adjektive, die von ihrer Bedeutung her bereits einen Superlativ ausdrücken, z. B.:
  stockfinster, bettelarm, steinreich, stahlhart, rabenschwarz

Die Getrennt- und Zusammenschreibung bei zusammengesetzten Adjektiven und Partizipien

Die Wortbetonung hilft beim Schreiben

Machen Sie den **Betonungstest.** Grundsätzlich gilt bei Verbindungen mit einem Adjektiv oder Partizip als zweitem Teil: Wird beim Sprechen der erste Teil der Verbindung stärker betont als der zweite Teil, sollten Sie zusammenschreiben. Ist jedoch der zweite Teil stärker betont oder verteilt sich die Betonung auf beide Teile ungefähr gleich, schreiben Sie am besten getrennt.
Beispiele:

Zusammenschreibung	**Getrenntschreibung**
leichtverständliche Regeln	*Es ist leicht verständlich, dass …*
ein frühreifes Früchtchen	*Diese Äpfel werden früh reif.*
ein schwerbeladener Lkw	*Es war nur schwer fassbar.*

Zusammenschreibung (Betonung liegt fast immer auf dem ersten Wortteil)	
1 wenn die Verbindung aus einem anderen Wort + Adjektiv oder Partizip die verkürzte Form eines längeren Ausdrucks (einer Wortgruppe) ist; meistens ist der erste Teil ein Nomen oder ein Verbstamm.	angsterfüllt (von Angst erfüllt), denkfaul (zu faul zum Denken), fahrbereit (bereit zum Losfahren), fingerbreit (so breit wie ein Finger), hitzebeständig (beständig gegen Hitze), kopiergeschützt (geschützt vor unbefugtem Kopieren), lernbegierig (begierig zu lernen), …

Tipp: Wenn ein Fugenelement auftritt, wird immer zusammengeschrieben: *ahnung**s**los, gebrauch**s**fertig, sonne**n**gebräunt, werb**e**wirksam* … ▶ *Fugenelemente, S. 42*

2 wenn der erste und / oder der zweite Bestandteil allein **kein selbstständiges Wort** ist	letztmalig (*letzt* und *malig* allein gibt es nicht), schwerstbehindert (*schwerst* allein gibt es nicht), dickhäutig (*häutig* allein gibt es nicht), blauäugig (*äugig* allein gibt es nicht), hintergründig (*gründig* allein gibt es nicht) ...
3 wenn zwei **Adjektive gleichrangig** sind und gemeinsam einen neuen Begriff bilden	blaugrün (gleichzeitig blau und grün), nasskalt (gleichzeitig nass und kalt), dummdreist (gleichzeitig dumm und dreist) ...
4 wenn der erste Wortteil das Adjektiv bzw. Partizip in seiner Bedeutung verstärkt oder abschwächt; meist ist der erste Teil ein Nomen oder ein Adjektiv.	bitterkalt, dunkelblau, steinalt, superschlau, lauwarm, altbekannt, bitterböse, brandneu, extrabreit, festkochend, frühreif, hellblau, strohdumm, todkrank, uralt ...
Wechselnd Getrennt- oder Zusammenschreibung	
Verbindungen aus **Nomen + Partizip:** ▶ *ABC-Tipp, S. 106 f.*	ein Vertrauen erweckendes / vertrauenerweckendes Lächeln
5 Verbindungen aus **Adjektiv + Partizip** oder **Partizip + Partizip:** Bei diesen Verbindungen ist grundsätzlich Getrennt- oder Zusammenschreibung möglich.	allein erziehende / alleinerziehende Mütter, brach liegende / brachliegende Felder, weit reichende / weitreichende Veränderungen, ein blau gestreiftes / blaugestreiftes Kleid, getrennt lebende / getrenntlebende Ehepaare

! Stehen solche Verbindungen im **Komparativ** oder werden sie auf andere Weise erweitert, kommt es darauf an, welcher Teil betroffen ist. Davon hängt die Schreibung ab. Beispiele:

- Wird der erste Teil gesteigert oder auf andere Weise erweitert → **Getrenntschreibung:** *weit**er** reichende Veränderungen, **sehr** weit reichende / **zu** weit reichende Veränderungen, ein **dunkel**blau gestreiftes Kleid, ein **super**eng anliegender Pulli*

- Wird der zweite Teil, also das Partizip gesteigert → **Zusammenschreibung:** *schwerwiegend**ere** Probleme, weitreichend**ere** Veränderungen*

Tipp: Bei der Verwendung als Attribut *(▶ S. 207 ff.)* vor einem Nomen schreibt man solche Verbindungen meist zusammen, bei Verwendung als Prädikatsadjektiv *(▶ S. 201)* am Satzende wird eher getrennt geschrieben. Achten Sie auf die **Wortbetonung.** Beispiele: *▶ vgl. ABC-Tipp, S. 99*

Er hat blondgefärbte Haare. → *Seine Haare sind blond gefärbt.*
Sie trug ein blaugestreiftes Kleid. → *Ihr Kleid war blau gestreift.*
Er trug ein enganliegendes Shirt. → *Sein Shirt war eng anliegend.*
drei festangestellte Mitarbeiter. → *Ich bin jetzt fest angestellt.*

! Wenn solche Verbindungen keinen wörtlichen, sondern einen **übertragenen Sinn** haben, **muss** zusammengeschrieben werden: *ein frischgebackenes Ehepaar, eine alleinstehende Seniorin …* *▶ vgl. ABC-Tipp, S. 161 f.* 2

Verbindungen aus **Adverb + Partizip:** *▶ ABC-Tipp, S. 166.*	aneinanderklebende Seiten, aneinandergeklebte Seiten
6 Bei einigen Verbindungen aus **Adjektiv + Adjektiv** lassen sich dieselben Regeln wie bei den Verbindungen aus Adjektiv + Partizip 5 anwenden. Erster Wortteil sind oft: ***allgemein, halb, leicht, schwer, voll*** *▶ Wörterliste, S. 289 ff.*	allgemein gültige / allgemeingültige Regeln, schwer erziehbare / schwererziehbare Kinder, ein halb volles / halbvolles Glas, schwer kranke / schwerkranke Menschen; schwer**er** erziehbare Kinder, **besonders** schwer erziehbare Kinder, **sehr** leicht verständliche Regeln
Getrenntschreibung (Betonung verteilt sich auf beide Wörter)	
7 **Adjektiv + Adjektiv,** wenn das erste Adjektiv auf **-ig**, **-lich** oder **-isch** endet	winzig klein, höllisch heiß, sommerlich warm, unvergleichlich schön, grünlich gelb …
8 **Partizip + Adjektiv**	brüllend heiß, verschwindend gering, brechend voll …

Die Verben

Die wichtigsten Merkmale der Verben

Verben bezeichnen Tätigkeiten, Vorgänge oder Zustände; sie sagen aus, was passiert. Sie werden **kleingeschrieben**.

- **Tätigkeiten**
  Susanne ***setzt sich*** *in ihr neues Auto.*
  In diesem Satz regelt das Verb *setzt*, was im Augenblick *Susanne* und *ihr neues* Auto betrifft. Sie *setzt sich*. Das ist eine Tätigkeit. Andere Verben, die Tätigkeiten ausdrücken, sind z. B.: *arbeiten, beobachten, einschalten, lernen*

- **Vorgänge**
  Ein Sturm ***kommt auf****. Die Bewölkung* ***nimmt zu,*** *es* ***regnet.*** Dies sind Vorgänge, weil weder Sturm noch Bewölkung irgend etwas tun. Die Dinge ereignen sich, ohne dass jemand etwas unternimmt. Die Verben *aufkommen*, *zunehmen*, *regnen* bezeichnen diese Vorgänge genauer. Weitere Vorgangsverben sind z. B.: *abnehmen, sich häufen, altern*

- **Zustände**
  Das Land ***ist überschwemmt*** *und es* ***besteht*** *Seuchengefahr.*
  Dieser Satz beschreibt Zustände, das heißt, im Augenblick verändert sich nichts, es gibt keinerlei Bewegung bei den bestehenden Verhältnissen. Weitere Zustandsverben sind z. B.: *wohnen, liegen, sich befinden, leuchten, stehen*

Verben sind die Verbindungsstücke zwischen den anderen Teilen eines Satzes und regeln das Verhältnis, das zwischen ihnen besteht.

Ohne Verb ist z. B. der Satz „Ich ein Haus" unvollständig und man versteht nichts. Erst durch ein Verb bekommt er einen Sinn: *Ich baue/ kaufe/ verkaufe/ möchte ... ein Haus.*

Verben sind **konjugierbar** (beugbar).

*ich geh**e**, du geh**st**, wir geh**en***

▶ *Die vollständige Konjugation von Beispielverben, S. 144 ff.*

Verben verfügen auch über **drei nicht konjugierbare, infinite Formen.**

- **der Infinitiv (die Grundform)**
  stehen, sitzen, rennen, spielen ▶ *S. 105*
- **das Partizip Präsens (Mittelwort der Gegenwart)**
  stehend, sitzend, rennend, spielend ▶ *S. 105 f.*
- **das Partizip Perfekt (Mittelwort der Vergangenheit)**
  gestanden, gesessen, gerannt, gespielt ▶ *S. 106 f.*

Verben bilden sechs verschiedene Zeiten im **Indikativ (Wirklichkeitsform).**

Zeiten im Indikativ	
Präsens	Das Spiel **beginnt.**
Perfekt	Das Spiel **hat begonnen.**
Präteritum	Das Spiel **begann.**
Plusquamperfekt	Das Spiel **hatte begonnen.**
Futur I	Das Spiel **wird beginnen.**
Futur II	Das Spiel **wird begonnen haben.**

▶ *Die sechs Zeiten, S. 126 ff.*

Verben bilden acht verschiedene Zeiten im **Konjunktiv (Möglichkeitsform)**.

Zeiten im Konjunktiv (Möglichkeitsformen)	
Konjunktiv I	
Präsens	Das Spiel **beginne.**
Perfekt	Das Spiel **habe begonnen.**
Futur I	Das Spiel **werde beginnen.**
Futur II	Das Spiel **werde begonnen haben.**
Konjunktiv II	
Präteritum	Das Spiel **begänne.**
Plusquamperfekt	Das Spiel **hätte begonnen.**
Futur I	Das Spiel **würde beginnen.***
Futur II	Das Spiel **würde begonnen haben.***

* Diese Zeitformen kommen nur sehr selten vor. Deshalb werden sie in den Konjugationstabellen ab Seite 144 nicht aufgeführt.

▶ *Konjunktiv, S. 131 ff.*

Viele Verben können **aktiv** oder **passiv** verwendet werden.

Aktiv: *Toni **kocht** eine Suppe.*
Passiv: *Heute **wird** eine Suppe **gekocht**.* ▶ *Passiv, S. 140 ff.*

Verben lassen sich in **Vollverben** und **Hilfsverben** einteilen.

▶ *Hilfsverben, S. 107 ff.*; ▶ *Vollverben, S. 112 ff.*

*Frau Huber **hat** in ihrem Leben viel **gearbeitet** und **ist** weit **gereist**. Bald **wird** sie sich zur Ruhe **setzen**.*

Die drei infiniten Formen der Verben

Die drei infiniten Formen heißen **Infinitiv, Partizip Präsens** und **Partizip Perfekt.** Sie sind nicht konjugierbar.

Der Infinitiv (Grundform)

Der Infinitiv aller Verben endet auf ***-en***, ***-ern*** oder ***-eln***.

*schein**en**, hand**eln**, wand**ern** …*

Den Infinitiv benötigen wir zur Bildung des *Futur I*:

*Er wird **gehen**. Sie wird **kommen**. Wir müssen **bleiben**.*

Der Infinitiv steht auch nach den Modalverben:

*Er muss **handeln**. Sie darf faul **sein**. Du kannst **arbeiten**.*

▶ *Modalverben, S. 111 f.*

Das Partizip Präsens

Das Partizip Präsens heißt auch *Mittelwort der Gegenwart*, weil es Eigenschaften eines Verbs und eines Adjektivs besitzt.

Das Partizip Präsens endet auf ***-end***, ***-ernd*** oder ***-elnd***. Es beschreibt einen Vorgang, der gerade abläuft, und hat immer eine **aktive Bedeutung**.

*schrei**end**, hand**elnd**, wand**ernd** …*

- Das Partizip Präsens wird meistens als Adjektiv verwendet, also als Attribut eines Nomens; dann wird es wie ein Adjektiv dekliniert:

  *der **rasende** Reporter, der **keuchende** Motor*

- Undekliniert kann das Partizip als *Adverbial* benutzt werden. Dann wird es zum *Adverb*:

  *Fritz kam **rasend** auf mich zu. **Keuchend** gab Gabi auf.*

▶ *Adverbial, S. 202*

Das Partizip Perfekt

Auch das *Partizip Perfekt* besitzt Eigenschaften eines Verbs und eines Adjektivs.

> Das Partizip Perfekt endet auf ***-en*** oder ***-t***. Es beschreibt einen vollendeten Vorgang und hat meist **passive Bedeutung**, das heißt, mit dem Bezugswort ist etwas geschehen.

*Die Spitze ist **abgebrochen**. Der Kittel ist **geflickt**.*

- Das Partizip Perfekt braucht man zur Bildung der Perfekt-, Plusquamperfekt- und Futur II-Formen im Aktiv, und zwar im Indikativ wie im Konjunktiv, sowie bei allen Passivformen. Dann wird es nicht dekliniert.

  *Er **hat** die Spitze **abgebrochen**. Der Kittel **wird geflickt**.*

- Das Partizip Perfekt können wir auch als Adjektiv benutzen. Dann wird es dekliniert.

  *die abgebrochen**e** Spitze, ein geflickt**er** Kittel*

▶ *Bildung des Partizips Perfekt, S. 117 f.*

Die Schreibung von Nomen + Partizip

Grundregel: Schreibt man die entsprechende Verbindung aus Nomen + Verb getrennt, werden auch die entsprechenden Verbindungen aus Nomen + Partizip getrennt geschrieben:

Platz sparen → *Platz sparende Möbel, Platz gespart; Rad fahren* → *Rad fahrende Kinder, Rad gefahren; Schaden nehmen* → *Schaden nehmende Gebäude, Schaden genommen …*
▶ *ABC-Tipp, S. 160 f.*

Da die Verbindungen mit einem Partizip Präsens wie Adjektive benutzt werden, darf man auch zusammenschreiben, also: *platzsparende Einrichtung, radfahrende Touristen, schadennehmende Bevölkerung …*

! Wird die Verbindung durch ein oder mehrere vorangehende Wörter erweitert, müssen Sie unterscheiden:

- Die Erweiterung bezieht sich auf die ganze Verbindung → Zusammenschreibung: *eine äußerst platzsparende Lösung, ein besonders verlustbringendes Jahr*
- Die Erweiterung bezieht sich nur auf das Nomen → Getrenntschreibung: *eine besonders viel Platz sparende Lösung, ein besonderen Verlust bringendes Jahr*

! Wenn die Wortverbindung eine Verkürzung eines längeren Ausdrucks darstellt, schreibt man zusammen: *angsterfüllt* → *von Angst erfüllt; lichtdurchflutet* → *von Licht durchflutet; milieubedingt* → *durch das Milieu bedingt …* ▶ *siehe auch Tabelle, S. 99* (1)

Tipp: Zu solchen Verbindungen gibt es keine Entsprechungen aus Nomen + Verb (*Angst erfüllen* oder *Milieu bedingen* gibt es nicht).

Die Schreibung von Partizip + Verb

Am besten schreiben Sie solche Wortverbindungen immer getrennt: *spielend lernen, fragend blicken, gefangen nehmen, gebraucht kaufen, verloren gehen …*

Die Hilfsverben *sein, haben* und *werden*

Die Hilfsverben *sein, haben* und *werden* helfen den Vollverben, die zusammengesetzten Zeiten zu bilden.

Das Hilfsverb *haben*

- Das Hilfsverb *haben* benötigen wir, um bei den meisten Verben folgende zusammengesetzte Zeiten zu bilden:

Perfekt im Aktiv	Sie **hat** extrem leise gesprochen. Wir **haben** heute Spaghetti gegessen.
Plusquamperfekt im Aktiv	Wir **hatten** schon zu Abend gegessen, als Mama endlich kam.
Futur II im Aktiv	Wenn der Sommer beginnt, werden die großen Ferien schon begonnen **haben**.

▶ *Alle Konjugationsformen des Verbs* haben *auf S. 144 f.*

- *Haben* kann auch als Vollverb verwendet werden, wenn es die Bedeutung von ***besitzen*** hat:

  *Lars **hat** schon viele Autos **gehabt**. Gerade **hat** er schon wieder ein neues Auto.*

- Mit ***haben* + *zu* + Infinitiv eines Verbs** können wir eine **Verpflichtung** ausdrücken; auch dann ist *haben* ein Vollverb:

  *Wenn Mutter spricht, **haben** alle anderen **zu schweigen**.*

Das Hilfsverb *sein*

- Das Hilfsverb ***sein*** wird bei Verben verwendet, die eine Bewegung oder die Änderung eines Zustandes ausdrücken (▶ *S. 115*), und zwar zur Bildung der folgenden Zeiten:

Perfekt im Aktiv	Du **bist** am weitesten gesprungen. Er **ist** Sieger geworden.
Plusquamperfekt im Aktiv	Endlich **war** der Frühling gekommen. Der Pilot **war** eingeschlafen.
Futur II im Aktiv	Morgen werden die Tulpen verblüht **sein**. Nachher wird er schon gegangen **sein**.

- *Sein* benötigen wir auch für folgende Zeiten im **Vorgangspassiv:**

Perfekt	Timur **ist** bestohlen worden. Daraufhin **ist** er von der Polizei befragt worden.
Plusquamperfekt	Nachdem Susanne geprüft worden **war**, legte sich ihre Aufregung.
Futur I im Aktiv	Ehe du dich versiehst, wirst du betrogen worden **sein.**

▶ *Vorgangspassiv, S. 141 f.*

- *Sein* wird auch verwendet, um das **Zustandspassiv** zu bilden.

Präsens	Der junge Mann **ist** sehr verletzt. Die Bäume **sind** entwurzelt.
Präteritum	Der junge Mann **war** sehr verletzt. Die Bäume **waren** entwurzelt.

▶ *Zustandspassiv, S. 141 f.*

- Das Hilfsverb *sein* können wir auch als Vollverb verwenden.

  *Ich **bin** schon oft dabei **gewesen**. Heute **ist** auch Lea dabei.*

- Zusammen mit einem Nomen oder Adjektiv kann *sein* als Vollverb ein Prädikat bilden:

  *Alexander **ist** ein netter **Schüler**. Aber manchmal **ist** er **frech**.*
  ▶ *Prädikatsnomen, S. 199 ff., und Tipp, S. 201*

- Mit ***sein* + *zu* + Infinitiv eines Verbs** können wir eine Möglichkeit oder eine Verpflichtung ausdrücken:

  *Glaubst du wirklich, dass die Sache noch **zu retten ist**?*
  *Der Text **ist abzuschreiben** und dann **zu übersetzen**.*
  ▶ *Alle Konjugationsformen des Verbs* sein *auf S. 146 f.*

sein steht immer allein

Das Verb *sein* wird immer getrennt von anderen Wörtern geschrieben:
an sein, ab sein, auf sein, da sein, dabei sein, dazwischen sein, fort sein, neu sein, zu sein, zusammen sein …

Das Hilfsverb *werden*

- Mithilfe des Hilfsverbs *werden* können wir das **Vorgangspassiv** in allen Zeiten bilden:

  *Er **wurde** bereits einmal operiert. Gerade **wird** er erneut **operiert**. Ich bin auch operiert **worden**, nachdem ich bei einem Unfall verletzt **worden** war. Wann **werden** Sie operiert **werden**?*

- Mit *werden* wird auch das **Futur I** im **Aktiv** gebildet:
  *Wir **werden tun**, was wir können.*
  ▶ *Vorgangspassiv, S. 141 f.*

- *Werden* kann auch als Vollverb verwendet werden und bildet dann zusammen mit einem Adjektiv oder einem Nomen das Prädikat.

  *Harald **wird** immer schlanker.*
  *Susanne **ist** eine gute Fahrerin **geworden**.*
  *Ronald **wird** bestimmt einmal Koch **werden**.*
  ▶ *Prädikatsnomen, S. 199 ff. und Tipp, S. 201*

! Das Partizip Perfekt von *werden* als Vollverb heißt ***geworden***:
*Ich bin richtig schlank **ge**worden.*
Bei den Passivformen lautet das Partizip Perfekt dagegen ***worden***: *Wir sind getäuscht **worden**.*
▶ *Alle Konjugationsformen des Verbs* werden *auf S. 148 f.;*
▶ *Passiv, S. 140 ff., S. 155 f.*

Die Modalverben *dürfen, können, mögen, müssen, sollen* und *wollen*

Die Modalverben drücken zusammen mit dem Infinitiv eines anderen Verbs aus, was notwendig, möglich, erlaubt, gewollt oder verlangt ist. Sie kommen nicht im Passiv vor.

Dürfen *wir den Film sehen?*
Er ***konnte*** *nicht gut lesen.*
Du ***sollst*** *nach Hause* ***kommen****.*
Sie ***möchte*** *nicht mitkommen.*
Ich ***musste*** *immer mehr arbeiten.*
Niemand ***wollte*** *mit mir ins Kino gehen.*

Modalverben in der Umgangssprache

In der Umgangssprache verwenden wir die Modalverben häufig wie Vollverben und lassen das Vollverb selbst einfach weg, weil es selbstverständlich ist, was wir meinen:

Wir ***wollen*** *heute Abend ins Theater (gehen).*
Seit ich in England war, ***kann*** *ich gut Englisch (sprechen).*
Katja ***mag*** *keinen Fisch (essen).* (Sie isst ihn nicht gern.)
Katja ***möchte*** *Schokoladeneis (haben).*
Mama, ***darf*** *ich Computer (spielen)?*

In der Schriftsprache sollte man aber immer auch das Vollverb dazuschreiben.

Besonderheiten zur Konjugation der Modalverben

Das Partizip Perfekt lautet bei den Modalverben

gedurft, gekonnt, gemocht, gemusst, gesollt und ***gewollt.***

Aber: Zusammen mit einem Vollverb werden im **Perfekt** und im **Plusquamperfekt** (sowohl im Indikativ als auch im Konjunktiv) die Formen nicht mit dem Partizip Perfekt, sondern mit dem Infinitiv gebildet. Man sagt also z. B.:

Er sagt, sie ***haben*** *das Auto nicht* ***nehmen können****.*
Ich ***hätte*** *den Wagen eben* ***nehmen sollen****.*
Du ***hättest*** *den Wagen* ***nehmen dürfen****.*

Die Formen *gewollt, gesollt* und *gemusst* wären in diesen Beispielen nicht richtig.

Diese Regel gilt übrigens auch für das Verb ***brauchen***, wenn es verneint wird:

Das hättest du nicht (zu) tun ***brauchen****.*

Steht aber kein Vollverb dabei, wird das Modalverb zum Vollverb. Dann werden das *Perfekt* und das *Plusquamperfekt* ganz normal mit dem Partizip Perfekt gebildet:

Ich ***habe*** *das nicht* ***gewollt****.*
Sie ***hat*** *die Hausaufgaben sicher* ***gekonnt****.*
Er ***hat*** *nach Hause* ***gemusst****.*

! Achten Sie in Nebensätzen bei den *zusammengesetzten Zeiten* auf die **richtige Reihenfolge der Verben**. Die konjugierte Form von *haben* bzw. *werden* steht hier immer an erster Stelle, z. B.:
Ich weiß nicht, was ich ***hätte tun können****.*
Er weiß, dass er die Aufgabe bis gestern ***hätte erledigen müssen****.*
Ich glaube schon, dass ich mir diese Regel ***werde merken können****.*

▶ *Alle Konjugationsformen der Modalverben, S. 150 ff.*

Die Vollverben

Die meisten Verben sind *Vollverben*. Wir können sie unterteilen in ***transitive, intransitive*** und ***Reflexivverben.***

Vollverben können in den Zeiten *Präsens* und *Präteritum* das Prädikat eines Satzes alleine bilden.

*Der Fahrlehrer **überreichte** Susanne den neuen Führerschein. Sie **unterschrieb** ihn mit zitternder Hand. Jetzt **fährt** sie mit der U-Bahn nach Hause.*

> Vollverben können die zusammengesetzten Zeiten nicht allein bilden; hierfür brauchen sie die Hilfsverben.

Hilfsverb – Vollverb
*Gestern **hat** sie die Fahrprüfung **bestanden**.*

Hilfsverb – Vollverb
*Sie **ist** wirklich sehr gut **gefahren**.*

Hilfsverb – Vollverb
*Vor der Prüfung **hatte** sie **geschwitzt** vor lauter Aufregung.*

Hilfsverb – Vollverb
*Morgen **wird** sie ihr erstes Auto **kaufen**.*

Die transitiven Verben

> Transitive Verben (zielende Zeitwörter) können ein **Akkusativobjekt** (wen oder was?) bei sich haben. Die meisten transitiven Verben können ein persönliches Passiv bilden.

▶ *Akkusativobjekt, S. 196 f.*

Aktiv mit Akkusativobjekt	Passiv
Susanne **kauft** einen Hund.	Der Hund **wird gekauft.**
Der Polizist **stoppt** den Verkehr.	Der Verkehr **wird gestoppt.**

Zu den transitiven Verben, die kein persönliches Passiv bilden können, gehören *haben*, *besitzen*, *kennen* und *wissen*. (Ein Passivsatz wie *„Die Tasche wird besessen"* ist nicht möglich.)

▶ *Persönliches Passiv, S. 143*

Transitive Verben bilden das *Perfekt* und das *Plusquamperfekt* im Aktiv mit dem Hilfsverb *haben*.

*Wir **haben** das Glück **herbeigesehnt**.*
*Wir **hatten** das Glück **herbeigesehnt**.*

Intransitive Verben

Intransitive Verben (nicht zielende Zeitwörter) können **kein Akkusativobjekt** bei sich haben und sie können fast alle kein persönliches Passiv bilden.

Intransitive Verben sind z. B.: *laufen, liegen, springen, schwimmen, regnen, schneien …*

Verben rund um das Wetter werden sogar meistens nur **unpersönlich mit *es*** gebraucht: ▶ *unpersönliches es, S. 68*
***Es nieselte** schon den ganzen Tag, aber dann **schneite es**.*

Bei einigen intransitiven Verben ist ein unpersönliches Passiv mit *es* möglich, z. B.: ▶ *unpersönliches Passiv, S. 143*

*Es **wurde gehofft** und **gebangt**.*
*Es **wurde** rund um die Uhr **gestreikt**.*

Intransitive Verben, die eine Bewegung oder die Änderung eines Zustands ausdrücken, bilden *Perfekt, Plusquamperfekt und Futur II* im Indikativ wie im Konjunktiv mit *sein*.

Beispiele: *gehen, fallen, laufen, schwimmen, sinken, springen, stolpern, welken …* ▶ *vgl. Konjugation von* reisen, *S. 158 f.*

*Wir **sind hinausgegangen**, den Sonnenschein zu fangen.*

Die meisten anderen intransitiven Verben verwenden das Hilfsverb *haben* zur Bildung der Formen des *Perfekts, Plusquamperfekts* und *Futur II* im Indikativ und Konjunktiv.

Beispiele: *arbeiten, gehorchen, schauen, warten, zaudern ...*

*Ich **habe gearbeitet** und du **hast** nur **abgewartet**.*

Haben oder *sein* bei *fahren, liegen, sitzen, stehen*?

Das Verb ***fahren*** verwendet man sowohl transitiv als auch intransitiv. Entsprechend werden die vollendeten Zeiten mit *haben* oder mit *sein* gebildet:

*Ich **habe** das Auto in die Garage **gefahren**.*
*Gestern **bin** ich zwei Stunden durch die Gegend **gefahren**.*

Bei den Verben ***liegen, sitzen*** und ***stehen*** dürfen Sie für die vollendeten Zeiten *haben* oder *sein* verwenden:

*Ich **habe / bin gelegen, gesessen** und **gestanden**.*

Die Reflexivverben

Reflexivverben (rückbezügliche Zeitwörter) treten immer mit einem **Reflexivpronomen im Akkusativ** (wen oder was?) auf. Reflexivverben bilden kein Passiv.

Reflexivverben sind z. B.: ***sich** aneignen, **sich** beeilen, **sich** freuen, **sich** schämen ...* ▶ *Reflexivpronomen, S. 76 ff.*

Reflexivverben bilden das *Perfekt* und *das Plusquamperfekt* mit dem Hilfsverb *haben*.

*Wir **haben** uns so darauf **gefreut**.*
*Wir **hatten** uns so darauf **gefreut**.*

Auch viele transitive Verben können wie Reflexivverben verwendet werden, z. B.: ▶ *Reflexivpronomen, S. 77*

*jemanden retten – **sich** retten*
*jemanden fragen – **sich** fragen*

Die Regeln zur Konjugation der Verben

Bei der Konjugation teilt man die Verben in **drei Klassen** ein:

- **schwache Konjugation** ▶ *S. 117 f.*
- **starke Konjugation** ▶ *S. 118*
- **unregelmäßige Konjugation** ▶ *S. 118 f.*

Die Bildung der drei Stammformen

Um herauszufinden, welcher Klasse ein Verb angehört, bildet man von ihm die **drei Stammformen.**

	1. Stammform	2. Stammform	3. Stammform
	Die 1. Stammform ist der **Infinitiv.**	Als 2. Stammform gilt die **1. Person Singular des Präteritums.**	Die 3. Stammform ist das **Partizip Perfekt.**
schwache Konjugation	löschen fragen	(ich) lösch**te** (ich) frag**te**	**ge**lösch**t** **ge**frag**t**
starke Konjugation	b**i**nden st**o**ßen	(ich) b**a**nd (ich) st**ie**ß	**ge**b**u**nd**en** **ge**st**o**ß**en**
unregelmäßige Konjugation	r**e**nnen br**i**ngen	(ich) r**a**nn**te** (ich) br**ach**t**e**	**ge**r**a**nn**t** **ge**br**ach**t

Die 2. und die 3. Stammform sehen bei den Beispielverben in der Tabelle sehr verschieden aus. Sie alle besitzen bestimmte Merkmale, an denen wir erkennen können, ob die Verben schwach, stark oder unregelmäßig konjugiert werden.

Schwach konjugierte Verben

Bei schwach konjugierten (schwachen) Verben bleibt in allen drei Stammformen der Vokal im Stamm des Verbs unverändert.

▶ *Verbstamm S. 120*

*l**ö**schen, (ich) l**ö**schte, gel**ö**scht* *fr**a**gen, (ich) fr**a**gte, gefr**a**gt*

Bei schwach konjugierten Verben wird das Präteritum gebildet, indem man ***-te*** an den Verbstamm anhängt und dann die Personenendungen.

*löschen – (ich) lösch**te**, du lösch**test**, wir lösch**ten** ...*
*fragen – (ich) frag**te**, du frag**test**, wir frag**ten** ...*

Das *Partizip Perfekt* entsteht, indem dem Verbstamm das Präfix ***ge-*** vorangestellt und ein ***-t*** angehängt wird.

Stamm Stamm
*löschen – **ge**lösch**t*** *fragen – **ge**frag**t***

! Bei vielen schwach konjugierten Verben wird beim Partizip Perfekt *kein* ***ge-*** vorangestellt. Hierzu gehören die Verben, die im Infinitiv auf ***-ieren*** enden, z. B. *passieren* ⟶ *passiert*, und Verben mit einem nicht trennbaren Präfix (***be-, emp-, ent-, er-, ge-, miss-, ver-, wider-*** oder ***zer-*** ▶ *vgl. Tipp, S. 38*), z. B. *entfernen* ⟶ *entfernt*, *vertagen* ⟶ *vertagt*. Trotzdem gehören solche Verben zu den schwach konjugierten Verben, weil bei ihnen der Vokal in den Stammformen nicht wechselt und weil sie das Partizip Perfekt mit *-t* bilden.

Stark konjugierte Verben

Bei stark konjugierten (starken) Verben wechselt bei mindestens einer der drei Stammformen der Vokal im Verbstamm. Diese Erscheinung nennt man **Ablaut.** ▶ *Ablaut, S. 41*

bieten, ich bot – geboten | *finden, ich fand, gefunden*
leiden, ich litt, gelitten | *sehen, ich sah, gesehen*

! Eine feste Regel, in welcher Form sich der Vokal ändert, gibt es leider nicht. ▶ *Schwierige Verben, S. 119 f.*

Das Partizip Perfekt wird bei starken Verben gebildet, indem man dem Stamm des Verbs das Präfix ***ge-*** voranstellt und am Ende ***-en*** anhängt.

*bieten – **ge**bot**en*** | *finden – **ge**fund**en***
*lügen – **ge**log**en*** | *treffen – **ge**troff**en***

Stark konjugierte Verben werden oft mit den **unregelmäßigen Verben in einer Gruppe zusammengefasst.**

Unregelmäßig konjugierte Verben

Verben mit unregelmäßiger Konjugation können weder den schwach konjugierten noch den stark konjugierten Verben eindeutig zugeordnet werden, denn sie bilden ihre Stammformen teilweise wie schwach konjugierte und teilweise wie stark konjugierte Verben. Häufig werden diese Verben aber auch zu den stark konjugierten Verben gezählt.

*rennen, (ich) rann**te**, geran**nt***
*bringen, (ich) brach**te**, gebrach**t***

Die 2. Stammform und die 3. Stammform haben einen Ablaut. Das ist ein Zeichen für die starke Konjugation. Aber das ***-te*** am Ende der Präteritumform und das ***-t*** als Endung des Partizips Perfekt sind Zeichen für eine schwache Konjugation.

Einige weitere unregelmäßige Verben:

denken - dachte - gedacht
dürfen - durfte - gedurft
haben - hatte - gehabt
kennen - kannte - gekannt
können - konnte - gekonnt
mögen - mochte - gemocht
müssen - musste - gemusst
nennen - nannte - genannt
senden - sandte - gesandt

Schwierige Verben

Ähnlich oder gleich klingende Verben mit unterschiedlicher Bedeutung und Konjugation:

bieten	bot	geboten	(ein Angebot machen)
bitten	bat	gebeten	(einen Wunsch äußern)
beten	betete	gebetet	(zu Gott sprechen)
betten	bettete	gebettet	(zu Bett bringen)
genesen	genas	genesen	(gesund werden)
genießen	genoss	genossen	(etwas schön finden)
niesen	nieste	geniest	(beim Schnupfen)
hängen	hing	gehangen	(Das Bild hing hier.)
hängen	hängte	gehängt	(Ich hängte ein Bild auf.)
legen	legte	gelegt	(etwas irgendwohin legen)
liegen	lag	gelegen	(z. B. auf einem Bett liegen)
schaffen	schaffte	geschafft	(erledigen, erreichen)
schaffen	schuf	geschaffen	(bilden, gestalten)
senden	sandte	gesandt	(z. B. ein Paket verschicken)
senden	sendete	gesendet	(im Fernsehen oder Radio)
sitzen	saß	gesessen	(z. B. auf einen Stuhl)
setzen	setzte	gesetzt	(z. B. ein Zeichen setzen)
wenden	wandte	gewandt	(sich an jemanden wenden)
wenden	wendete	gewendet	(drehen, umkehren)
wiegen	wiegte	gewiegt	(schaukeln)
wiegen	wog	gewogen	(an Gewicht haben)
wägen	wog	gewogen	(einschätzen)

Verben, die häufig falsch konjugiert werden:

backen, buk/backte, gebacken	**leiden**, litt, gelitten
beißen, biss, gebissen	**leihen**, lieh, geliehen
blasen, blies, geblasen	**lügen**, log, gelogen
dreschen, drosch, gedroschen	**messen**, maß, gemessen
selbst erschrecken, erschrak, erschrocken	**preisen**, pries, gepriesen
jemanden erschrecken, erschreckte, erschreckt	**riechen**, roch, gerochen
erwägen, erwog, erwogen	**saufen**, soff, gesoffen
fechten, focht, gefochten	**scheinen**, schien, geschienen
fliehen, floh, geflohen	**schimpfen**, schimpfte, geschimpft
fließen, floss, geflossen	**schmelzen**, schmolz, geschmolzen
gären, gor/gärte, gegoren	**schreien**, schrie, geschrien
gebären, gebar, geboren	**schwellen**, schwoll, geschwollen
gelten, galt, gegolten	**schwingen**, schwang, geschwungen
genießen, genoss, genossen	**schwören**, schwor/schwur, geschworen
gerinnen, gerann, geronnen	**sinnen**, sann, gesonnen
gleichen, glich, geglichen	**speien**, spie, gespien
gleiten, glitt, geglitten	**stinken**, stank, gestunken
greifen, griff, gegriffen	**stoßen**, stieß, gestoßen
hauen, haute, gehauen	**treten**, trat, getreten
heben, hob, gehoben	**waschen**, wusch, gewaschen
heißen, hieß, geheißen	**weben**, wob, gewoben
helfen, half, geholfen	**winken**, winkte, gewinkt
kneifen, kniff, gekniffen	**wringen**, wrang, gewrungen
lassen, ließ, gelassen	**wünschen**, wünschte, gewünscht
(ein)laden, lud (ein), (ein)geladen	**ziehen**, zog, gezogen

Die grammatischen Personen, Singular und Plural

Wir unterscheiden bei der Konjugation des Verbs drei grammatische Personen, die wir die **1.**, **2.** und **3. Person** nennen. Diese grammatischen Personen können im **Singular** (Einzahl) und im **Plural** (Mehrzahl) vorkommen.

Die grammatischen Personen	
Der Singular	
1. Person: ich	Ein Sprecher zeigt mit dem Finger auf sich selbst und sagt von sich: *„**Ich** arbeite."*
2. Person: du	Derselbe Sprecher zeigt auf eine weitere Person und sagt zu ihr: *„**Du** arbeitest."*
3. Person: er, sie, es	Der Sprecher spricht zu jemandem, zeigt aber auf eine dritte Person und sagt über diese: *„**Er** arbeitet."* Oder: *„**Sie** arbeitet."* Oder auch: *„**Es** arbeitet."*
Der Plural	
1. Person: wir	Ein Sprecher sieht sich als Teil einer Gruppe, zeigt auf sich und die Gruppe und sagt von allen Beteiligten: *„**Wir** arbeiten."*
2. Person: ihr	Derselbe Sprecher zeigt auf eine Gruppe von arbeitenden Menschen und sagt zu ihnen: *„**Ihr** arbeitet."*
3. Person: sie	Der Sprecher zeigt auf eine andere Gruppe von Menschen und sagt zu seinem Gesprächspartner: *„**Sie** arbeiten."*

Regeln zur Bildung der Personenendungen

Zur Bildung der konjugierten (finiten) Formen werden an den Verbstamm verschiedene Endungen angehängt. Dabei richtet sich die Endung im Numerus (Singular oder Plural) und in der Person (1., 2., 3. Person) nach dem **Subjekt** des Satzes. Dies nennt man **Kongruenz** (Übereinstimmung).

Der **Verbstamm** ergibt sich, wenn wir am Ende des Infinitivs die beiden Buchstaben ***-en*** bzw. nur das ***-n*** bei Verben auf ***-eln*** und ***-ern*** streichen.

Infinitiv: ***spiel~~en~~***, ***wander~~n~~*** → Stamm: ***spiel, wander***

Die Personenendungen im Präsens

Zur Bildung der **Präsensformen** werden die Endungen ***-e***, ***-st***, ***-t*** und ***-en*** an den Verbstamm angehängt:

Konjugation der schwachen Verben im Präsens						
Stamm	ich	du	er/sie/es	wir	ihr	sie
spiel~~en~~	spiel**e**	spiel**st**	spiel**t**	spiel**en**	spiel**t**	spiel**en**

Bei fast allen **starken Verben** ändert sich der Vokal im Stamm bei den Formen für die 2. und 3. Person Singular:
a wird zu ***ä*** ***e*** wird zu ***i*** ***au*** wird zu ***äu***
eh wird zu ***ieh*** ***o*** wird zu ***ö***

Stamm	ich	du	er/sie/es
fall~~en~~	fall**e**	fäll**st**	fäll**t**
helf~~en~~	helf**e**	h**i**lf**st**	h**i**lf**t**
lauf~~en~~	lauf**e**	läuf**st**	läuf**t**
stehl~~en~~	stehl**e**	st**ie**hl**st**	st**ie**hl**t**
stoß~~en~~	stoß**e**	st**ö**ß**t**	st**ö**ß**t**

! Beachten Sie die folgenden Besonderheiten, damit Sie beim Schreiben keine Fehler machen:

- Bei Verben auf ***-eln*** entfällt ein ***e*** bei der 1. Person Singular sowie bei der 1. und 3. Person Plural, z. B.:
  wandeln → Stamm: *wandel* *ich wan**dle**, wir/sie wande**ln***
  sammeln → Stamm: *sammel* *ich samm**le**, wir/sie samme**ln***

- Bei Verben, deren Stamm auf ***s, ss, ß, tz*** oder ***z*** endet, wird bei der 2. Person Singular nur ein ***-t*** angehängt, z. B.:
  rasen → *du ra**st*** *lassen* → *du lä**sst***
  reißen → *du rei**ßt*** *hetzen* → *du het**zt***
  reizen → *du rei**zt***

! Die Präsensformen der Hilfsverben und der Modalverben weichen teilweise stark von den Regeln ab.

▶ *Alle Konjugationsformen der Hilfsverben und Modalverben, S. 144 ff.*

! Vergessen Sie bei dem Verb ***halten*** in der 2. Person Singular nicht das ***t*** vor dem s, auch wenn man es beim Aussprechen kaum hört: *du **hältst***. Das gilt natürlich auch für alle Zusammensetzungen mit Präfix: *du **erhältst**, du **behältst*** …

Die Personenendungen im Präteritum

Zur Bildung der Formen des **Präteritums** werden bei den schwachen Verben die Endungen ***-te***, ***-test***, ***-ten*** und ***-tet*** an den Verbstamm gehängt:

Konjugation der schwachen Verben im Präteritum						
Stamm	ich	du	er/sie/es	wir	ihr	sie
spiel~~en~~	spiel**te**	spiel**test**	spiel**te**	spiel**ten**	spiel**tet**	spiel**ten**

Bei den **starken Verben** muss man für die Konjugation im **Präteritum** die **2. Stammform** benutzen (▶ *S. 116 f.*). Für die Bildung der Personenendungen gelten folgende Regeln:

- Für die 1. und 3. Person Singular wird gar keine Endung angehängt, z. B.:
  ich blieb, er / sie / es blieb
- Die 1. und 3. Person Plural haben die Endung ***-en***, z. B.:
  *wir blieb**en**, sie blieb**en***
- Bei der 2. Person im Singular und Plural sollten Sie einige Besonderheiten berücksichtigen, damit keine Fehler beim Schreiben passieren:

Besonderheiten bei der Konjugation der starken Verben im Präteritum		
2. Person Singular (du)		
wenn der Stamm auf ***-s, -ss, -ß*** oder ***-z*** endet, **muss** ein ***e*** eingeschoben werden	**-est**	du blie**sest**, du flo**ssest**, du ri**ssest**, du a**ßest**, du lie**ßest**, du schmol**zest**
wenn der Stamm auf ***-d*** oder ***-t*** -endet, kann ein ***e*** eingeschoben werden	**-(e)st**	du fand(**e**)**st**, du ritt(**e**)**st**, du glitt(**e**)**st**
2. Person Plural (ihr)		
wenn der Stamm auf ***-s, -ss, -ß*** oder ***-z*** endet, kann ein ***e*** eingeschoben werden	**-et**	ihr blie**s**(**e**)**t**, ihr a**ß**(**e**)**t**, ihr lie**ß**(**e**)**t**, ihr flo**ss**(**e**)**t**, ihr ri**ss**(**e**)**t**

Die Personenendungen für den Konjunktiv I Präsens

Zur Bildung der Formen des **Konjunktivs I Präsens** werden bei schwachen und starken Verben die Endungen ***-e***, ***-est***, ***-en*** und ***-et*** an den Verbstamm gehängt:

Konjugation der Verben im Konjunktiv I Präsens						
Stamm	ich	du	er/sie/es	wir	ihr	sie
spiel~~en~~	spiel**e**	spiel**est**	spiel**e**	spiel**en**	spiel**et**	spiel**en**

Die Personenendungen für den Konjunktiv II Präteritum

Die Formen des **Konjunktivs II Präteritum** stimmen bei den schwachen Verben mit den Formen des *Präteritums im Indikativ* überein.
Bei den starken Verben werden ***-e***, ***-est***, ***-en*** und ***-et*** an die 2. Stammform angehängt – dieselben Endungen wie beim *Konjunktiv I*:

Konjugation der starken Verben im Konjunktiv II Präteritum						
2. Stammform	ich	du	er/sie/es	wir	ihr	sie
hing	hing**e**	hing**est**	hing**e**	hing**en**	hing**et**	hing**en**

Bei vielen starken Verben ändert sich zusätzlich der Stammvokal. Dabei gilt:

a wird zu ***ä*** ***o*** wird zu ***ö*** ***u*** wird zu ***ü***

2. Stammform	ich	du	er/sie/es	wir	ihr	sie
fand	f**ä**nd**e**	f**ä**nd**est**	f**ä**nd**e**	f**ä**nd**en**	f**ä**nd**et**	f**ä**nd**en**
bot	b**ö**t**e**	b**ö**t**est**	b**ö**t**e**	b**ö**t**en**	b**ö**t**et**	b**ö**t**en**
lud	l**ü**d**e**	l**ü**d**est**	l**ü**d**e**	l**ü**d**en**	l**ü**d**et**	l**ü**d**en**

Die zusammengesetzten Zeiten

Für die zusammengesetzten Zeiten muss man sich merken, wie die Hilfsverben *haben*, *sein* und *werden* konjugiert werden und wie das *Partizip Perfekt* (= 3. Stammform) eines Verbs heißt.

▶ *siehe Konjugationstabellen, S. 143 ff.;* ▶ *schwierige Verben, S. 117 f.*

Die sechs Zeiten und wann wir sie benutzen

Handlungen und Vorgänge spielen sich unmittelbar im Augenblick des Sprechens ab (Präsens) oder sie haben sich vor dem Zeitpunkt des Sprechens ereignet (Präteritum) oder sie werden nach diesem Zeitpunkt erwartet (Futur I).

Präsens	Die Sonne **scheint** und die Menschen **freuen** sich.
Präteritum	Die Sonne **schien** und die Menschen **freuten** sich.
Futur I	Morgen **wird** die Sonne **scheinen** und die Menschen **werden** sich **freuen**.

Zu diesen drei Zeitstufen gibt es drei ergänzende Zeiten; sie drücken Vorgänge aus, die gegenüber dem Präsens, dem Präteritum oder dem Futur I **vorzeitig** sind:

Perfekt	Es **hat geschneit.** Er **ist gegangen.**
Plusquamperfekt	Es **hatte geschneit.** Er **war gegangen.**
Futur II	Es **wird geschneit haben.** Er **wird gegangen sein.**

Diese drei ergänzenden Zeiten benötigen wir, wenn wir über verschiedene Handlungen oder Vorgänge sprechen und deutlich machen wollen, welche dieser Handlungen oder Vorgänge früher und welche später stattfanden, besonders wenn wir Haupt- und Nebensätze verwenden. ▶ *Zeitenfolge, S. 257 ff.*

Das Präsens (Gegenwart)

Wir verwenden das *Präsens*

für Handlungen, die gerade ablaufen	Ich **lese** dieses Buch.
für wiederholte Handlungen	Mittwochs **gehe** ich zum Sport.
für Vergangenes, das als gegenwärtig empfunden wird	Gestern im Kino **setzt** sich Eva direkt vor uns und **beginnt**, mit einer Tüte zu rascheln!
für Zukünftiges	Nächste Woche **fahren** wir nach Buxtehude.

Das Perfekt (vollendete Gegenwart)

Wir verwenden das *Perfekt*,

um der Gegenwart gegenüber Vorzeitiges auszudrücken	Wenn ich **eingeschlafen bin**, kannst du das Licht ausmachen.
um Vergangenes auszudrücken	Erst **habe** ich ein Hotel **gebucht**, dann **bin** ich **losgefahren**.

Das Präteritum (Imperfekt, Vergangenheit)

Wir verwenden das *Präteritum*,

um von Handlungen zu sprechen, die endgültig abgeschlossen sind	Mein Sohn **legte** 1971 das Abitur **ab**, dann **ging** er zur Bundeswehr. Es **war** einmal ein König, der hatte sieben Töchter.

Erzählungen aller Art, zum Beispiel Geschichten und Romane, werden meistens im *Präteritum* abgefasst.

Perfekt oder Präteritum verwenden?

In der gesprochenen Sprache verwenden wir meistens das *Perfekt*:

Gestern bin ich im Zoo gewesen und habe junge Affen beobachtet.

In der Schriftsprache benutzen wir aber meistens das *Präteritum*, denn es klingt eleganter:

An einem schönen Sommertag ging Anna in den Zoo. Dort beobachtete sie junge Affen.

Es gibt im Deutschen zum Glück jedoch keine so strengen Regeln wie in anderen Sprachen, wann wir welche Zeit benutzen müssen.

Das Plusquamperfekt (vollendete Vergangenheit)

Wir verwenden das *Plusquamperfekt*

für Handlungen, die noch vor einer anderen Handlung in der Vergangenheit stattgefunden haben	Nachdem wir den Laden **geschlossen hatten**, zählten wir die Tageseinnahmen. Endlich kamen wir an; ich **hatte** seit Stunden nichts **getrunken**.

Das Futur I (Zukunft)

Das *Futur I* drückt aus,

was künftig geschehen wird	Es **wird** eine Zeit **kommen**, da **werden** Steine vom Himmel **fallen**.
was erwartet oder vermutet werden kann	Du **wirst** wohl so viel Mut **haben**, die Wahrheit zu sagen.

Präsens oder Futur I verwenden?

Meistens benutzen wir statt des Futur I das Präsens. Denn fast immer weist ein Wort im selben Satz schon darauf hin, dass etwas erst in der Zukunft stattfindet, oder es wird aus dem Zusammenhang klar:

Er wird erst morgen kommen. → *Er kommt erst morgen.*
(Das Adverb *morgen* verweist bereits auf die Zukunft.)

Ich werde bald heim gehen. → *Ich gehe bald heim.*
(Das Adverb *bald* verweist bereits auf die Zukunft.)

Das Futur II (vollendete Zukunft)

Das *Futur II* sagt,

was in der Zukunft noch vor einer anderen Handlung in der Zukunft abgeschlossen sein wird	Wenn du zurückkommst, **werde** ich schon zur Arbeit **gegangen sein**.
sich in der Vergangenheit vermutlich ereignet hat.	Er **wird** wohl nicht **bemerkt haben**, dass ein Feuer ausgebrochen war.

Das Perfekt als Ersatz für das Futur II

Das *Futur II* wird nicht sehr oft benutzt. Meistens verwenden wir statt dieser Zeit das *Perfekt*:

Wenn er ankommt, ***werde*** *ich bereits abgereist sein.*
→ *Wenn er ankommt,* ***bin*** *ich bereits* ***abgereist.***

Bis du mit dem Aufräumen fertig bist, ***werde*** *ich die Koffer* ***gepackt haben.*** → *Bis du mit dem Aufräumen fertig bist,* ***habe*** *ich die Koffer* ***gepackt.***

Die drei Modi des Verbs

Wir unterscheiden drei Modi (Aussageweisen) des Verbs: den **Indikativ** (Wirklichkeitsform), den **Konjunktiv** (Möglichkeitsform) und den **Imperativ** (Befehlsform).

Der Indikativ

Mit dem **Indikativ** (Wirklichkeitsform) stellen wir Vorgänge und Zustände der Wirklichkeit entsprechend dar, und zwar so, wie sie aus unserer Sicht tatsächlich sind.

*Am Himmel **zieht** ein Gewitter **auf**.*
*Katja **war krank** und **lag** im Bett.*
*Es **hatte** schon seit drei Tagen **geregnet**.*
*Morgen **werde** ich nach München **fahren**.*

Der Imperativ

Der **Imperativ** (Befehlsform) drückt einen Wunsch, eine Anordnung oder ein Verbot aus. Er wird von der 1. Stammform abgeleitet.

Es gibt drei Imperative:

- den Imperativ Singular: ***Geh!***
- den Imperativ Plural: ***Geht!***
- den höflichen Imperativ: ***Gehen Sie!***

So werden die Imperative gebildet:

- Der **Imperativ Singular** entspricht dem Verbstamm, z. B.:
  gehen → ***Geh!*** *bauen* → ***Bau!*** *schlafen* → ***Schlaf!***

! Am Ende des *Imperativs Singular* wird kein Apostroph gesetzt, also z. B.: *Geh!* (nicht: *Geh'!*)

! Bei Verben, die auf ***-eln*** oder ***-ern*** enden, und bei allen Verben, deren Stamm auf ***-d***, ***-t***, ***-ig*** oder **Konsonant** + ***m*** endet, muss man für den **Imperativ Singular** noch ein ***e*** anhängen, z. B.:

sammeln → *Samml**e**!* *wandern* → *Wander**e**!*
finden → *Find**e**!* *bieten* → *Biet**e**!*
beruhigen → *Beruhig**e**!* *atmen* → *Atm**e**!*

! Viele starke Verben bilden den **Imperativ Singular** mit einem ***i***, obwohl der Vokal im Stamm ein ***e*** ist, z. B.:

essen → ***Iss!*** *empfehlen* → ***Empfiehl!***
geben → ***Gib!*** *lesen* → ***Lies!***

- Der **Imperativ Plural** entspricht der 2. Person Plural im *Präsens*, z. B.:
  gehen → ***Geht!*** *bauen* → ***Baut!***
  schlafen → ***Schlaft!***
- Der **höfliche Imperativ** entspricht der 3. Person Plural im *Präsens*, z. B.:
  gehen → ***Gehen Sie!*** *bauen* → ***Bauen Sie!***

Der Konjunktiv (Möglichkeitsform)

Mit dem **Konjunktiv** (Möglichkeitsform) verschieben wir Vorgänge und Handlungen in den Bereich des Möglichen, der Wünsche, der Nichtwirklichkeit, des Hörensagens und der indirekten Rede.

*Der Wetterbericht kündigt an, ein Gewitter **ziehe** auf.*
(Ich berichte, was der Wetterbericht gesagt hat. Aber es ist nicht meine eigene Aussage.)

*Wenn es doch endlich **regnen würde**!* (Aber es regnet nicht.)
*Es **könnte** doch **sein**, dass er Recht hat.* (Aber ich weiß es nicht. Es ist nur eine Möglichkeit.)

Man sagt, er ***habe*** *sich von ihr* ***getrennt****.* (Aber wir wissen es nicht genau.)

Wäre *er früher* ***aufgestanden, hätte*** *er den Zug* ***erreicht****.* (Er ist aber nicht früher aufgestanden und hat ihn nicht erreicht.)

> Innerhalb des Konjunktivs gibt es zwei Bereiche:
>
> - den **Konjunktiv I** (Bereich I); er enthält immer eine **Verbform des Konjunktivs I Präsens.**
> - den **Konjunktiv II** (Bereich II); er enthält immer eine **Verbform des Konjunktivs II Präteritum.**

Der Konjunktiv I

Die Zeiten des Konjunktivs I bilden wir mithilfe einer Form des *Konjunktivs I Präsens* (▶ S. 124 f.) z. B.:

ich ***sei****, du* ***habest****, er/sie/es* ***werde****, er/sie/es* ***spiele****, wir* ***seien****, ihr* ***habet****, sie* ***spielen****, er/sie/es* ***habe gespielt*** *...*

Folgende Zeiten gehören also zum Konjunktiv I, weil sie eine Form des *Konjunktivs I Präsens* enthalten:

Konjunktiv I Präsens	ich **sei** schön, du **habest** Kopfschmerzen, er **werde** glücklich, ihr **spielet** Monopoly
Konjunktiv I Perfekt	ich **sei** schön gewesen, du **habest** Kopfschmerzen gehabt, er **sei** glücklich geworden, ihr **habet** Monopoly gespielt
Konjunktiv I Futur I	ich **werde** schön, du **werdest** Kopfschmerzen haben, er **werde** glücklich werden, ihr **werdet** Monopoly spielen
Konjunktiv I Futur II	ich **werde** schön gewesen sein, du **werdest** Kopfschmerzen gehabt haben, er **werde** glücklich geworden sein, ihr **werdet** Monopoly gespielt haben

Mit den Formen des Konjunktivs I

formuliert man die **indirekte Rede** ▶ *Seite 136 ff.*	*Er fragte, ob er denn hier richtig **sei.*** *Ich wollte wissen, was er **gesehen habe.***
drückt man **Wünsche** aus	*Er **lebe** in Frieden!* ***Möge** sie damit glücklich **werden.***
gibt man **Anweisungen**	*Man **treffe** seine Wahl sorgfältig!* *Man **nehme** fünf Eier.*

Der Konjunktiv II

Die Zeiten des Konjunktivs II bilden wir mithilfe einer Form des *Konjunktivs II Präteritum* (▶ *Seite 125 f.)* z. B.:

*ich **wäre**, du **hättest**, er/sie/es **würde**, er/sie/es **spielte**, wir **wären**, ihr **hättet**, sie **spielten** er/sie/es **hätte gespielt**...*

Folgende Zeiten gehören also zum Konjunktiv II, weil sie eine Form des *Konjunktivs II Präteritum* enthalten:

Konjunktiv II Präteritum	ich **wäre** schön, du **hättest** Kopfschmerzen, er **würde** glücklich, ihr **spieltet** Monopoly
Konjunktiv II Plusquamperfekt	ich **wäre** schön gewesen, du **hättest** Kopfschmerzen gehabt, er **wäre** glücklich geworden, ihr **hättet** Monopoly gespielt
Konjunktiv II Futur I mit ***würde****	ich **würde** schön sein, du **würdest** Kopfschmerzen haben, er **würde** glücklich werden, ihr **würdet** Monopoly spielen
Konjunktiv II Futur II mit ***würde****	ich **würde** schön gewesen sein, du **würdest** Kopfschmerzen gehabt haben, er **würde** glücklich geworden sein, ihr **würdet** Monopoly gespielt haben

* Diese Zeitformen kommen nur selten vor. Deshalb werden sie in den Konjugationstabellen ab Seite 144 nicht aufgeführt.

Mit den Formen des Konjunktivs II

drücken wir ein **mögliches Geschehen** aus	Es **könnte** Regen geben. Sie **dürften** bald da sein.
können wir **nicht erfüllbare Wünsche** und **Bedingungen** in der Gegenwart und Vergangenheit ausdrücken	Ach, wenn ich doch dabei sein **dürfte**! (Gegenwart) **Wäre** ich doch daheim **geblieben**! (Vergangenheit) Wenn er **anriefe**, **käme** ich gern. (Gegenwart) Wenn er angerufen **hätte**, **wäre** ich gern **gekommen.** (Vergangenheit)
bringen wir **Zweifel** bei der Wiedergabe von direkter Rede zum Ausdruck ▶ *indirekte Rede, S. 140*	Er sagte, er **hätte angerufen.** (In Wirklichkeit hat er aber nicht gerufen.) Er meint, er **wäre** der Größte. (Er ist es aber nicht.)
können wir uns **höflich** ausdrücken	**Könnten** wir bitte ein Wasser haben? **Dürfte** ich mal kurz telefonieren?

Die Ersatzformen und die Umschreibung mit würde

Manchmal klingt eine Konjunktivform genau gleich wie die Indikativform; dann benutzen wir stattdessen eine andere Konjunktivform. Folgende Fälle gibt es:

- **Konjunktiv I Präsens**
  Wenn der *Konjunktiv I Präsens* mit dem *Indikativ Präsens* übereinstimmt, verwenden wir stattdessen den **Konjunktiv II Präteritum.**

  Ich sagte, ich ***gehe*** *für zwei Tage zu Mia.*
  → *Ich sagte, ich* ***ginge*** *für zwei Tage zu Mia.*

- **Konjunktiv I Futur I**
  Wenn der *Konjunktiv I Futur I* mit dem *Indikativ Futur I* übereinstimmt, verwenden wir stattdessen ***würde***:

  Ich sagte, ich werde es bald erledigen.
  → *Ich sagte, ich* ***würde*** *es bald erledigen.*

- **Konjunktiv II Präteritum**
  Wenn der Konjunktiv II Präteritum mit dem Indikativ Präteritum übereinstimmt, verwenden wir stattdessen die **Umschreibung mit *würde*.**

  Wenn doch endlich das Wasser ***kochte****!*
  → *Wenn doch endlich das Wasser* ***kochen würde****!*
  Bei schönem Wetter ***gingen*** *wir ins Freibad.*
  → *Bei schönem Wetter* ***würden*** *wir ins Freibad* ***gehen****.*

  Bei vielen Verben klingt der *Konjunktiv II Präteritum* veraltet, z. B. bei *beginnen: ich begänne; flechten: ich flöchte; schelten: ich schölte; schmelzen: ich schmölze; sinnen: ich sänne; waschen: ich wüsche; werfen: ich würfe*. Auch in diesen Fällen benutzen wir die Umschreibung mit ***würde***:

  Wenn ich es könnte, ***flöchte*** *ich dir einen Zopf.*
  → *Wenn ich es könnte,* ***würde*** *ich dir einen Zopf* ***flechten****.*
  Du ***schmölzest*** *dahin!*
  → *Du* ***würdest dahinschmelzen****!*

Vergleichen Sie in den Konjugationstabellen auf den Seiten 144 bis 159 die Indikativformen mit den danebenstehenden Konjunktivformen. Dann können Sie die Übereinstimmungen entdecken.

! Machen Sie es sich aber bitte nicht zu einfach. Die Umschreibung mit *würde* ist zwar korrekt und manchmal auch unvermeidlich, aber kein schönes Deutsch. Deshalb benutzen Sie den Konjunktiv II Präteritum, wo immer es möglich ist, also: *Wenn ich jetzt weiterläse, schliefe ich ein* (nicht: *Wenn ich jetzt weiterlesen würde, würde ich einschlafen*).

würde vermeiden durch andere Wortwahl

Manchmal können Sie durch eine andere Wortwahl die Häufung von *würde* vermeiden:

Wenn er den ***Fernseher einschalten würde, würde*** *er die Siegerehrung live* ***miterleben.***
Besser: *Wenn er den* ***Fernseher einschalten würde, könnte*** *er die Siegerehrung live* ***miterleben.***

Ich ***würde*** *dir das Buch ja gerne* ***geben****, aber ...*
Besser: *Ich* ***möchte*** *dir das Buch ja gerne geben, aber ...*

Die indirekte Rede

Aussagen, Fragen und Aufforderungen kann man wörtlich wiedergeben, also genau so, wie sie wirklich gesagt wurden. Dies nennt man die **direkte Rede** *(wörtliche Rede)*:

Herr Meier fragte: „Haben Sie Ihre Arbeit etwa schon erledigt?“
Darauf antwortete Frau Müller: „Ja, ich bin eine von der schnellen Truppe!“

Bei **indirekter Rede** gibt ein Sprecher wieder, was vorher gesprochen oder gedacht wurde. Dabei kann er nicht anders, als seine **eigene Sichtweise** mit einzubringen. Auch die indirekte Rede hat jeweils einen **Begleitsatz** bei sich, der darüber Auskunft gibt, wer zu wem spricht, wie er spricht und welche Begleitumstände es gibt:

Susanne sagte: „Wir gehen nach Hause.“
⟶ *Susanne sagte, dass sie nach Hause* ***gingen.***
Sarah fragte mit leisem Gähnen: „Wie spät ist es denn?“
⟶ *Sarah fragte mit leisem Gähnen, wie spät es denn* ***sei.***

Aussagen, die in indirekter Rede wiedergegeben werden, kleidet man häufig in einen Nebensatz mit oder ohne ***dass*** ein:

Direkte Rede	Indirekte Rede
Susanne sagte: „Es **ist** schon spät."	Susanne sagte, **dass** es schon spät **sei**. Oder: Susanne sagte, es **sei** schon spät.

▶ *nicht eingeleitete dass-Sätze, S. 245 ff.*

Fragesätze mit einleitendem Fragewort behalten auch bei indirekter Rede das Fragewort:

Sarah fragte: „**Wie** spät **ist** es?"	Sarah fragte, **wie** spät es **sei**.

▶ *indirekte Fragesätze, S. 238 f.*

Entscheidungs- und Wahlfragen werden bei indirekter Rede mit ***ob*** eingeleitet:

Julia wollte wissen: „Ist es denn schon nach Mitternacht?"	Julia wollte wissen, **ob** es denn schon nach Mitternacht **sei**.

▶ *indirekte Fragesätze, S. 243 f.*

Aufforderungen umschreibt man bei indirekter Rede mit ***sollen*** oder ***mögen***. Im Begleitsatz benutzt man dabei oft ein Verb, das eine Aufforderung ausdrückt, z. B. *auffordern*, *befehlen*, *bitten*, *verlangen*.

Ronald brummte: „Steht doch endlich auf!"	Ronald brummte, dass sie jetzt endlich aufstehen **sollten**. Ronald **forderte** sie in brummendem Ton **auf**, endlich aufzustehen.

! Bei der indirekten Rede entfallen die **Anführungszeichen** der direkten Rede, weil die direkte Rede ja nicht mehr besteht. Sie wird nur zu einem späteren Zeitpunkt wiedergegeben.

Angaben zur Zeit und zum Ort und **Personalpronomen** müssen in der indirekten Rede häufig geändert werden.

*Bodo sagte gestern: „**Ich** bin erst **gestern** zurückgekehrt."*
→ *Bodo sagte, dass **er** erst **vorgestern** zurückgekehrt sei.*

*Rebecca wohnt jetzt in Berlin und sagte am Telefon: „**Ich** finde es schön **hier**."* → *Sie sagte, dass **sie** es **dort** schön finde.*

Für die indirekte Rede benutzt man – vor allem in geschriebenen Texten – den **Konjunktiv**.

Folgende Umformungen sind bei der indirekten Rede am üblichsten:

Der Politiker sagte: (direkte Rede)	**In der Zeitung steht:** (indirekte Rede)
Perfekt oder **Präteritum**	**Konjunktiv I Perfekt**
„Ich habe mein Amt niedergelegt." / „Ich legte mein Amt nieder."	Er erklärte, er **habe** sein Amt **niedergelegt.**
Futur I	**Konjunktiv I Futur I**
„Ich werde demnächst mein Amt niederlegen."	Er erklärte, er **werde** demnächst sein Amt **niederlegen.**
Präsens	**Konjunktiv I Präsens**
„Ich habe zu viele Feinde."	Er erklärte, er **habe** zu viele Feinde.

Wenn die Konjunktivform mit der Indikativform übereinstimmt, muss man **ersatzweise eine andere Konjunktivform** oder eine Umschreibung mit ***würde*** wählen:

Ich sagte zu Gaby: (direkte Rede)	**Ich erzähle, was ich mit Gaby gesprochen habe:** (indirekte Rede)
Perfekt oder **Präteritum**	Ersatzform: **Konjunktiv II Plusquamperfekt**
„Ich habe deine Einladung gestern erhalten.“ / „Ich erhielt gestern deine Einladung.“	Ich sagte ihr, ich **hätte** ihre Einladung erhalten.
Futur I	Ersatzform: Umschreibung mit ***würde***
„Wir werden gerne kommen.“	Ich sagte ihr, dass wir gerne kommen **würden**.
Präsens	Ersatzform: **Konjunktiv II Präteritum** bzw. bei schwachen Verben: Umschreibung mit ***würde***
„Ich freue mich und nehme die Einladung an.“	Ich sagte ihr, dass ich mich freuen **würde** und die Einladung **annähme**.

▶ *siehe Ersatzformen und Umschreibung mit würde, S. 134 f.*

Zum Glück dürfen Sie für die indirekte Rede **im Alltag** aber auch die **Indikativform** benutzen:

Direkte Rede	Indirekte Rede mit der Indikativform
„Ich **bleibe** noch hier.“	Ich sagte, dass ich noch hier **bleibe.**
„Ich **werde** noch hier **bleiben.**“	Ich sagte, dass ich noch hier **bleiben werde.**
„Ich **bin** noch dort **geblieben.**“	Ich sagte, dass ich noch dort **geblieben bin.**
„Ich **blieb** noch dort.“	Ich sagte, dass ich noch dort **geblieben war / blieb.**

In den folgenden Fällen müssen Sie aber auf jeden Fall eine Konjunktivform verwenden:

wenn der Sprecher bezweifelt, was gesagt wurde	Eva sagt: „Ich habe gearbeitet."	Eva sagt, sie **hätte** gearbeitet. (Eva behauptet zwar, dass sie gearbeitet hat, aber in Wirklichkeit hat sie nicht gearbeitet.)
wenn schon in der direkten Rede eine Konjunktivform verwendet wird	„Ich **nähme** den Zug, wenn es schneller **ginge**." „Ich **hätte** dir geholfen, wenn du mich **gefragt** hättest."	Sie merkte an, sie **nähme** den Zug, wenn es schneller **ginge.** Ich sagte ihr, ich **hätte** ihr geholfen, wenn sie mich gefragt **hätte.**

Das Passiv (Leideform)

Susanne streichelt ihren Hund.

Dieser Satz steht im **Aktiv**, weil jemand da ist, der die Handlung ausführt, nämlich *Susanne*: Sie streichelt ihren Hund, sie ist aktiv.

Wenn man die Handlung aus der Sicht des Betroffenen, nämlich des Hundes sehen möchte, kann man den Hund in den Mittelpunkt der Betrachtung rücken und sagen:

Der Hund ***wird gestreichelt.***

Dieser Satz steht im **Passiv**, jetzt steht der Hund im Vordergrund. Er ist deshalb auch Subjekt des Satzes. (▶ *S. 194 ff.*) Wer für diesen Vorgang verantwortlich ist, wer den Hund streichelt, wird nicht gesagt. Vielleicht ist die *Täterin* oder der *Täter* für den Sprecher uninteressant oder unbekannt. Weitere Beispiele:

*Endlich **ist** das Buch **geschickt worden**.*
*In der Schule **ist** eine Fensterscheibe **eingeworfen worden**.*

Aber auch in einem Passivsatz kann ergänzend der Täter / Urheber der Handlung genannt werden:

*Der Hund wurde **von Susanne** gestreichelt.*
*Endlich ist das Buch **vom Verlag** geschickt worden.*
*Der Beschluss wurde **durch die Behörde** bekannt gegeben.*

> Die meisten *transitiven Verben* können ein Passiv bilden. *Intransitive Verben* bilden kein persönliches Passiv.

▶ *Persönliches Passiv, S. 143*

Vorgangspassiv und Zustandspassiv

In der deutschen Sprache gibt es zwei Arten des Passivs: das **Vorgangspassiv** und das **Zustandspassiv**.

> **Vorgangspassiv** = Hilfsverb *werden* + Partizip Perfekt

*Die Tür **wird** langsam **geöffnet**.*

Bei diesem Beispiel legt der Sprecher des Satzes Wert auf den **Vorgang**, nämlich das Öffnen der Tür.

> **Zustandspassiv** = Hilfsverb *sein* + Partizip Perfekt

*Die Tür **ist** seit einiger Zeit **geöffnet**.*

Bei diesem Beispiel legt der Sprecher Wert darauf, sich über den **Zustand**, nämlich die geöffnete Tür zu äußern.

Die Formen des Vorgangs- und des Zustandspassivs im Vergleich:

Zeit	Vorgangspassiv (werden)	Zustandspassiv (sein)
Präsens	Die Tür **wird** geöffnet.	Die Tür **ist** geöffnet.
Perfekt	Die Tür **ist** geöffnet **worden.**	Die Tür **ist** geöffnet **gewesen.**
Präteritum	Die Tür **wurde** geöffnet.	Die Tür **war** geöffnet.
Plusquamperfekt	Die Tür **war** geöffnet **worden.**	Die Tür **war** geöffnet **gewesen.**
Zukunft	Die Tür **wird** geöffnet **werden.**	Die Tür **wird** geöffnet **sein.**
vollendete Zukunft	Die Tür **wird** geöffnet **worden sein.**	Die Tür **wird** geöffnet **gewesen sein.**

Das Passiv kommt auch in allen Konjunktivformen vor.

▶ *Konjugationstabellen, S. 155 f.*

Gute Sätze im Aktiv formulieren

Sätze klingen im Deutschen wesentlich besser, wenn sie im Aktiv abgefasst sind; denn sie sind kürzer. Es gibt einige Möglichkeiten, wie Sie Passivformen umschreiben können. Beispiel:

Diese Aufgabe ist leicht gelöst worden.

Diesen Satz können wir in einen aktiven Satz umwandeln:

Die Aufgabe war leicht zu lösen. / Man konnte die Aufgabe leicht lösen. / Die Aufgabe war leicht lösbar. / Die Aufgabe löste sich fast von selbst. / Die Aufgabe ließ sich leicht lösen. / Die Lösung der Aufgabe war leicht.

Persönliches und unpersönliches Passiv

Beim **persönlichen Passiv** wird der Betroffene genannt, an dem eine Handlung vorgenommen wird.

*Die **Fäden** wurden gezogen. Der **Tisch** ist repariert.*

Das **unpersönliche Passiv** wird mit dem Personalpronomen ***es*** gebildet.

Das Pronomen *es* steht hier als Ersatz für ein genauer bezeichnetes Subjekt. In Sätzen mit unpersönlichem Passiv ist nur die Handlung wichtig. Wer aktiv ist oder wer der Betroffene ist, spielt hier keine Rolle:

***Es** wird gelacht. **Es** wurde viel getrunken. **Es** ist vollbracht.*

Das unpersönliche Passiv kann auch von vielen intransitiven Verben gebildet werden, die kein persönliches Passiv bilden können:

***Es** wird gesungen. **Es** ist viel gefeiert worden. **Es** wird getrauert.*

▶ *siehe auch* intransitive Verben, *S. 114 f.*

Die vollständige Konjugation (Beugung) von Beispielverben in Tabellenform

Der *Konjunktiv II Futur I* mit *würde* und der *Konjunktiv II Futur II* mit *würde* werden in diesen Tabellen nicht aufgeführt, weil sie nur selten benutzt werden.

▶ *Informationen zu diesen Konjunktivformen auf S. 104.*

Konjugation von ***haben*** als Vollverb	
Präsens, Indikativ (Gegenwart, Wirklichkeitsform)	Präsens, Konjunktiv I (Gegenwart, Möglichkeitsform)
ich habe wir haben du hast ihr habt er hat sie haben	ich habe wir haben du habest ihr habet er habe sie haben
Präteritum, Indikativ (Vergangenheit, Wirklichkeitsform)	Präteritum, Konjunktiv II (Vergangenheit, Möglichkeitsform)
ich hatte wir hatten du hattest ihr hattet er hatte sie hatten	ich hätte wir hätten du hättest ihr hättet er hätte sie hätten
Perfekt, Indikativ, (Vollendete Gegenwart, Wirklichkeitsform)	Perfekt, Konjunktiv I (Vollendete Gegenwart, Möglichkeitsform)
ich habe gehabt du hast gehabt er hat gehabt wir haben gehabt ihr habt gehabt sie haben gehabt	ich habe gehabt du habest gehabt er habe gehabt wir haben gehabt ihr habet gehabt sie haben gehabt
Plusquamperfekt, Indikativ (Vollendete Vergangenheit, Wirklichkeitsform)	Plusquamperfekt, Konjunktiv II (Vollendete Vergangenheit, Möglichkeitsform)
ich hatte gehabt du hattest gehabt er hatte gehabt wir hatten gehabt ihr hattet gehabt sie hatten gehabt	ich hätte gehabt du hättest gehabt er hätte gehabt wir hätten gehabt ihr hättet gehabt sie hätten gehabt

Futur I, Indikativ (Zukunft, Wirklichkeitsform)	Futur I, Konjunktiv I (Zukunft, Möglichkeitsform)
ich werde haben du wirst haben er wird haben wir werden haben ihr werdet haben sie werden haben	ich werde haben du werdest haben er werde haben wir werden haben ihr werdet haben sie werden haben
Futur II, Indikativ (Vollendete Zukunft, Wirklichkeitsform)	**Futur II, Konjunktiv I (Vollendete Zukunft, Möglichkeitsform)**
ich werde gehabt haben du wirst gehabt haben er wird gehabt haben wir werden gehabt haben ihr werdet gehabt haben sie werden gehabt haben	ich werde gehabt haben du werdest gehabt haben er werde gehabt haben wir werden gehabt haben ihr werdet gehabt haben sie werden gehabt haben
Infinitiv (Grundform)	haben
Partizip Präsens (Partizip I, Mittelwort der Gegenwart)	habend
Partizip Perfekt (Partizip II, Mittelwort der Vergangenheit)	gehabt
Imperativ Singular (Befehlsform Einzahl)	Hab!
Imperativ Plural (Befehlsform Mehrzahl)	Habt!
Höflicher Imperativ (höfliche Befehlsform)	Haben Sie!

Das Verb *haben* kann kein Passiv bilden.

Die Konjugation von ***sein*** als Vollverb	
Präsens, Indikativ (Gegenwart, Wirklichkeitsform)	Präsens, Konjunktiv I (Gegenwart, Möglichkeitsform)
ich bin / wir sind du bist / ihr seid er ist / sie sind	ich sei / wir seien du sei(e)st / ihr seiet er sei / sie seien
Präteritum, Indikativ (Vergangenheit, Wirklichkeitsform)	Präteritum, Konjunktiv II (Vergangenheit, Möglichkeitsform)
ich war / wir waren du warst / ihr wart er war / sie waren	ich wäre / wir wären du wär(e)st / ihr wär(e)t er wäre / sie wären
Perfekt, Indikativ (Vollendete Gegenwart, Wirklichkeitsform)	Perfekt, Konjunktiv I (Vollendete Gegenwart, Möglichkeitsform)
ich bin gewesen du bist gewesen er ist gewesen wir sind gewesen ihr seid gewesen sie sind gewesen	ich sei gewesen du sei(e)st gewesen er sei gewesen wir seien gewesen ihr seiet gewesen sie seien gewesen
Plusquamperfekt, Indikativ (Vollendete Vergangenheit, Wirklichkeitsform)	Plusquamperfekt, Konjunktiv II (Vollendete Vergangenheit, Möglichkeitsform)
ich war gewesen du warst gewesen er war gewesen wir waren gewesen ihr wart gewesen sie waren gewesen	ich wäre gewesen du wär(e)st gewesen er wäre gewesen wir wären gewesen ihr wär(e)t gewesen sie wären gewesen

Futur I, Indikativ (Zukunft, Wirklichkeitsform)	Futur I, Konjunktiv I (Zukunft, Möglichkeitsform)
ich werde sein du wirst sein er wird sein wir werden sein ihr werdet sein sie werden sein	ich werde sein du werdest sein er werde sein wir werden sein ihr werdet sein sie werden sein
Futur II, Indikativ (Vollendete Zukunft, Wirklich-keitsform)	Futur II, Konjunktiv I (Vollendete Zukunft, Möglich-keitsform)
ich werde gewesen sein du wirst gewesen sein er wird gewesen sein wir werden gewesen sein ihr werdet gewesen sein sie werden gewesen sein	ich werde gewesen sein du werdest gewesen sein er werde gewesen sein wir werden gewesen sein ihr werdet gewesen sein sie werden gewesen sein
Infinitiv (Grundform)	sein
Partizip Präsens (Partizip I, Mittelwort der Gegenwart)	seiend
Partizip Perfekt (Partizip II, Mittelwort der Vergangenheit)	gewesen
Imperativ Singular (Befehlsform Einzahl)	Sei!
Imperativ Plural (Befehlsform Mehrzahl)	Seid!
Höflicher Imperativ (höfliche Befehlsform)	Seien Sie!

Die Konjugation von ***werden*** als Vollerb			
Präsens, Indikativ (Gegenwart, Wirklichkeitsform)		Präsens, Konjunktiv I (Gegenwart, Möglichkeitsform)	
ich werde du wirst er wird	wir werden ihr werdet sie werden	ich werde du werdest er werde	wir werden ihr werdet sie werden
Präteritum, Indikativ (Vergangenheit, Wirklichkeitsform)		Präteritum, Konjunktiv II (Vergangenheit, Möglichkeitsform)	
ich wurde du wurdest er wurde	wir wurden ihr wurdet sie wurden	ich würde du würdest er würde	wir würden ihr würdet sie würden
Perfekt, Indikativ (Vollendete Gegenwart, Wirklichkeitsform)		Perfekt, Konjunktiv I (Vollendete Gegenwart, Möglichkeitsform)	
ich bin geworden du bist geworden er ist geworden wir sind geworden ihr seid geworden sie sind geworden		ich sei geworden du sei(e)st geworden er sei geworden wir seien geworden ihr seiet geworden sie seien geworden	
Plusquamperfekt, Indikativ (Vollendete Vergangenheit, Wirklichkeitsform)		Plusquamperfekt, Konjunktiv II (Vollendete Vergangenheit, Möglichkeitsform)	
ich war geworden du warst geworden er war geworden wir waren geworden ihr wart geworden sie waren geworden		ich wäre geworden du wär(e)st geworden er wäre geworden wir wären geworden ihr wär(e)t geworden sie wären geworden	

Futur I, Indikativ (Zukunft, Wirklichkeitsform)	Futur I, Konjunktiv I (Zukunft, Möglichkeitsform)
ich werde werden du wirst werden er wird werden	ich werde werden du werdest werden er werde werden
wir werden werden ihr werdet werden sie werden werden	wir werden werden ihr werdet werden sie werden werden
Futur II, Indikativ (Vollendete Zukunft, Wirklichkeitsform)	**Futur II, Konjunktiv I (Vollendete Zukunft, Möglichkeitsform)**
ich werde geworden sein du wirst geworden sein er wird geworden sein wir werden geworden sein ihr werdet geworden sein sie werden geworden sein	ich werde geworden sein du werdest geworden sein er werde geworden sein wir werden geworden sein ihr werdet geworden sein sie werden geworden sein
Infinitiv (Grundform)	werden
Partizip Präsens (Partizip I, Mittelwort der Gegenwart)	werdend
Partizip Perfekt (Partizip II, Mittelwort der Vergangenheit)	geworden
Imperativ Singular (Befehlsform Einzahl)	Werde!
Imperativ Plural (Befehlsform Mehrzahl)	Werdet!
Höflicher Imperativ (höfliche Befehlsform)	Werden Sie!

Die Konjugation der Modalverben ***dürfen, können, mögen***		
Präsens, Indikativ (Gegenwart, Wirklichkeitsform)		
ich darf du darfst er darf wir dürfen ihr dürft sie dürfen	ich kann du kannst er kann wir können ihr könnt sie können	ich mag du magst er mag wir mögen ihr mögt sie mögen
Präsens, Konjunktiv I (Gegenwart, Möglichkeitsform)		
ich dürfe du dürfest er dürfe wir dürfen ihr dürftet sie dürfen	ich könne du könnest er könne wir können ihr könnet sie können	ich möge du mögest er möge wir mögen ihr möget sie mögen
Präteritum, Indikativ (Vergangenheit, Wirklichkeitsform)		
ich durfte du durftest er durfte wir durften ihr durftet sie durften	ich konnte du konntest er konnte wir konnten ihr konntet sie konnten	ich mochte du mochtest er mochte wir mochten ihr mochtet sie mochten
Präteritum, Konjunktiv II (Vergangenheit, Möglichkeitsform)		
ich dürfte du dürftest er dürfte wir dürften ihr dürftet sie dürften	ich könnte du könntest er könnte wir könnten ihr könntet sie könnten	ich möchte du möchtest er möchte wir möchten ihr möchtet sie möchten
Perfekt, Indikativ (Vollendete Gegenwart, Wirklichkeitsform)		
ich habe gedurft du hast gedurft …	ich habe gekonnt du hast gekonnt …	ich habe gemocht du hast gemocht …
Perfekt, Konjunktiv I (Vollendete Gegenwart, Möglichkeitsform)		
ich habe gedurft du habest gedurft …	ich habe gekonnt du habest gekonnt …	ich habe gemocht du habest gemocht …

Plusquamperfekt, Indikativ (Vollendete Vergangenheit, Wirklichkeitsform)		
ich hatte gedurft du hattest gedurft ...	ich hatte gekonnt du hattest gekonnt ...	ich hatte gemocht du hattest gemocht ...
Plusquamperfekt, Konjunktiv II (Vollendete Vergangenheit, Möglichkeitsform)		
ich hätte gedurft du hättest gedurft ...	ich hätte gekonnt du hättest gekonnt ...	ich hätte gemocht du hättest gemocht ...
Futur I, Indikativ (Zukunft, Wirklichkeitsform)		
ich werde dürfen du wirst dürfen ...	ich werde können du wirst können ...	ich werde mögen du wirst mögen ...
Futur I, Konjunktiv I (Zukunft, Möglichkeitsform)		
ich werde dürfen du werdest dürfen ...	ich werde können du werdest können ...	ich werde mögen du werdest mögen ...
Futur II, Indikativ (Vollendete Zukunft, Wirklichkeitsform)		
ich werde gedurft haben du wirst gedurft haben ...	ich werde gekonnt haben du wirst gekonnt haben ...	ich werde gemocht haben du wirst gemocht haben ...
Futur II, Konjunktiv I (Vollendete Zukunft, Möglichkeitsform)		
ich werde gedurft haben du werdest gedurft haben ...	ich werde gekonnt haben du werdest gekonnt haben ...	ich werde gemocht haben du werdest gemocht haben ...

Infinitiv (Grundform)	dürfen, können, mögen
Partizip Präsens (Partizip I, Mittelwort der Gegenwart)	dürfend, könnend, mögend
Partizip Perfekt (Partizip II, Mittelwort der Vergangenheit)	gedurft, gekonnt, gemocht

Die Modalverben *dürfen*, *können* und *mögen* können **keine Imperative** bilden.

Die Konjugation der Modalverben ***müssen, sollen, wollen***		
Präsens, Indikativ (Gegenwart, Wirklichkeitsform)		
ich muss du musst er muss wir müssen ihr müsst sie müssen	ich soll du sollst er soll wir sollen ihr sollt sie sollen	ich will du willst er will wir wollen ihr wollt sie wollen
Präsens, Konjunktiv I (Gegenwart, Möglichkeitsform)		
ich müsse du müssest er müsse wir müssen ihr müsset sie müssen	ich solle du sollest er solle wir sollen ihr sollet sie sollen	ich wolle du wollest er wolle wir wollen ihr wollet sie wollen
Präteritum, Indikativ (Vergangenheit, Wirklichkeitsform)		
ich musste du musstest er musste wir mussten ihr musstet sie mussten	ich sollte du solltest er sollte wir sollten ihr solltet sie sollten	ich wollte du wolltest er wollte wir wollten ihr wolltet sie wollten
Präteritum, Konjunktiv II (Vergangenheit, Möglichkeitsform)		
ich müsste du müsstest er müsste wir müssten ihr müsstet sie müssten	ich sollte du solltest er sollte wir sollten ihr solltet sie sollten	ich wollte du wolltest er wollte wir wollten ihr wolltet sie wollten
Perfekt, Indikativ (Vollendete Gegenwart, Wirklichkeitsform)		
ich habe gemusst du hast gemusst …	ich habe gesollt du hast gesollt …	ich habe gewollt du hast gewollt …
Perfekt, Konjunktiv I (Vollendete Gegenwart, Möglichkeitsform)		
ich habe gemusst du habest gemusst …	ich habe gesollt du habest gesollt	ich habe gewollt du habest gewollt …

Plusquamperfekt, Indikativ (Vollendete Vergangenheit, Wirklichkeitsform)		
ich hatte gemusst du hattest gemusst ...	ich hatte gesollt du hattest gesollt ...	ich hatte gewollt du hattest gewollt ...
Plusquamperfekt, Konjunktiv II (Möglichkeitsform, Konjunktiv II)		
ich hätte gemusst du hättest gemusst ...	ich hätte gesollt du hättest gesollt ...	ich hätte gewollt du hättest gewollt ...
Futur I, Indikativ (Zukunft, Wirklichkeitsform)		
ich werde müssen du wirst müssen ...	ich werde können du wirst können ...	ich werde wollen du wirst wollen ...
Futur I, Konjunktiv I (Zukunft, Möglichkeitsform)		
ich werde müssen du werdest müssen ...	ich werde können du werdest können ...	ich werde wollen du werdest wollen ...
Futur II, Indikativ (Vollendete Zukunft, Wirklichkeitsform)		
ich werde gemusst haben du wirst gemusst haben ...	ich werde gekonnt haben du wirst gekonnt haben ...	ich werde gewollt haben du wirst gewollt haben ...
Futur II, Konjunktiv I (Vollendete Zukunft, Möglichkeitsform)		
ich werde gemusst haben du werdest gemusst haben ...	ich werde gekonnt haben du werdest gekonnt haben ...	ich werde gewollt haben du werdest gewollt haben ...

Infinitiv (Grundform)	müssen, sollen, wollen
Partizip Präsens (Partizip I, Mittelwort der Gegenwart)	müssend, sollend, wollend
Partizip Perfekt (Partizip II, Mittelwort der Vergangenheit)	gemusst, gesollt, gewollt

Die Modalverben *müssen*, *können* und *wollen* können **keine Imperative** bilden.

Die Konjugation des starken, transitiven Verbs ***halten***	
Aktiv	
Präsens, Indikativ (Gegenwart, Wirklichkeitsform)	Präsens, Konjunktiv I (Gegenwart, Möglichkeitsform)
ich halte / wir halten du hältst / ihr haltet er hält / sie halten	ich halte / wir halten du haltest / ihr haltet er halte / sie halten
Präteritum, Indikativ (Vergangenheit, Wirklichkeitsform)	Präteritum, Konjunktiv II (Vergangenheit, Möglichkeitsform)
ich hielt / wir hielten du hielt(e)st / ihr hieltet er hielt / sie hielten	ich hielte / wir hielten du hieltest / ihr hieltet er hielte / sie hielten
Perfekt, Indikativ (Vollendete Gegenwart, Wirklichkeitsform)	Perfekt, Konjunktiv I (Vollendete Gegenwart, Möglichkeitsform)
ich habe gehalten du hast gehalten er hat gehalten	ich habe gehalten du habest gehalten er habe gehalten
wir haben gehalten ihr habt gehalten sie haben gehalten	wir haben gehalten ihr habet gehalten sie haben gehalten
Plusquamperfekt, Indikativ (Vollendete Vergangenheit, Wirklichkeitsform)	Plusquamperfekt, Konjunktiv II (Vollendete Vergangenheit, Möglichkeitsform)
ich hatte gehalten du hattest gehalten er hatte gehalten wir hatten gehalten ihr hattet gehalten sie hatten gehalten	ich hätte gehalten du hättest gehalten er hätte gehalten wir hätten gehalten ihr hättet gehalten sie hätten gehalten

Futur I, Indikativ (Zukunft, Wirklichkeitsform)	Futur I, Konjunktiv I (Zukunft, Möglichkeitsform)
ich werde halten du wirst halten er wird halten wir werden halten ihr werdet halten sie werden halten	ich werde halten du werdest halten er werde halten wir werden halten ihr werdet halten sie werden halten
Futur II, Indikativ (Vollendete Zukunft, Wirklichkeitsform)	Futur II, Konjunktiv I (Vollendete Zukunft, Möglichkeitsform)
ich werde gehalten haben du wirst gehalten haben er wird gehalten haben wir werden gehalten haben ihr werdet gehalten haben sie werden gehalten haben	ich werde gehalten haben du werdest gehalten haben er werde gehalten haben wir werden gehalten haben ihr werdet gehalten haben sie werden gehalten haben
Passiv	
Präsens, Indikativ (Gegenwart, Wirklichkeitsform)	Präsens, Konjunktiv I, (Gegenwart, Möglichkeitsform)
ich werde gehalten du wirst gehalten er wird gehalten	ich werde gehalten du werdest gehalten er werde gehalten
wir werden gehalten ihr werdet gehalten sie werden gehalten	wir werden gehalten ihr werdet gehalten sie werden gehalten

Präteritum, Indikativ (Vergangenheit, Wirklichkeitsform)	Präteritum, Konjunktiv II (Vergangenheit, Möglichkeitsform)
ich wurde gehalten du wurdest gehalten er wurde gehalten wir wurden gehalten ihr wurdet gehalten sie wurden gehalten	ich würde gehalten du würdest gehalten er würde gehalten wir würden gehalten ihr würdet gehalten sie würden gehalten
Perfekt, Indikativ (Vollendete Gegenwart, Wirklichkeitsform)	**Perfekt, Konjunktiv I (Vollendete Gegenwart, Möglichkeitsform)**
ich bin gehalten worden du bist gehalten worden er ist gehalten worden wir sind gehalten worden ihr seid gehalten worden sie sind gehalten worden	ich sei gehalten worden du sei(e)st gehalten worden er sei gehalten worden wir seien gehalten worden ihr seiet gehalten worden sie seien gehalten worden
Plusquamperfekt, Indikativ (Vollendete Vergangenheit, Wirklichkeitsform)	**Plusquamperfekt, Konjunktiv II (Vollendete Vergangenheit, Möglichkeitsform)**
ich war gehalten worden du warst gehalten worden er war gehalten worden wir waren gehalten worden ihr wart gehalten worden sie waren gehalten worden	ich wäre gehalten worden du wär(e)st gehalten worden er wäre gehalten worden wir wären gehalten worden ihr wär(e)t gehalten worden sie wären gehalten worden
Futur I, Indikativ (Zukunft, Wirklichkeitsform)	**Futur I, Konjunktiv I (Zukunft, Möglichkeitsform)**
ich werde gehalten werden du wirst gehalten werden er wird gehalten werden wir werden gehalten werden ihr werdet gehalten werden sie werden gehalten werden	ich werde gehalten werden du werdest gehalten werden er werde gehalten werden wir werden gehalten werden ihr werdet gehalten werden sie werden gehalten werden

Futur II, Indikativ (Vollendete Zukunft, Wirklichkeitsform)	Futur II, Konjunktiv I (Vollendete Zukunft, Möglichkeitsform)
ich werde gehalten worden sein du wirst gehalten worden sein er wird gehalten worden sein wir werden gehalten worden sein ihr werdet gehalten worden sein sie werden gehalten worden sein	ich werde gehalten worden sein du werdest gehalten worden sein er werde gehalten worden sein wir werden gehalten worden sein ihr werdet gehalten worden sein sie werden gehalten worden sein
Infinitiv (Grundform)	halten
Partizip Präsens (Partizip I, Mittelwort der Gegenwart)	haltend
Partizip Perfekt (Partizip II, Mittelwort der Vergangenheit)	gehalten
Imperativ Singular (Befehlsform Einzahl)	Halt!
Imperativ Plural (Befehlsform Mehrzahl)	Haltet!
Höflicher Imperativ (höfliche Befehlsform)	Halten Sie!

Die Konjugation des schwachen, intransitiven Verbs ***reisen,*** Bildung der vollendeten Zeiten mit *sein*	
Präsens, Indikativ (Gegenwart, Wirklichkeitsform)	Präsens, Konjunktiv I (Gegenwart, Möglichkeitsform)
ich reise wir reisen du reist ihr reist er reist sie reisen	ich reise wir reisen du reisest ihr reiset er reise sie reisen
Präteritum, Indikativ (Vergangenheit, Wirklichkeitsform)	Präteritum, Konjunktiv II (Vergangenheit, Möglichkeitsform)
ich reiste wir reisten du reistest ihr reistet er reiste sie reisten	ich reiste wir reisten du reistest ihr reistet er reiste sie reisten
Perfekt, Indikativ (Vollendete Gegenwart, Wirklichkeitsform)	Perfekt, Konjunktiv I (Vollendete Gegenwart, Möglichkeitsform)
ich bin gereist du bist gereist er ist gereist wir sind gereist ihr seid gereist sie sind gereist	ich sei gereist du sei(e)st gereist er sei gereist wir seien gereist ihr seiet gereist sie seien gereist
Plusquamperfekt, Indikativ (Vollendete Vergangenheit, Wirklichkeitsform)	Plusquamperfekt, Konjunktiv II (Vollendete Vergangenheit, Möglichkeitsform)
ich war gereist du warst gereist er war gereist wir waren gereist ihr wart gereist sie waren gereist	ich wäre gereist du wär(e)st gereist er wäre gereist wir wären gereist ihr wär(e)t gereist sie wären gereist

Futur I, Indikativ (Zukunft, Wirklichkeitsform)	Futur I, Konjunktiv I (Zukunft, Möglichkeitsform)
ich werde reisen du wirst reisen er wird reisen wir werden reisen ihr werdet reisen sie werden reisen	ich werde reisen du werdest reisen er werde reisen wir werden reisen ihr werdet reisen sie werden reisen
Futur II, Indikativ (Vollendete Zukunft, Wirklichkeitsform)	Futur II, Konjunktiv I (Vollendete Zukunft, Möglichkeitsform)
ich werde gereist sein du wirst gereist sein er wird gereist sein wir werden gereist sein ihr werdet gereist sein sie werden gereist sein	ich werde gereist sein du werdest gereist sein er werde gereist sein wir werden gereist sein ihr werdet gereist sein sie werden gereist sein
Infinitiv (Grundform)	reisen
Partizip Präsens (Partizip I, Mittelwort der Gegenwart)	reisend
Partizip Perfekt (Partizip II, Mittelwort der Vergangenheit)	gereist
Imperativ Singular (Befehlsform Einzahl)	Reise!
Imperativ Plural (Befehlsform Mehrzahl)	Reist!
Höflicher Imperativ (höfliche Befehlsform)	Reisen Sie!

! Bei den schwachen, intransitiven Verben gibt es keine persönlichen Passivformen. Manche können aber ein unpersönliches Passiv mit *es* bilden. ▶ *S. 141*

Die Schreibung von Verb + Verb

Verbindungen zweier Verben schreibt man grundsätzlich getrennt. Also: *springen üben, spazieren gehen, schreiben können, arbeiten gehen, laufen lernen ...*

Ausnahmen: Wenn Verbindungen mit den Verben ***bleiben*** und ***lassen*** eine Bedeutung im übertragenen Sinn haben, dürfen Sie auch zusammenschreiben. Beispiele:

Wörtliche Bedeutung	**Übertragene Bedeutung**
auf dem Stuhl sitzen bleiben	*in der Schule sitzen bleiben/ sitzenbleiben* (nicht versetzt werden)
den Mantel hängen lassen	*jemanden hängen lassen/ hängenlassen* (nicht helfen)
den Teller fallen lassen	*jemanden fallen lassen/ fallenlassen* (nicht mehr unterstützen

! Noch ein Ausnahmeverb: ***kennen lernen*** dürfen Sie auch zusammenschreiben: *kennenlernen*

Die Schreibung von Nomen + Verb

Verbindungen aus Nomen + Verb schreibt man meistens getrennt:

Auto/ Rad fahren, Gefahr laufen, Radio hören, Zeitung lesen, Kaffee trinken, Karten spielen, Hof halten ...

Es gibt aber einige Ausnahmewörter, bei denen die Nomen ihre Selbstständigkeit verloren haben und die deshalb zusammengeschrieben werden:

eislaufen, kopfstehen, leidtun, nottun, preisgeben, standhalten, stattfinden, teilhaben, teilnehmen

! Auch bei den konjugierten Formen wird klein- bzw. zusammengeschrieben: *Es tut mir **l**eid. Wir stehen **k**opf. Er hält **s**tand. Sie hat **s**tan**dg**ehalten. Es hat mir **l**ei**dg**etan.*

Bei einigen Ausdrücken hat man die Wahl zwischen Getrennt- und Zusammenschreibung. Hier die wichtigsten:

Acht geben/ achtgeben, Brust schwimmen/ brustschwimmen (und andere Schwimmstile), Dank sagen/ danksagen, Gewähr leisten / gewährleisten, Halt machen / haltmachen, Maß halten / maßhalten, Staub saugen / staubsaugen

! Hier wird bei den konjugierten Formen getrennt und großgeschrieben: *Wir hielten **M**aß. Er sagte **D**ank. Ich habe **H**alt gemacht.*
Die Wahl hat man allerdings bei: *sie leisten Gewähr / gewährleisten, haben Gewähr geleistet / gewährleistet* und *er saugt Staub / staubsaugt, hat Staub gesaugt / gestaubsaugt.*

Die Schreibung von Adjektiv + Verb

Drei Regeln müssen Sie hier beachten:

1. In den meisten Fällen schreibt man Verbindungen aus Adjektiv + Verb **getrennt**:

   deutlich machen, eng verbinden, falsch schreiben, früh aufstehen, neu eröffnen, ernst nehmen, schwer atmen, laut lesen …

   Getrennt geschrieben wird in jedem Fall, wenn das Adjektiv bereits ein zusammengesetztes Adjektiv ist oder Präfixe oder Suffixe enthält: *bewusstlos schlagen, auswendig lernen, ungenau arbeiten, dunkelblau anmalen, lebendig begraben …*

2. Wenn aber Adjektiv + Verb nicht wörtlich zu verstehen sind, sondern zusammen eine ganz neue Bedeutung in einem übertragenen Sinn ergeben, muss man **zusammenschreiben**: *einiggehen, fernsehen, heiligsprechen, krankschreiben, schiefgehen …*

   Sollte sich nicht eindeutig festlegen lassen, ob Adjektiv + Verb zusammen eine übertragene Bedeutung haben, dürfen Sie getrennt oder zusammenschreiben. Beispiele:

   liebhaben / lieb haben, sich schönmachen / schön machen, wehtun / weh tun, zufriedenstellen / zufrieden stellen

   Seien Sie aber vorsichtig und schauen Sie genau hin. Beispiel: *Das würde ihm ähnlichsehen!* (Das wäre typisch für ihn. – Bedeutung im übertragenen Sinn)
   Aber: *Zwei Fachleute werden das Problem wohl ähnlich sehen.* (wörtliche Bedeutung)

… →

3 Wenn das Adjektiv das Ergebnis der Tätigkeit darstellt, die durch das Verb ausgedrückt wird, darf man getrennt oder zusammenschreiben:

blond färben / blondfärben (Haar färben, so dass es hinterher blond ist), blank putzen / blankputzen (den Topf), warm machen / warmmachen (das Essen), klein schneiden / kleinschneiden (Gemüse).

Einige weitere Beispiele mit Verweis auf die drei Regeln:

fest stehen (auf festem Boden) 1	feststehen (als sicher gelten) 2
frei sprechen (ohne Vorlage) 1	(von Schuld) freisprechen 2
(ein Rohr) gerade biegen / geradebiegen 3	(einen Fehler) geradebiegen 2
klar sehen (deutlich sehen) 1	klarsehen (begreifen) 2
krank machen / krankmachen (Gifte) 3	krankmachen (vorgeben, krank zu sein) 2
leer stehen (ein Gebäude) 1	leer pumpen / leerpumpen (einen Teich) 3
richtig schreiben 1	richtigstellen (korrigieren) 2
schwer fallen (Börsenkurse) 1	schwerfallen (mühevoll sein) 2

Zur Schreibung der entsprechenden Partizipformen lesen Sie bitte die Regeln 2, 4 und 5 auf S. 100 f.

Die Adverbien

> Adverbien (Umstandswörter) geben genauere Auskunft über die Umstände, unter denen etwas geschieht. Sie sind unflektierbar, das heißt sie werden nicht gebeugt. Sie werden kleingeschrieben.

Nur diese Adverbien kann man steigern:

gern	*lieber*	*am liebsten*	***sehr***	*mehr*	*am meisten*
bald	*eher*	*am ehesten*	***oft***	*öfter*	*(am häufigsten)*
wohl	*besser*	*am besten*			

Manche Adverbien lassen sich aus Nomen ableiten. Hierfür gibt es zwei Endungen: ***-s*** und ***-weise***:

der Morgen → *morgen**s***
der Sonntag → *sonntag**s***
die Nacht → *nacht**s***
das Stück → *stück**weise***

> Alle Adjektive können undekliniert auch als Adverbien verwendet werden – auch in der Komparativ- und Superlativform. (**Adjektivadverbien**)

*Ein **schnell** fahrendes Auto stellt eine Gefahr dar.*

***Leicht** abgetönte Farben wirken angenehmer.*

*Er arbeitet **langsam / langsamer / am langsamsten**.*

*Das ist **gut** möglich.*

▶ *vgl. auch Tipp, S. 96, und S. 167*

Aus manchen Adjektiven kann man auch durch Anhängen der Endung ***-erweise*** Adverbien bilden, z. B.:

ehrlich → *ehrlich**erweise***
seltsam → *seltsam**erweise***

Adverbien nach ihrer Bedeutung unterscheiden

Adverbien können Auskunft über **Ort**, **Raum** und **Richtung** geben. Dann antworten sie auf die Fragen **Wo? Wohin? Woher?**

Beispiele:

hier	da	dort	überall	herauf
nirgends	rechts	links	vorn	herunter
hinten	oben	unten	hinab	hinüber
dorthin	aufwärts	abwärts	daher	daneben

Da *ist der Dieb! Er kommt von* ***links****. Schneiden wir ihm* ***dort hinten*** *den Weg ab!*

Adverbien können **Zeit und Dauer** bestimmen. Die Fragen lauten dann: **Wann? Wie lange? Wie oft?**

Beispiele:

jetzt	heute	gestern	morgen	immer
abends	mittags	vorher	sofort	vorhin
nachher	später	oft	selten	lange

Vorhin *hast du gesagt, wir machen es* ***später****. Aber* ***jetzt*** *ist es* ***zu spät****. Wir hätten es nicht so* ***lange*** *aufschieben sollen.*

Adverbien der **Art und Weise** antworten auf die Fragen **Wie? Womit?**

Beispiele:

so	anders	sehr	vergebens	etwa
sogar	fast	nur	vielleicht	gern
kaum	nicht	leider	beinahe	auch

Es ist jetzt ***etwa*** *drei Uhr.* ***Vielleicht*** *können wir einen früheren Zug nehmen.* ***So*** *kommen wir rechtzeitig an.*

Unter Adverbien **des Grundes** und **der Ursache** fasst man auch Wörter zusammen, die eine **Folge**, einen **Zweck** oder eine **Bedingung** anzeigen. Sie antworten auf die Fragen **Warum? Weshalb? Wozu?**

Beispiele:

deshalb	deswegen	darum	damit	dazu
also	denn	dadurch	trotzdem	dennoch
somit	folglich	daher		

Sollen wir ***also*** *noch einmal von vorne anfangen? Nein, die Sache ist* ***damit*** *abgeschlossen. Es war* ***trotzdem*** *alles nicht so einfach.*

Als Adverbien gelten auch alle **Fragewörter, die nach den Umständen fragen**, unter denen ein Geschehen in einem Satz stattfindet.

Dazu gehören alle W-Fragewörter: ***wo, wann, wie, warum, inwiefern, inwieweit, wodurch ...*** – mit Ausnahme von *wer, was* und *welcher, welche, welches*.

Warum *hat es nicht geklappt?* ***Inwieweit*** *lag es an mir?*

Die Schreibung von Adverb + Verb

Ob ein Adverb mit dem nachfolgenden Verb zusammengeschrieben werden muss, können Sie an der **Betonung** feststellen: Wird beim Sprechen das Adverb stärker betont als das Verb, schreibt man im Infinitiv, in den Partizipformen und wenn die Verbindung am Satzende steht, zusammen. Verteilt sich die Betonung aber auf beide Teile gleich oder ist das Verb gar stärker betont, schreibt man getrennt. Hier eine Auswahl von Adverbien, die mit Verben zusammengesetzt werden können:

abwärts, aufwärts, rückwärts, seitwärts, vorwärts; aneinander, auseinander, ineinander; da, daher, daneben, davor, davon, dazu, dazwischen; her, herein, heraus, herbei, hier; hin, hinein, hinaus, hindurch, hinüber; hinterher, nebenher, umher; voran, voraus, vorbei, vorher, vorweg; beisammen, zusammen, weg, weiter, wieder, zuvor

zusammen	getrennt
aufeinanderlegen, aufeinanderliegende Pullis Sie sind aufeinandergelegt.	aufeinander achten, aufeinander achtende Menschen Sie haben aufeinander geachtet.
hinterherrennen	etwas hinterher (danach) tun
Sie muss daheimbleiben.	Sie muss daheim aufräumen.
Ich will hierbleiben.	Ich will hier wohnen.
Er wird davonkommen.	Es wird davon kommen, dass ...
Bitte weitergehen!	Bitte weiter beobachten!
jemanden wiedersehen	wieder sehen können
das Wetter vorhersagen	Ich werde dir rechtzeitig vorher sagen, was du tun sollst.
Ich muss noch die Unterlagen zusammentragen.	Wir können den Tisch zusammen (gemeinsam) tragen.
Er ist mir zuvorgekommen.	Er ist zuvor gekommen, um mit mir zu sprechen.

! Bei den Adverbien **anders, oben, unten, links, rechts** erfolgt immer Getrenntschreibung vom Verb. Nur wenn das Partizip als Adjektiv benutzt wird, darf man auch zusammenschreiben. Beispiele:
Du kannst darüber auch anders denken / hast darüber anders gedacht. **Aber:** *anders denkende / andersdenkende Menschen ...*
Die Vase muss dort oben stehen / hat dort oben gestanden.
Aber: *Die oben stehenden / obenstehenden Erläuterungen ...*
In England mussten wir links fahren / sind wir links gefahren.
Aber: *links fahrende / linksfahrende Autos ...*
Beim Adverb **gern** können Sie sich dagegen auf die Betonung verlassen: *jemanden gernhaben – Ich habe sie gerngehabt.* **Aber:** *etwas gern haben (wollen) – Ich hätte die Hose gern gehabt.*

Adverbien beziehen sich auf andere Wörter

Adverbien können sich auf **Verben** beziehen.

Dann können sie den Vorgang oder den Zustand, den das Verb anspricht, näher bestimmen und als selbstständiges Satzglied auftreten, nämlich als **Adverbial.**

▶ *Adverbiale, S. 202 ff.*

Er kam ***heute*** *mit dem Zug an. Er blieb* ***nicht lange*** *und fuhr* ***schnell wieder*** *nach Hause.*

Adverbien können sich auf ein **Nomen** beziehen und dieses genauer erläutern. Dann stehen sie als Attribut hinter dem Nomen.

Die Treppe ***links*** *führt zu der Kirche* ***dort****.*

Der Blick ***nach vorn*** *hilft Umwege zu vermeiden.*

▶ *Adverbialattribut, S. 211*

Adverbien können sich auf **Adjektive** und wie Adjektive benutzte Partizipien beziehen und deren Bedeutung einschränken oder erweitern. Dann stehen sie vor dem Adjektiv/Partizip.

Hier arbeiten ***sehr*** *motivierte Mitarbeiter.*

Das ist eine ***besonders*** *schöne Vase!*

Adverbien verbinden **Sätze** und erfüllen damit wichtige stilistische Aufgaben (**Konjunktionaladverbien**).

Ich kannte mich nicht aus, ***also*** *fragte ich nach dem Weg.* ***Erst*** *ging ich,* ***später*** *begann ich zu laufen. Ich weiß nicht,* ***womit*** *ich das verdient habe.*

Adverbien verwendet man oft wie **Pronomen.**

Dann ersetzen sie eine Wortgruppe aus **Nomen + Adverb** oder **Adverb +** ***das / was*** (Pronominaladverb):

Kann ich mich ***darauf*** (auf deine Zusage) *verlassen?*
Worum (um was) *geht es eigentlich?*

Alle Adverbien, die sich aus ***da-, hier-*** oder ***wo-*** **+ Adverb** zusammensetzen, gehören zu dieser Gruppe, z. B.:

da (+ r) + auf = ***darauf***
hier + von = ***hiervon***
wo (+ r) + in = ***worin***

Benutzen Sie beim Schreiben immer die Wörter ***worum, wodurch, woher, wonach, woran*** usw. und nicht etwa *um was, mit was, von was* ... Das wäre umgangssprachlich. Beispiele: *Ich weiß nicht,* ***womit*** *ich anfangen soll.* ***Worum*** *geht es?*

▶ *siehe auch Tipp, S. 241*

Vor allem **in der gesprochenen Sprache** drücken wir Dinge mithilfe von Adverbien positiv und negativ aus. Man könnte diese Adverbien auch weglassen. Aber gerade durch sie werden die Empfindungen des Sprechers deutlich. Adverbien mit dieser Aufgabe nennt man auch **Füllwörter**. Beispiele:

Das ist ***ja*** *sehr ärgerlich! Das ist* ***doch wohl*** *nicht wahr! Glaubst du* ***etwa****, du kannst mich täuschen?*

So halten Sie *hin* und *her* auseinander

Mit *hin* und *her* zusammengesetzte Wörter kann man leicht verwechseln. Bei dem Wort ***hin*** vollzieht sich eine Bewegung, die **vom Sprecher wegführt**. Bei dem Wort ***her*** findet eine Bewegung statt, die **zum Sprecher hinführt.**

Merken Sie sich für dieses Problem zwei einfache Beispiele: *Komm* ***her!*** *– Geh doch* ***hin!***

nicht amtlich oder *nichtamtlich*? – Die Schreibung mit dem Adverb *nicht*

Das Adverb *nicht* wird häufig gebraucht. Gut also, wenn wir wissen, wie wir es zusammen mit anderen Wörtern schreiben müssen.

- ***nicht*** **+ Adjektiv:** Hier können Sie getrennt oder zusammenschreiben:

  eine ***nicht amtliche/nichtamtliche*** *Handlung*
  eine ***nicht öffentliche/nichtöffentliche*** *Veranstaltung*
  eine ***nicht berufstätige/nichtberufstätige*** *Frau*

... →

- ***nicht* + Partizip:** Auch hier können Sie getrennt oder zusammenschreiben:

  eine ***nicht fettende/nichtfettende*** *Creme*
  ein ***nicht leitender/nichtleitender*** *Angestellter*
  ein ***nicht rostendes/nichtrostendes*** *Metall*
  eine ***nicht zutreffende/nichtzutreffende*** *Antwort*

Manche Zusammensetzungen aus *nicht* + Adjektiv oder *nicht* + Partizip können auch zu **Nomen** werden. Auch in diesen Fällen können Sie getrennt oder zusammenschreiben:

eine ***nicht Berufstätige*** */eine* ***Nichtberufstätige***
ein ***nicht Leitender*** */ein* ***Nichtleitender***
nicht Organisierte/Nichtorganisierte

Die Numeralien

Numeralien (Zahlwörter) werden meistens als eigenständige Wortart behandelt, denn sie lassen sich mit anderen Wortarten nur zum Teil vergleichen. Manche Numeralien können dekliniert werden. Sie werden manchmal auch wie Pronomen benutzt.

Es gibt sieben verschiedene Arten von Numeralien:

Kardinalzahlen (Grundzahlen)	eins, zwei, drei ...
Ordinalzahlen (Ordnungszahlen)	erster, zweiter, dritter ...
Bruchzahlen	halb, drittel, viertel ...
Vervielfältigungszahlen (Multiplikativzahlen)	einfach, zweifach, dreifach ...
Wiederholungszahlen (Iterativzahlen)	einmal, zweimal, dreimal ...
Gattungszahlwörter	einerlei, zweierlei, dreierlei ...
unbestimmte Zahlwörter	einige, manche, wenig ...

Die Kardinalzahlen

Null, eins, zehn, zwanzig, hundert, tausend, zwei Millionen. *Kardinalzahlen* bezeichnen die genaue Anzahl von Personen, Dingen oder Begriffen.

*Der Vorstand besteht aus **sechs** Mitgliedern.*
*Die Schule hat **fünfhunderteinundachtzig** Schüler.*

Die Getrennt- und Zusammenschreibung der Kardinalzahlen

Man schreibt die Kardinalzahlen in einem zusammenhängenden Wort, wenn der Gesamtwert weniger als eine Million beträgt. Die Zahlen über eine Million schreibt man getrennt.

Die Stadt hat etwa ***zwei Millionen dreihunderttausend*** *Einwohner.*

Nur die Zahlen ***zwei*** und ***drei*** können in den Genitiv (Wessen?) gesetzt werden.

*Ich erinnere mich zwei**er** oder drei**er** unangenehmer Vorfälle, aber sechs erfreulicher Erlebnisse.*

Wenn ein Artikel dabeisteht, unterbleibt allerdings die Deklination:

Wir gedenken ***der zwei*** *Toten.*

Im Dativ (Wem?) kann man die Zahlen ***zwei bis zwölf*** deklinieren. Dann werden diese Zahlen zu Pronomen.

Das kommt jedoch nicht häufig vor.

Er hat ***zweien*** *ein Buch geschenkt, aber* ***fünfen*** *nichts gegeben.*

Sobald aber ein Nomen als Bezugswort dabeisteht, unterbleibt die Deklination:

Er hat ***vier*** *Schülern etwas geschenkt.*

Wie schreibt man Kardinalzahlen als Ziffern?

Wenn Sie Zahlen als Ziffern schreiben, gliedern Sie große Zahlen vom Ende her in Dreiergruppen, indem Sie Zwischenräume lassen oder Punkte setzen. Dann lassen sich die Zahlen besser lesen.

300 000 Euro   ***6 357 Lottospieler***   ***12.859 Zuschauer***

Groß- und Kleinschreibung der Kardinalzahlen

Alle Kardinalzahlen unter einer Million werden normalerweise kleingeschrieben. Nur die höheren Zahlen, also ***Million***, ***Milliarde*** usw., schreibt man dagegen immer groß. Sie sind **Nomen**.

Aber auch alle anderen Kardinalzahlen können zu Nomen werden, wenn man ihnen einen **Begleiter** davorstellt. Dann werden sie großgeschrieben:

Mist! Ich habe nur eine ***F****ünf in Mathe.*
Die ***D****reizehn ist eine Unglückszahl.*

▶ *Nomen, S. 56 f.* ▶ *Begleiter, S. 49 f.*

Die Zahlen ***hundert*** und ***tausend*** schreiben Sie am besten immer klein:

Es kamen ***h****underte von Gästen zu unserem Fest.*
Etwa ***v****ierhundert Zuschauer kamen zur Premiere.*
Es kamen ***t****ausende von Flüchtlingen.*
Damals waren einige ***t****ausend beim Konzert.*

Das Wort ***Dutzend*** steht für die Zahl *12*. Am besten schreiben Sie dieses Wort immer groß:

Ich habe fünf ***D****utzend Pappbecher für das Fest gekauft.*

Das Wort ***zig*** steht für eine ungenaue Zehnerzahl. Es wird immer kleingeschrieben:

Ich habe ***zig*** *verschiedene Paar Schuhe.*
Diese Dummheit hat mich ***zig*** *Euro gekostet.*

Die Ordinalzahlen

Mit *Ordinalzahlen* (Ordnungszahlen) können wir **Reihenfolgen** und **Rangfolgen** ausdrücken. Ordinalzahlen sind deklinierbar und werden häufig auch als Nomen benutzt.

Die Ordinalzahlen von ***der Zweite*** bis ***der Neunzehnte*** haben die Endung ***-te***. Ab ***der Zwanzigste*** lautet die Endung ***-ste***. Für die entsprechende Ordinalzahl zur Kardinalzahl *eins* gibt es ein eigenes Wort: ***der Erste***.

*Der **fünfte** Anrufer, der **achtmillionste** Einwohner*

Groß- und Kleinschreibung der Ordinalzahlen

Bei der Schreibung behandelt man die Ordinalzahlen wie **Adjektive** und schreibt sie klein.

*Der **d**ritte Mai ist ein Sonntag.*
*Am **f**ünften Tag hörte es endlich auf zu schneien.*

Ordinalzahlen können aber auch zum **Nomen** werden, wenn ein Begleiter davorsteht. Dann schreibt man sie groß:

*Susanne hat am **D**ritten Geburtstag.* (am 3. Tag des Monats)
*Jeder **D**ritte hat ein Handy.*
*Er kam als **D**ritter von fünfen durchs Ziel.*
*Die **D**ritten* (die dritten Zähne) *bezahlt die Kasse nicht mehr.*
▶ *Nomen, S. 58* ▶ *Begleiter, S. 49 f.*

! Wenn eine Ordinalzahl **Teil eines Eigennamens** oder eines **Titels** ist, schreibt man sie groß:
*Friedrich der **D**ritte* (auch: Friedrich III.), *der **E**rste Vorsitzende, die **E**rste Bundesliga, der **E**rste Mai* (ein Feiertag), ***E**rstes Deutsches Fernsehen, der **Z**weite Weltkrieg, die **D**ritte Welt, der **D**ritte Oktober* (der Tag der deutschen Einheit)

Die Groß- und Kleinschreibung von ***erster, erste, erstes*** in der Übersicht:

Kleinschreibung *erster* als Adjektiv	Großschreibung *Erster* als Nomen
der **e**rste Juni das / beim / zum **e**rsten Mal der **e**rste Platz den **e**rsten Spatenstich tun die **e**rsten beiden auszeichnen (= den 1. Sieger und den 2. Sieger einer Gruppe)	der **E**rste, der lacht als **E**rster ankommen fürs **E**rste genug haben etwas als **E**rstes tun jemandem **E**rste Hilfe leisten den beiden **E**rsten gratulieren (= den 1. Siegern von zwei verschiedenen Gruppen)
Viele der hier genannten Beispiele können Sie natürlich auch auf andere Zahlen übertragen, z. B. *beim **z**weiten Mal, als **S**echzehnter ankommen* usw.	

Die Bruchzahlen

Bruchzahlen wie ***(ein) halb, drittel, viertel, zwanzigstel, hundertstel*** bezeichnen Teile eines Ganzen.

*ein **halbes** Pfund* *ein **achtel** Kilo*

Groß- und Kleinschreibung der Bruchzahlen

Man schreibt Bruchzahlen groß, wenn sie als Nomen benutzt werden. Dann gehört ein Begleiter dazu:

*Das letzte **D**rittel wurde auch gegessen.*
*Ein **V**iertel der Schokotorte ist noch übrig.*
*Ich bin erst ein **F**ünftel der Strecke abgelaufen.*
*Ich habe drei **V**iertel der Arbeit geschafft.*
*Es ist (ein) **V**iertel vor zwei.* (= eine Viertelstunde vor zwei Uhr).

Oft verwendete Maßeinheiten wie ***Pfund*** und ***Liter*** können wir häufig weglassen, da aus dem Zusammenhang klar wird, was gemeint ist:

*Ein **A**chtel Salami, bitte. Trinken wir noch ein **V**iertel Rotwein.*

Besonders das Wort ***viertel*** wird bei Uhrzeiten auch als **Adverb** oder als **Adjektiv** benutzt. Dann schreibt man *viertel* klein:

*Der Film beginnt um **drei viertel** neun.*
*Die Vorstellung beginnt in **drei viertel** Stunden.*
(**Aber:** *in einer **D**reiviertelstunde*)

Die Schreibung der Bruchzahlen in Verbindung mit anderen Wörtern kann je nach dem textlichen Zusammenhang unterschiedlich sein (z. B.: *ein **a**chtel Liter*, aber als Maßeinheit: *ein **A**chtelliter*). Im Zweifel schlagen Sie hier am besten in einem guten Wörterbuch nach.

Die Vervielfältigungszahlen

Vervielfältigungszahlen (Multiplikativzahlen) geben das Mehrfache einer Anzahl oder Menge an.

Es gibt Vervielfältigungszahlen, die eine bestimmte Vervielfältigung angeben:

einfach, zweifach, hundertfach, tausendfach, millionenfach

Darüber hinaus gibt es Vervielfältigungszahlen, die eine eher unbestimmte Vervielfältigung angeben:

mehrfach, vielfach, mannigfach

Vervielfältigungszahlen können als **Adjektive** benutzt werden. Dann werden sie dekliniert.

*Bitte nimm dieses Mal die dreifach**e** Menge.*

Auch Vervielfältigungszahlen können zu **Nomen** werden. Dann schreibt man sie groß:

*Die neue CD war um ein **M**ehrfaches teurer und ich musste das **D**reifache meines Taschengelds ausgegeben!*

Die Wiederholungszahlen

Wiederholungszahlen (Iterativzahlen) setzen sich aus einer **Grundzahl + *-mal*** zusammen. Sie werden immer kleingeschrieben.

einmal, zweimal, hundertmal, millionenmal

*Bis jetzt haben wir **f**ünfmal gewonnen und **z**ehnmal verloren.*
*Habe ich dir das nicht schon **h**undertmal gesagt?*

Wenn man an eine Wiederholungszahl die Endung ***-ig*** anhängt, wird sie zum **Adjektiv** und man kann sie deklinieren:

*Wir begrüßen die vierma**lige** Landesmeisterin im Weitsprung.*

Man kann Wiederholungszahlen auch mit Ziffern schreiben.
▶ *S. 179*

Die Gattungszahlwörter

Gattungszahlwörter sind: ***einerlei, zweierlei, dreierlei*** usw. Die Endung ***-lei*** bedeutet *verschieden*. Gattungszahlwörter werden nicht dekliniert und kleingeschrieben.

Das sind zweierlei Dinge. = Das sind zwei verschiedene Dinge.

Das Wort ***einerlei*** hat eine besondere Bedeutung:

*Das ist mir **einerlei**.* = Das ist mir egal / Das ist mir gleich.

Die unbestimmten Zahlwörter

Unbestimmte Zahlwörter, die eine größere oder kleinere Menge ausdrücken

viel, viele	zahlreich	zahllos	ungezählt
ganz	gesamt	vereinzelt	einzeln
wenig, wenige	gering	verschieden	einige

Solche Zahlwörter werden wie **Adjektive** benutzt und dekliniert.

*Wir haben die viel**en** / zahlreich**en** / ganz**en** / wenig**en** / einzeln**en** Aufgaben gelöst.*

Groß- und Kleinschreibung

Die unbestimmten Zahlwörter ***viel*** und ***wenig*** schreiben Sie am besten immer klein:

*Ich habe **v**ieles gelernt, aber **w**eniges hat mir Spaß gemacht. Immerhin habe ich dabei **v**iele kennen gelernt.*

Auch ***einige, einiges*** wird immer kleingeschrieben:

*Gestern haben **einige** von uns so **einiges** erlebt.*

Die Wörter ***einzeln, ganz, gesamt, vereinzelt, gering, ungezählt, verschieden, zahllos*** und ***zahlreich*** können dagegen auch zu Nomen werden. Dann schreiben wir sie groß:

*Wir müssen das **G**esamte betrachten. Jeder **E**inzelne ist jetzt gefragt.* ▶ *Nomen, S. 57 f.*

Unbestimmte Zahlwörter, die ausdrücken, dass etwas unterschiedlich oder zusätzlich vorhanden ist

sonstige	übrige	weitere

Mit diesen Wörtern signalisiert man einen erheblichen Unterschied zu einem vorher erwähnten Sachverhalt:

*Der größte Teil der Schüler kam trotz des Schneefalls zur Schule, die **Übrigen** blieben zu Hause.*
*Wir müssen **weitere** Schwierigkeiten verhindern.*

Groß- und Kleinschreibung

Die Wörter ***sonstige, übrige*** und ***weitere*** behandeln wir wie Adjektive, die auch zum Nomen werden können, wenn ihnen ein Begleiter vorangestellt wird:

*Die **ü**brigen Unterlagen habe ich abgelegt. Alles **W**eitere besprechen wir dann morgen.*

▶ *Adjektive, S. 89; Nomen, S. 57 ff.*

Die Schreibung von Wörtern aus *Zahl + Wort*

Manche Wörter setzen sich aus einer Zahl und einem Wort zusammen. Hier gibt es zwei Möglichkeiten für die Schreibweise:

ein **achtjähriges** Mädchen	ein **8-jähriges** Mädchen
eine **zweitägige** Reise	eine **2-tägige** Reise
ein **vierteiliger** Schrank	ein **4-teiliger** Schrank
ein **Fünfliterkanister**	ein **5-Liter-Kanister**
dreifach	**3-fach / 3fach**
ein **Sechzehntel**	**ein 16tel**
hundertprozentig	**100-prozentig, 100%ig**
viermal, drei- bis sechsmal	**4-mal, 3- bis 6-mal**

Manche Zusammensetzungen schreiben Sie am besten immer nur mit Ziffern:

*Die **68er** waren eine politisch sehr interessierte Generation.*
*Der **1989er** war ein guter Weinjahrgang.*

▶ *siehe auch Bindestrich, S. 282*

Die Präpositionen

> Präpositionen (Verhältniswörter) sind unveränderlich, werden also nicht flektiert. Sie werden kleingeschrieben.

Dein Mantel liegt ***in*** *der Ecke* ***zwischen*** *den Pullovern.*

Die Einteilung der Präpositionen nach ihrer inhaltlichen Bedeutung

Wir können die Präpositionen nach ihrer inhaltlichen Bedeutung in vier Gruppen einteilen:

Ort, Raum und Richtung
Beispiele: **an, auf, aus, entlang, in, neben, über, vor, zwischen**
Neben dem Kaufhaus befindet sich ein Parkplatz. Wir wandern **entlang** des Flusses.
Zeit und Dauer
Beispiele: **an, binnen, gegen, in, nach, seit, um, vor, während**
Die Vorbereitungen waren **binnen** weniger Stunden abgeschlossen. Unser Besuch kommt **gegen** Abend, aber nicht **vor** 17 Uhr.
Art und Weise
Beispiele: **anhand, gegen, gemäß, mangels, mit, ohne, zuzüglich**
Er hat die Reise **gegen** meinen Vorschlag angetreten. Der Mann wurde **mangels** eindeutiger Beweise freigesprochen.
Grund, Folge, Zweck und Ursache
Beispiele: **anlässlich, aufgrund, dank, durch, trotz, vor, wegen**
Die Feier fand **anlässlich** des Jubiläums statt. **Vor** lauter Freude sprang er in die Luft.

Präpositionen beziehen sich auf ein **Nomen** oder ein **Personalpronomen** und regeln die Beziehungen zwischen diesem Wort und dem Rest des Satzes.

Deine Schuhe liegen ***unter*** *dem Tisch direkt* ***neben*** *mir.*

In diesem Beispielsatz regeln die Präpositionen *unter* und *neben* die Beziehung zwischen den Wörtern *Tisch, Schuhe, mir* und *liegen*.

Präpositionen bestimmen den Kasus ihres Bezugswortes

Präpositionen bewirken, dass das Wort, auf das sie sich beziehen (Bezugswort), in einem bestimmten Kasus stehen muss. Sie **regieren** ihr Bezugswort.

Mit *dir habe ich immer Probleme* ***wegen*** *deines Starrsinnes.*

In diesem Beispielsatz bezieht sich die Präposition *mit* auf das Personalpronomen *dir*. Die Präposition *mit* verlangt, dass ihr Bezugswort im Dativ (wem?) stehen muss. Deshalb steht hier auch das Personalpronomen *du* im Dativ: *dir*.
Die Präposition *wegen* bezieht sich auf das Nomen *Starrsinn*. Dieses Wort muss im Genitiv (wessen?) stehen, weil die Präposition *wegen* es so verlangt.

Präpositionen mit dem Genitiv

Viele Präpositionen verlangen, dass ihr Bezugswort im Genitiv (wessen?) steht:

abseits	angesichts	anhand	anlässlich
anstatt, anstelle	aufgrund	außerhalb	bezüglich
dank	diesseits	einschließlich	halber
hinsichtlich	infolge	inmitten	innerhalb
jenseits	laut	mangels	mittels
oberhalb	seitens	statt	trotz
ungeachtet	unterhalb	während	wegen
um ... willen	zeit	zufolge	zugunsten

Jenseits *der Straße befindet sich die alte Skihütte. Sie liegt* ***unterhalb*** *der Schneegrenze, aber* ***oberhalb*** *des Bergdorfes.*

! Die Präpositionen ***dank***, ***trotz*** und ***zeit*** klingen wie die Nomen *Dank*, *Trotz* und *Zeit*. Sie müssen aber wie alle anderen Präpositionen kleingeschrieben werden. ▶ *S. 56*

wegen + Personalpronomen, *um ... willen* + Personalpronomen

Der Gebrauch von ***wegen*** mit einem Personalpronomen im Dativ (*wegen mir, wegen ihm*) ist zwar sehr häufig, aber nur für die Umgangssprache tauglich. Verwenden Sie in Ihren Texten deshalb stattdessen lieber die folgenden eleganten Wörter:

meinetwegen, deinetwegen, seinetwegen, unseretwegen, ihretwegen

Ich habe es nur ***deinetwegen*** *gemacht.*

Auch die zweiteilige Präposition ***um ... willen*** verbindet sich gemeinsam mit einem Personalpronomen zu einem neuen Wort:

um meinetwillen ***um deinetwillen*** ***um seinetwillen***
um ihretwillen ***um unseretwillen***

Tu es doch bitte um ***unseretwillen****!*

! Häufig wird bei den Präpositionen ***während***, ***trotz*** und ***wegen*** der Dativ benutzt. Das ist aber falsch. Achten Sie darauf, dass Sie immer den Genitiv (wessen?) benutzen:
Während des *Essens klingelte plötzlich das Telefon.* (nicht: *während dem Essen*)
Trotz des *Telefonanrufs haben wir weitergegessen.* (nicht: *trotz dem Telefonanruf*)
Wegen eines *Telefonanrufs lassen wir uns doch nicht vom Essen abhalten!* (nicht: *wegen einem Telefonanruf*)
Nur in den Wendungen ***trotz allem*** und ***wegen vielem*** benutzt man den Dativ.

! Die Präpositionen ***einschließlich, mangels*** und ***statt*** erfordern normalerweise den Genitiv (wessen?):
Statt ihrer Bücher *stellte sie die Schuhe ins Regal.*
Das Menü kostet 14 Euro ***einschließlich der Getränke.***
Wenn der Präposition aber ein Nomen im Plural ohne Begleiter folgt, setzt man das Nomen nicht in den Genitiv, sondern in den Dativ (Wem?):
Statt *Büchern stellte sie Schuhe in ihr Regal.*
Das Menü kostet 14 Euro ***einschließlich Getränken.***

Präpositionen mit dem Dativ

Präpositionen mit einem Bezugswort im Dativ (wem?/welchem?) sind:

ab	aus	außer	bei
entgegen	entsprechend	fern	gegenüber
gemäß	mit	nach	nahe
samt	seit	von	von ... an
zu	zuliebe	zufolge	

*Das Training findet **nach** dem Unterricht statt.*

*Bitte komm doch auch, mir **zuliebe**.*

*Die Turnhalle ist gleich **gegenüber** dem alten Schulgebäude.*

Präpositionen mit dem Akkusativ

Es gibt auch Präpositionen, die verlangen, dass das Bezugswort im Akkusativ (Wen? Was?) steht:

bis	durch	für	gegen
ohne	um	wider	

*Diese Tabletten helfen **gegen** die Schmerzen.*

*Und hier ist die Krankschreibung **für** Ihren Arbeitgeber.*

*Sie läuft **bis** nächsten Dienstag.*

Präpositionen mit Dativ und Akkusativ

Einige Präpositionen können zwei verschiedene Kasus verlangen. Meist sind es Präpositionen, die im Dativ auf die Frage **wo?** antworten. Im Akkusativ geben sie eine Richtung an. Frage: **wohin?**

ab	an	auf	entlang
hinter	in	neben	über
unter	vor	zwischen	

Wohin *stellen wir den Karton? Wir stellen ihn* ***neben die Tür.*** (Akkusativ)
Aber: ***Wo*** *ist der Karton? Er steht* ***neben der Tür.*** (Dativ)

Wohin *sprang die Katze? Sie sprang* ***unter den Tisch.*** (Akkusativ)
Aber: ***Wo*** *liegt die Katze? Sie liegt* ***unter dem Tisch.*** (Dativ)

Die Präposition *ab* bei Datums- und Mengenangaben

Die Präposition ***ab*** verwenden wir normalerweise mit dem Dativ:

*ab dies**em** Punkt, ab unser**em** Werk*

Bei Datumsangaben und bei Mengenangaben dürfen Sie aber sowohl den Dativ als auch den Akkusativ verwenden:

*Ab erst**em**/erst**en** April gilt die Sommerzeit.*
*Ab 100 Exemplar**en**/Exemplar**e** reduziert sich der Preis.*

Die Stellung der Präpositionen

Die meisten Präpositionen stehen vor dem Wort, auf das sie sich beziehen. Es gibt aber auch Präpositionen, die dahinter stehen. Und manche Präpositionen bestehen sogar aus zwei Teilen und nehmen das Bezugswort in die Mitte.

vor dem Bezugswort	***an*** *mich,* ***für*** *Christoph,* ***gegen*** *die Wand,* ***seit*** *24 Stunden*
vor **oder** hinter dem Bezugswort	***wegen*** *der Steuern* oder: *der Steuern* ***wegen***
hinter dem Bezugswort	*der Ehrlichkeit* ***halber,*** *dem Gesetz* ***zufolge,*** *mir* ***zuliebe***
vor **und** hinter dem Bezugswort	***um*** *der Sache* ***willen,*** ***von*** *dem Zeitpunkt* ***an***

Die Präposition *entlang*

Bei der Frage *wo?* steht die Präposition ***entlang*** immer vor dem Wort, auf das sie sich bezieht. Das Bezugswort können Sie wahlweise in den Genitiv oder in den Dativ setzen.

Wo *muss der Weg erneuert werden? Er muss* ***entlang des Ufers*** (Genitiv) *erneuert werden.*

Oder: *Er muss* ***entlang dem Ufer*** (Dativ) *erneuert werden.*

Aber bei der Frage *wohin?* steht *entlang* immer hinter dem Bezugswort. Das Bezugswort wird in den Akkusativ gesetzt:
Wohin *ging er? Er ging* ***das Ufer entlang*** (Akkusativ).

Die Schreibung wichtiger Ausdrücke aus Präposition + Nomen

Manche Ausdrücke aus Präposition + Nomen werden getrennt geschrieben, weil das Nomen in seiner Bedeutung nicht verblasst ist:

zu Fuß gehen ***von Hand machen*** ***zu Ende sein / gehen***
unter der Hand

Bei einigen Ausdrücken sind die Wörter inzwischen zu einem zusammenhängenden Wort verschmolzen. Sie dürfen aber auch getrennt schreiben:

infrage / in Frage *stellen* ***instand / in Stand*** *halten / setzen*
mithilfe / mit Hilfe ***vonseiten / von Seiten***
zurate / zu Rate *ziehen* ***außerstande / außer Stande***
aufseiten / auf Seiten ***zugrunde / zu Grunde gehen ...***

Die Schreibung von Präposition + Verb

Viele Präpositionen gehen mit Verben eine so enge Verbindung ein, dass sie zu **untrennbaren Präfixen** (▶ S. 38) werden und deshalb immer Zusammenschreibung erfolgt:

hintergehen → *du hintergehst mich, du hast mich hintergangen*

Ausnahmen: die Präpositionen *vor, nahe* (weil *nahe* auch Adjektiv sein kann) und *mit.*

vorlesen: du liest vor, vorgelesen; mitlesen, mitgelesen, **aber:** *miteinbeziehen / mit einbeziehen ...*

Verschmelzungen von Präposition + Artikel

Manche Präpositionen können mit einem nachfolgenden bestimmten Artikel zu einem Wort verschmelzen. Diese Wörter sind Begleiter! ➜ Großschreibung des Bezugswortes.

an + das ➜ **ans**	**ans** Alter denken
an + dem ➜ **am**	**am** Zaun, **am** Arbeiten
auf + das ➜ **aufs**	**aufs** Pferd steigen
bei + dem ➜ **beim**	**beim** Essen, **beim** Singen
für + das ➜ **fürs**	**fürs** Auto, **fürs** Helfen
durch + das ➜ **durchs**	**durchs** Ziel
hinter + dem ➜ **hinterm**	**hinterm** Ofen
hinter + das ➜ **hinters**	**hinters** Licht führen
in + das ➜ **ins**	**ins** Wasser springen
in + dem ➜ **im**	**im** Traum, **im** Allgemeinen
über + das ➜ **übers**	**übers** Tor
unter + dem ➜ **unterm**	**unterm** Tisch
unter + das ➜ **unters**	**unters** Bett kriechen
von + dem ➜ **vom**	**vom** Himmel, **vom** Ganzen
vor + das ➜ **vors**	**vors** Angesicht treten
vor + dem ➜ **vorm**	**vorm** Frühstück
zu + dem ➜ **zum**	**zum** Schreien
zu + der ➜ **zur**	**zur** Rede stellen

! Bei den Wörtern, die eine Verschmelzung einer Präposition mit einem Artikel sind, wird nie ein Apostroph gesetzt (also z. B. nie *hinter's* schreiben, sondern ***hinters!***).

Die Konjunktionen

Konjunktionen (Bindewörter) verbinden Wörter, Wortgruppen und Sätze miteinander. Konjunktionen werden nicht flektiert.

Mit Konjunktionen kann man Wörter und Satzinhalte in einen bestimmten Zusammenhang stellen. Ein Beispiel:

Roland stand auf. Das Gespräch war zu Ende.

Je nachdem, welche Konjunktionen wir benutzen und in welcher Reihenfolge wir die Wörter oder Sätze miteinander verbinden, können wir mit den Sätzen Unterschiedliches ausdrücken:

Roland stand auf ***und*** *das Gespräch war zu Ende.*
Roland stand auf, ***weil*** *das Gespräch zu Ende war.*
Roland stand auf, ***als*** *das Gespräch zu Ende war.*
Das Gespräch war zu Ende, ***denn*** *Roland stand auf.*

Nebenordnende Konjunktionen

Nebenordnende Konjunktionen verbinden gleichrangige oder gleichartige Wörter, Wortgruppen oder Sätze.

warm ***und*** *trocken*
in Potsdam ***oder*** *in Berlin*
Die Sonne schien, ***aber*** *es war kalt.*
Diese Isolierkanne ist ***nicht nur*** *praktisch,* ***sondern auch*** *schön geformt.*
Kinder und Senioren haben freien ***beziehungsweise*** *ermäßigten Eintritt.*

Es gibt vier Gruppen von nebenordnenden Konjunktionen:

Reihung	**und** **sowie** **wie** **sowohl … wie** **sowohl … als auch** **weder … noch**	Im Wald sammelten wir Blumen, Moos **sowie** Pilze. Wir fanden **weder** Beeren **noch** Bärlauch.
mehrere Möglichkeiten	**oder** **entweder … oder** **beziehungsweise**	**Entweder** du kommst freiwillig **oder** wir holen dich.
Einschränkung, Gegensatz	**aber** **allein** **jedoch** **sondern** **nicht nur …, sondern auch**	Er ist schön, **aber** dumm. Sie arbeitet nicht heute, **sondern** morgen.
Begründung	**denn**	Lasst uns gehen, **denn** es ist spät.

Das Komma bei *und*, *oder* und *aber* zwischen Sätzen

Wenn ***und*** oder ***oder*** einen Hauptsatz einleiten, können Sie ganz nach Ihrem Geschmack entscheiden, ob Sie dort ein Komma setzen oder nicht:

*Die Sonne schien **(,)** **und** der Himmel war wolkenlos.*

Werden jedoch zwei Nebensätze durch ***und*** oder ***oder*** verbunden, dürfen Sie kein Komma setzen!

*Wenn die Sonne scheint **oder** wenn es wenigstens nicht regnet, machen wir einen Spaziergang.*

Bei den Konjunktionen ***aber***, ***allein***, ***jedoch*** und ***sondern*** müssen Sie immer ein Komma davorsetzen:

*Zuerst gehen wir laufen, **aber** dann machen wir Gymnastik.*
*Wir laufen **nicht nur**, **sondern** wir machen **auch** Gymnastik.*

▶ *Alle Regeln zur Kommasetzung bei Konjunktionen ab Seite 267*

Unterordnende Konjunktionen

Unterordnende Konjunktionen leiten einen Nebensatz ein.

Die unterordnenden Konjunktionen können wir in zehn Bedeutungsgruppen einteilen:

temporal (die Zeit betreffend)	**als, bevor, bis, ehe, nachdem, seit, sobald, solange, während, wenn**	**Nachdem** es geregnet hatte, kühlte es stark ab. Ich gehe nicht, **bis** du dich entschuldigt hast.
kausal (begründend)	**da, weil, zumal**	**Da** es schon dunkel wird, gehen wir jetzt heim.
final (den Zweck betreffend)	**dass, damit**	Susanne war sehr vorsichtig, **damit** nichts zerbrach.
konditional (eine Bedingung stellend)	**wenn, falls, sofern, soweit**	**Falls** niemand zu Hause ist, geben Sie das Paket bei der Nachbarin ab.
modal (die Art und Weise betreffend)	**indem, ohne dass, statt dass**	Er lief die ganze Strecke, **ohne dass** er ein einziges Mal anhielt.
komparativ (vergleichend)	**wie, wie wenn, als ob, als**	Er benimmt sich, **als ob** er allein auf der Welt wäre!
konzessiv (einräumend)	**obgleich, obschon, obwohl, wenn auch, wenngleich**	Du musst durchhalten, **wenngleich** es dir schwer fällt.
adversativ (einen Gegensatz ausdrückend)	**während, wohingegen**	Ich fahre mit dem Zug, **während** Ronny immer das Auto benutzt.

konsekutiv (eine Folge betreffend)	**sodass / so dass, als dass, dass**	Sie sprangen alle ins Wasser, **sodass** es hoch aufspritzte.
mit besonderer Bedeutung für das Satzgefüge ▶ *Objektsätze, S. 249* ▶ *Indirekte Frage sätze, S. 243 f.*	**dass, ob, wie**	Ich erwarte, **dass** du mich nicht belügst. Ich frage mich, **wie** das funktionieren soll.

das oder *dass*?

Die Unterscheidung zwischen ***das*** und der Konjunktion ***dass*** ist nicht schwer.
Es gibt einen einfachen Test, mit dem Sie herausfinden können, wie geschrieben werden muss:

Das Wort ***das*** können Sie immer durch *dieses, jenes* oder *welches* ersetzen:

Das (dieses/jenes) *ist ein Auto.*
Man kann ***das (jenes/dieses)*** *kaum verstehen.*
Der Umschlag des Buches, ***das (welches)*** *ich gerade lese, ist gut gestaltet.*

Aber: *Ich erwarte,* ***dass*** *du mich vorher fragst.*
Dieses *dass* ist nicht ersetzbar. (*Ich erwarte, welches/dieses/jenes* ... wäre nicht möglich).

▶ *Weitere Beispiele zu Nebensätzen mit* dass *finden Sie im Kapitel „Nebensätze" auf Seite 249 ff.*

sodass oder *so, dass*?

Ein Komma steht wie bei der Konjunktion *dass* auch vor der Konjunktion *sodass*:

Er schlug die Tür lautstark zu, *sodass alle aufschreckten.*

Aber: Das Komma muss zwischen *so* und *dass* gesetzt werden, wenn *so* als hinweisendes Wort gebraucht wird:

Er freute sich ***so, dass*** *er in die Luft sprang.*

Die Konjunktionen *zu, um ... zu, (an)statt ... zu, ohne ... zu*

Mithilfe der Wörter ***zu, um ... zu, anstatt ... zu*** und ***ohne ... zu*** **+ Infinitiv eines Verbs** können wir *dass*-Sätze ersetzen. Solche Sätze sind kürzer und klingen sprachlich eleganter als die *dass*-Sätze. Voraussetzung: Das Subjekt im *dass*-Satz muss dasselbe wie im Hauptsatz sein. Schauen Sie sich die folgenden Beispiele an:

Peter versprach, ***dass*** *er den Bus benutzen werde.*
→ *Peter versprach* ***(,)*** *den Bus* ***zu*** *benutzen.*
Ich bin heute so müde, dass ich nicht mit euch in die Kneipe gehen kann.
→ *Ich bin heute zu müde,* ***um*** *mit euch in die Kneipe zu gehen.*

Statt/Anstatt dass *er sich entschuldigte, ging er einfach weg.*
→ ***Statt/Anstatt*** *sich* ***zu*** *entschuldigen, ging er einfach weg.*

Wir wollen Geld verdienen, ***ohne dass*** *wir uns überarbeiten.*
→ *Wir wollen Geld verdienen,* ***ohne*** *uns* ***zu*** *überarbeiten.*

Mit ***um ... zu*** kann man auch einen Nebensatz ersetzen, der mit *damit* eingeleitet wird:

Frau Wader ist nach Mallorca geflogen, damit sie sich von den Strapazen der letzten Monate erholen kann.
→ *Frau Wader ist nach Mallorca geflogen,* ***um*** *sich von den Strapazen der letzten Monate zu erholen.*

! Bei den Konjunktionen *um ... zu, anstatt ... zu* und *ohne ... zu* müssen Sie immer ein Komma setzen.

▶ *siehe auch Infinitivgruppen, S. 251 ff.;* ▶ *Komma, S. 276 ff.*

Sätze

Sätze bestehen aus Satzgliedern

Ebenso wie Buchstaben Bausteine für Wörter sind, werden Wörter als Bausteine für Sätze verwendet. Damit Sätze einen Sinn ergeben, genügt es aber nicht, einzelne Wörter beliebig aneinanderzureihen.

Schule die unter geht schöne schnell weil.

Dieses Beispiel ergibt keinen Sinn. Verschiedene Wortarten wurden völlig willkürlich aneinandergereiht. Eine Aneinanderreihung von Wörtern ergibt nicht automatisch einen Satz. Es muss also bestimmte Regeln geben, die dafür sorgen, dass ein richtiger Satz entsteht.

Jedes Wort hat innerhalb eines Satzes eine bestimmte Aufgabe. Manchmal gehören in einem Satz mehrere Wörter zusammen und erfüllen gemeinsam eine Aufgabe. Deshalb spricht man, wenn man den Aufbau eines Satzes untersuchen möchte, nicht mehr von Wörtern, sondern von **Satzgliedern**. Die einzelnen Satzglieder fügen sich im **Satzbau** zu sinnvollen Sätzen zusammen. ▶ *Satzbaupläne, S. 219 ff.*

Die deutsche Sprache unterscheidet vier verschiedene Satzglieder: **Subjekt, Prädikat, Objekt und Adverbial.** Diese Satzglieder können wir durch Fragen bestimmen.

Satzglieder und Satzbau folgen bestimmten Regeln. Wenn man die verschiedenen Muster der Satzglieder und des Satzbaus kennt, fällt es leichter, Kommas richtig zu setzen und manche Rechtschreibregeln zu befolgen.

Um dem Geheimnis der Satzglieder und des Satzbaus auf die Spur zu kommen, beginnen wir mit einem ganz einfachen Satz:

Das Mädchen liest.

Anders als das Beispiel auf Seite 189 oben ergibt dieser Satz einen Sinn. Warum? Schauen wir uns diesen kurzen Satz genau an. Er besteht aus drei Wörtern, die wir drei verschiedenen Wortarten zuordnen können.

- *Das* ist ein Begleiter,
- *Mädchen* ist ein Nomen,
- *liest* ist ein Verb.

Das Wort *das* im Beispielsatz ist der Begleiter des Wortes *Mädchen*. Die beiden Wörter *das* und *Mädchen* gehören also zusammen. Gemeinsam bilden sie ein **Satzglied**. Das Wort *liest* ist ein weiteres Satzglied. Der Beispielsatz besteht also aus zwei verschiedenen Satzgliedern.

Subjekt und Prädikat

Fast alle Sätze bestehen aus mindestens zwei Satzgliedern: einem **Subjekt** und einem **Prädikat.** Es gibt nur ganz wenige Ausnahmen.

▶ *einfache Befehle, S. 223* ▶ *verkürzte Sätze, S. 227*

> Nach dem **Subjekt** fragen wir: **Wer oder was?**
> Das Subjekt steht immer im **Nominativ.**

Beim folgenden Beispielsatz können wir fragen: **Wer** schläft? Antwort: *Mein Hund.* ⟶ *Mein Hund* ist das Subjekt des Beispielsatzes.

Subjekt	
Mein Hund	schläft.

Nach dem **Prädikat** fragen wir: **Was tut das Subjekt? Was geschieht?** Das Prädikat enthält immer eine **konjugierte Verbform.**

Bei dem Beispielsatz *„Mein Hund schläft"* fragen wir: **Was tut** mein Hund? Antwort: Er *schläft.* ⟶ Das Wort *schläft* ist das Prädikat des Beispielsatzes.

Subjekt	Prädikat
Mein Hund	**schläft.**

Das Prädikat stimmt im Numerus (Zahl) und in der Person immer mit dem Subjekt überein. (Kongruenz)

Der Satz *„Mein Hund schlaft"* wäre falsch; denn *mein Hund* steht in der 3. Person Singular, das Wort *schlaft* ist aber die konjugierte Verbform für die 2. Person im Plural: *ihr schlaft.*

Das Subjekt kann ein **Nomen mit oder ohne Begleiter** sein.

	Subjekt	Prädikat
Mit Begleiter:	**Das / Dieses / Unser / Jedes Haus**	brennt.
Ohne Begleiter:	**Holz**	brennt.

▶ *Begleiter, S. 49 f.*

Wenn mehrere Nomen aufgezählt werden, bilden sie gemeinsam das Subjekt.

Subjekt	Prädikat
Die Omi, der Opa und ihr Hund	verreisen.

Auch ein **Personalpronomen** kann Subjekt sein.

Pronomen als Subjekt	Prädikat
Wir	verreisen.

! Häufig ist das Subjekt noch durch **Attribute** erweitert. In manchen Fällen kann auch ein ganzer Satz das Subjekt sein. Und manchmal sieht es fast so aus, als ob es in einem Satz zwei Subjekte gäbe. Dann sprechen wir von einem **Prädikatsnomen im Nominativ.**

▶ *Attribut, S. 207 ff.* ▶ *Subjektsatz, S. 248 f.* ▶ *Prädikatsnomen, S. 199 ff.*

Objekte

Der einfache Satz mit einem Subjekt und einem Prädikat kann durch **Objekte** (Satzergänzungen) erweitert werden:

Objekte können **im Genitiv, Dativ oder Akkusativ** stehen. Sie können – ebenso wie das Subjekt – aus einem Nomen mit oder ohne Begleiter bestehen. Aber auch ein Personalpronomen kann ein Objekt sein.

! Auch das Objekt kann durch Attribute erweitert werden. In manchen Fällen kann auch ein ganzer Nebensatz ein Objekt sein. ▶ *Attribut, S. 207 ff.* ▶ *Objektsatz, S. 249 f.*

Auch Objekte können wir bestimmen, indem wir nach ihnen fragen. Am häufigsten kommen **Akkusativobjekte** (Satzergänzungen im 4. Fall) vor.

Nach einem **Akkusativobjekt** fragen wir: **Wen oder was?**

Subjekt	Prädikat	Akkusativobjekt
Lisa	ruft	**euch.**

Frage: **Wen** ruft Lisa? Antwort: *euch*.

Herr Fleißig	besucht	**seinen Chef.**

Frage: **Wen** besucht Herr Fleißig? Antwort: *seinen Chef*.

Wir	betrachten	**die Bilder.**

Frage: **Was** betrachten wir? Antwort: *die Bilder*.

! Manchmal sieht es fast so aus, als ob es in einem Satz zwei Akkusativobjekte gäbe. Dann sprechen wir von einem **Prädikatsnomen im Akkusativ.** ▶ *S. 200*

Es gibt auch **Dativobjekte** (Satzergänzungen im 3. Fall).

> Nach einem **Dativobjekt** fragen wir: **Wem?**

Subjekt	Prädikat	Dativobjekt
Sie	hilft	**dem Jungen.**

Frage: **Wem** hilft sie? Antwort: *dem Jungen*.

Diese Bücher	gehören	**mir.**

Frage: **Wem** gehören die Bücher? Antwort: *mir*.

Der Briefträger	misstraut	**unseren Hunden.**

Frage: **Wem** misstraut der Briefträger? Antwort: *unseren Hunden*.

Es gibt auch **Genitivobjekte** (Satzergänzungen im 2. Fall). Sie kommen aber nur noch selten vor.

> Nach einem **Genitivobjekt** fragen wir: **Wessen?**

Subjekt	Prädikat	Genitivobjekt
Dieser Vorgang	bedarf	**einer Erklärung.**

Frage: **Wessen** bedarf dieser Vorgang?
Antwort: *einer Erklärung*.

Der Verein	gedenkt	**seiner ehemaligen Mitglieder.**

Frage: **Wessen** gedenkt der Verein?
Antwort: *seiner ehemaligen Mitglieder*.

Oma Meier	erinnert sich	**ihrer Kindheit.**

Frage: **Wessen** erinnert sich Oma Meier?
Antwort: *ihrer Kindheit*.

Viele Sätze haben nicht nur ein, sondern **zwei verschiedene Objekte**. Der nächste Beispielsatz enthält ein Dativobjekt und ein Akkusativobjekt. Diese Zusammenstellung kommt sehr häufig vor.

Subjekt	Prädikat	Dativobjekt	Akkusativobjekt
Der Hund	bringt	**dir**	**einen Knochen.**

Frage nach dem Dativobjekt: **Wem** bringt der Hund einen Knochen? Antwort: *dir*.
Frage nach dem Akkusativobjekt: **Wen oder was** bringt der Hund dir? Antwort: *einen Knochen*.

Das **Prädikat** bestimmt, ob ein Satz ein oder mehrere Objekte haben kann.

▶ *Das Prädikat bestimmt den Satzbau, S. 214 ff.*

Präpositionalobjekte (Satzergänzungen mit Verhältniswort)

Manche Objekte werden durch eine Präposition eingeleitet. Dann bestimmt die Präposition, ob das Objekt im Dativ oder im Akkusativ steht.

▶ *Präpositionen, S. 183 f.*

Beispiel für ein Präpositionalobjekt im Akkusativ:

		Präpositionalobjekt im Akkusativ	
Subjekt	Prädikat	Präposition	Objekt
Alle	warten	**auf**	**bessere Zeiten.**

Frage: **Auf wen oder was** warten alle?
Antwort: ***auf*** *bessere Zeiten*.

Beispiel für ein Präpositionalobjekt im Dativ:

		Präpositionalobjekt im Dativ	
Subjekt	Prädikat	Präposition	Objekt
Dieser Mann	steht	**zu**	**seinem Wort.**

Frage: **Zu wem** steht dieser Mann? Antwort: ***zu*** *seinem Wort*.

Sonderfall: Prädikatsnomen im Nominativ und Akkusativ

Nach dem Subjekt fragen wir *Wer oder was?*, das Subjekt steht im Nominativ. In manchen Sätzen gibt es aber neben dem Subjekt ein weiteres Satzglied, das im Nominativ steht und dennoch nicht Subjekt ist:

Frau Schmidt ist unsere Nachbarin.

Subjekt ist *Frau Schmidt*. Aber auch nach den beiden Wörtern *unsere Nachbarin* können wir wie nach dem Subjekt fragen:

Wer ist Frau Schmidt? Antwort: *Frau Schmidt ist **unsere Nachbarin**.*

Diese Sonderform wird **Prädikatsnomen im Nominativ** (Prädikativ, Gleichsetzung im 1. Fall) genannt. Es kommt nur bei den Verben ***sein***, ***heißen***, ***werden*** und ***bleiben*** vor. Drei weitere Beispiele:

Subjekt	Prädikat	Prädikatsnomen im Nominativ
Du	wirst	**ein guter Anwalt.**
Mein Bruder	heißt	**Felix.**
Überstunden	bleiben	**die Ausnahme.**

Manchmal stehen auch Satzglieder im Akkusativ und sind dennoch kein *Akkusativobjekt*. Dann spricht man von einem **Prädikatsnomen im Akkusativ.** Es kommt nur bei sehr wenigen Verben vor, hauptsächlich beim Verb ***nennen***.

Subjekt	Prädikat	Akkusativobjekt	Prädikatsnomen im Akkusativ
Wir	nennen	dieses Tier	**Elefant.**

Auch bei den Verben ***anerkennen***, ***betrachten*** und ***sehen*** kommen Prädikatsnomen im Akkusativ vor. Aber dann ist zusätzlich die Präposition ***als*** nötig.

Subjekt	Prädikat	Akkusativobjekt	Prädikatsnomen im Akkusativ mit vorangestellter Präposition
Sie	betrachten	ihn	**als ihren Gegner.**

Es gibt auch Prädikatsnomen im Akkusativ mit dem Verb ***halten*** + ***für***:

Subjekt	Prädikat	Akkusativobjekt	Prädikatsnomen im Akkusativ mit vorangestellter Präposition
Die Kollegen	halten	sie	**für eine gute Mitarbeiterin.**

Adjektive können wie Prädikatsnomen benutzt werden

Vor allem in Verbindung mit den Verben *sein, werden, bleiben, erscheinen* und *wirken* werden **Adjektive** wie Prädikatsnomen im Nominativ benutzt. Dann spricht man von **Prädikatsadjektiven.**

*Diese **Bluse** wirkt **unvorteilhaft**.*

*Dieser **Pullover** erscheint mir **am geeignetsten**.*

In Verbindung mit den Verben *finden, betrachten als* und *halten für* können **Adjektive** wie Prädikatsnomen im Akkusativ auftreten:

*Ich finde **Karola** **hübsch**.*

*Aber **Ronja** finde ich **am allerschönsten**.*

▶ *siehe auch Tipp, S. 96*

Adverbiale

Ein einfacher Satz kann neben einem Subjekt, einem Prädikat und einem Objekt auch **Adverbiale** enthalten.

Adverbiale (adverbiale Bestimmungen, Umstandsbestimmungen) sind **Satzglieder**, die die Umstände eines Geschehens näher bestimmen.

Subjekt	Prädikat	Akkusativobjekt	temporales Adverbial
Das Mädchen	liest	ein Buch	**am Morgen.**

Das Satzglied *am Morgen* ist ein **Temporaladverbial** (Umstandsbestimmung der Zeit).

Nach einem **Temporaladverbial** fragen wir:
Wann / Wie lange / Wie oft?

Beim Beispielsatz kann man also fragen: **Wann** liest das Mädchen das Buch? Antwort: *am Morgen*.

Fügen wir dem Satz noch ein zweites Adverbial hinzu:

Subjekt	Prädikat	Akkusativobjekt	Temporaladverbial	Lokaladverbial
Das Mädchen	liest	ein Buch	am Morgen	**in der Badewanne.**

Auch das letzte Satzglied im Beispielsatz, *in der Badewanne*, ist ein Adverbial, nämlich ein Lokaladverbial (Umstandsbestimmung des Ortes oder der Richtung).

Nach einem **Lokaladverbial** fragen wir: **Wo / Woher / Wohin?**

Wo liest das Mädchen das Buch? Antwort: *in der Badewanne*.

Es gibt noch weitere Arten von Adverbialen, z. B. **Kausaladverbiale** und **Modaladverbiale**.

Nach einem **Kausaladverbial** (Umstandsbestimmung des Grundes) fragen wir: **Weshalb, warum, wozu?**

Subjekt	Prädikat	Akkusativobjekt	Kausaladverbial
Katja	schloss	die Fenster	**wegen des Sturms.**

Weshalb schloss Katja die Fenster? Antwort: *wegen des Sturms.*

Signalwörter für Kausaladverbiale sind ***wegen, aufgrund, infolge***.

Nach einem **Modaladverbial** (Umstandsbestimmung der Art und Weise) fragen wir: **Wie, womit, wodurch?**

Subjekt	Prädikat	Akkusativobjekt	Modaladverbial
Er	entfernte	den Nagel	**mit der Zange.**

Wie entfernte er den Nagel? Antwort: *mit der Zange.*

Signalwörter für Modaladverbiale sind ***mit, durch, mittels***.

! Adverbiale bestehen häufig aus nur einem einzigen Adverb bzw. Adjektivadverb. Beispiele:
*Der Hahn krähte **laut.*** ▶ vgl. Adverbien, S. 163
Laut ist ein Modaladverbial.
Denn wir können fragen: ***Wie** krähte der Hahn?*
*Dieser Hahn kräht **am leisesten**.* – *Am leisesten* ist auch ein Modaladverbial. ▶ siehe auch Tipp, S. 96
*Mein Hahn kräht **krächzend**.* – *Krächzend* ist ebenfalls ein Modaladverbial. ▶ Partizip, S.105 f.
*Dieser Hahn kräht **nie**.* – *Nie* ist ein Temporaladverbial.
*Der Hahn kräht **dort**.* – *Dort* ist ein Lokaladverbial.
▶ Adverbien, S. 161

Adverbial oder Präpositionalobjekt?

Sowohl Adverbiale als auch Objekte können mit einer Präposition eingeleitet werden.
Auf den ersten Blick sind deshalb Adverbiale von Objekten mit Präposition kaum zu unterscheiden. Sie unterscheiden sich aber sehr deutlich durch ihre Aufgabe im Satz.

> Präpositionalobjekte sind Satzglieder, die durch das Prädikat für den Satzbau erforderlich werden. Adverbiale liefern dagegen vor allem zusätzliche inhaltliche Informationen. Wir können sie auch weglassen, ohne dass der Satz dadurch unvollständig wird.

Herr Schiefel trifft Frau Borsig am Abend im Hotel.

Bei diesem Satz können *am Abend* und *im Hotel* auch weggelassen werden. Der Satz wird dennoch als vollständig und sinnvoll empfunden: → *Herr Schiefel trifft Frau Borsig. Am Abend* und *im Hotel* sind also Adverbiale. Anders beim folgenden Satz:

Stefanie legt das Buch auf den Tisch.

Lässt man *auf den Tisch* weg, lautet der Satz: *Stefanie legt das Buch.* Solch einen Satz empfinden wir aber als unvollständig. Das Prädikat *legt* fordert nämlich zwei Objekte: *das Buch* und *auf den Tisch*. Es handelt sich bei *auf den Tisch* also um ein Präpositionalobjekt.

Mit der Verschiebeprobe und der Ersatzprobe erkennt man Satzglieder

Mit der **Verschiebeprobe** können wir herausfinden, welche Wörter in einem Satz gemeinsam ein Satzglied bilden und deshalb nicht getrennt werden dürfen.

Subjekt	Prädikat	Objekt	Modal-adverbial
Der Journalist	schreibt	seine Berichte	mit einem Kuli.

Objekt	Prädikat	Subjekt	Modal-adverbial
Seine Berichte	schreibt	der Journalist	mit einem Kuli.

Modaladverbial	Prädikat	Subjekt	Objekt
Mit einem Kuli	schreibt	der Journalist	seine Berichte.

Was ist mit dem Satz passiert? Die Reihenfolge der einzelnen Satzglieder wurde geändert. Trotzdem behält der Satz denselben Sinn.

Wenn wir die Satzglieder bei der Verschiebeprobe in eine andere Reihenfolge bringen, werden dabei die Begleiter immer zusammen mit dem Satzglied verschoben, zu dem sie gehören, denn Begleiter sind keine selbstständigen Satzglieder.

Die Betonung der Satzglieder

Wenn Sie die drei Beispielsätze mit dem Journalisten oben nacheinander laut lesen, werden Sie feststellen, dass sich durch das Verschieben der Satzglieder die Betonung ändert: Das jeweils an erster Stelle stehende Satzglied wird am stärksten betont. Die Grundbedeutung des Satzes bleibt aber dieselbe.

▶ *Satzbaupläne, S. 219*

Auch mit der **Ersatzprobe** können wir Satzglieder trennen. Bei der Ersatzprobe wird jedes Satzglied durch ein einziges Wort ersetzt.

Subjekt	Prädikat	Objekt	Modaladverbial
Der Journalist	schreibt	seine Berichte	mit einem Kuli.
↓	↓	↓	↓
Er	schreibt	sie	damit.

Bei der Ersatzprobe besteht der verkürzte Satz aus genauso vielen Satzgliedern wie der ursprüngliche Satz. Alle Wörter, die wir jeweils durch ein Wort ersetzen können, gehören also zusammen und bilden gemeinsam ein Satzglied.

Die Verschiebe- und die Ersatzprobe helfen bei der Kommasetzung

Mithilfe der Verschiebeprobe und der Ersatzprobe können Sie die einzelnen Satzglieder und den Aufbau eines Satzes erkennbar machen. Das hilft Ihnen bei der Kommasetzung.

▶ *Beachten Sie besonders: Kein Komma im einfachen Satz! S. 263 f.*

Ist Ihnen bei der Verschiebe- und Ersatzprobe noch etwas aufgefallen? Richtig:

Das Prädikat steht im einfachen Aussagesatz immer an zweiter Stelle, nie am Satzanfang – auch bei der Ersatzprobe und bei der Verschiebeprobe nicht. ▶ *Aussagesatz, S. 225*

Attribute ergänzen die Satzglieder

Satzglieder können nicht nur durch Begleiter und Präpositionen ergänzt werden, sondern auch durch **Attribute** (Beifügungen).

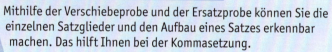

Subjekt	Prädikat	Objekt	Modaladverbial
Der Journalist	schreibt	seine Berichte	mit einem Kuli.

Dieser einfache Satz besteht aus vier Satzgliedern. Er kann z. B. so erweitert werden:

Der ***fleißige*** *Journalist schreibt seine* ***äußerst interessanten*** *Berichte mit einem* ***pinkfarbenen*** *Kuli.*

Nun sind die Wörter *fleißige, äußerst interessanten* und *pinkfarbenen* hinzugekommen:

- Das Wort *fleißige* ist ein Attribut zum Subjekt *der Journalist;*
- die Wörter *äußerst interessanten* sind ein Attribut zum Objekt *seine Berichte*;
- das Wort *pinkfarbenen* ist ein Attribut zum Adverbial *mit einem Kuli.*

> Durch **Attribute** werden Satzglieder genauer erläutert. Attribute sind jedoch **keine selbstständigen Satzglieder**, denn sie können alleine keinen Satz bilden.

Subjekt	Prädikat	Objekt	Modaladverbial
Der **fleißige** Journalist	schreibt	seine **äußerst interessanten** Berichte	mit einem **pinkfarbenen** Kuli.

Durch die Attribute ist der Beispielsatz viel länger geworden, aber die Zahl der Satzglieder hat sich nicht geändert. Es sind immer noch vier Satzglieder. Es ist vielleicht nur ein bisschen schwieriger geworden, sie zu erkennen. Wenn Sie unsicher sind, helfen Ihnen auch bei längeren Sätzen die Verschiebeprobe oder die Ersatzprobe weiter.

Wir machen die Verschiebeprobe an einem noch längeren Satz:

Der wütend gewordene Stier durchstieß mit seinen spitzen Hörnern bereits nach fünf Minuten den verrosteten Maschendrahtzaun. ⟶ *Bereits nach fünf Minuten durchstieß der wütend gewordene Stier mit seinen spitzen Hörnern den verrosteten Maschendrahtzaun.* ⟶ *Mit seinen spitzen Hörnern durchstieß der wütend gewordene Stier bereits nach fünf Minuten den verrosteten Maschendrahtzaun.*

Jetzt stellen wir den Satz in einer Tabelle dar. Der Satz besteht aus fünf Satzgliedern. Die Attribute sind fett gedruckt:

Subjekt	Prädikat	Modal-adverbial	Temporal-adverbial	Objekt
Der **wütend gewordene** Stier	durch-stieß	mit **seinen spitzen** Hörnern	bereits nach **fünf** Minuten	den **ver-rosteten** Maschen-drahtzaun.

Die Ersatzprobe zeigt dasselbe Ergebnis. Der Satz besteht aus fünf Satzgliedern:

Subjekt	Prädikat	Modal-adverbial	Temporal-adverbial	Objekt
Er	durchstieß	damit	dann	ihn.

Da Attribute Satzglieder zwar ergänzen, aber keine eigenständigen Satzglieder sind, werden sie häufig auch als **Satzgliedteile** bezeichnet.

Attribute können nach ihrer Form und Aufgabe unterschieden werden.

Sehr häufig kommen **Adjektivattribute** (Eigenschaftswörter als Beifügung) vor. Sie sind dem Satzglied, auf das sie sich beziehen, vorangestellt und werden dekliniert. Dabei richten sie sich in Kasus, Numerus und Genus nach ihrem Bezugswort. (Kongruenz)

*der **bunte** Hund* *die **scheue** Katze* *die **wilden** Löwen*

Die als Attribute gebrauchten Adjektive können selbst wiederum durch andere Wortarten erweitert werden:

die	nicht sehr	scheue	Katze
die	überaus	wilden	Löwen

Auch **Pronomen**, **Numeralien** und **Partizipien** können wie Adjektive als Attribut verwendet werden.

Begleiter	Attribut	Nomen
	Possessivpronomen:	
–	meine	Arbeit
	Numerale:	
den	drei	Musketieren
	Partizip Perfekt:	
einen	gestrandeten	Wal
	Partizip Präsens:	
die	brüllenden	Löwen

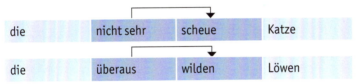

Das Genitivattribut (Beifügung im 2. Fall)

Das **Genitivattribut** drückt eine **Zugehörigkeit** aus. Anders als beim Adjektiv steht dieses Attribut meist hinter dem Satzglied, auf das es sich bezieht. Beispiel:

der Herr	der Ringe

Der Herr ist das Satzglied, *die Ringe* sind das Attribut.

> Das **Genitivattribut** kommt **nur als Nomen** vor, wobei das Nomen wiederum Begleiter und Attribute haben kann.

die Eltern ***meines Freundes***
das Quietschen ***der neuen Reifen***

Das Genitivattribut kann auch vor dem Bezugswort stehen. Das ist heute aber nur noch üblich, wenn das Attribut ein Personenname ist: ***Schillers*** *Werke,* ***Annes*** *Eltern*. In anderen Fällen klingt es veraltet: ***des Kaisers*** *neue Kleider*.

! In der Umgangssprache hört man auch häufig Dinge wie *dem Toni seine Frau*. In der Schriftsprache müssen Sie sich aber anders ausdrücken: Hier verwenden Sie das Genitivattribut: *Tonis Frau*. Oder Sie benutzen ein nachgestelltes Attribut mit ***von* + Dativ**: *die Frau von Toni*.

Weiteres Beispiel:
Familie Müllers Haus oder: *das Haus von Familie Müller*
(Aber nicht: *der Familie Müller ihr Haus*)

Das Adverbialattribut

Das **Adverbialattribut** (Umstandsbeifügung) kann aus einem einzelnen Adverb bestehen oder aus einem Ausdruck mit vorangestellter Präposition. Es steht **meistens hinter dem Wort, auf das es sich bezieht.**

Beispiel mit nachgestelltem Adverb:

*Sie gehen die erste Straße **links.***

Beispiel mit nachgestelltem Ausdruck mit Präposition:

*der Beruf **mit dem höchsten Einkommen.***

Selbst Adverbialattribute können durch weitere Adverbialattribute erweitert werden. Das ist zwar nicht besonders elegant, kommt aber besonders im Behördendeutsch häufig vor. Beispiel mit zwei Adverbialattributen:

	1. Adverbialattribut	2. Adverbialattribut
Gesetz	über Ausnahmeregelungen	für die Erteilung einer Arbeitserlaubnis

Die Apposition – eine Sonderform des Attributs

Eine besondere Art des Attributs ist die **Apposition**. Sie wird häufig im Zusammenhang mit **Eigennamen** und **Ortsbezeichnungen** gebraucht.

Die **Apposition** steht immer **hinter dem Satzglied, auf das sie sich bezieht**, und erklärt es näher. Sie ist **kein selbstständiges Satzglied.** Die Apposition steht fast immer im selben Kasus wie ihr Bezugswort.

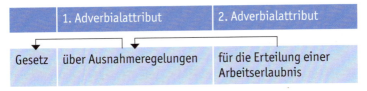

- Apposition zum Subjekt:

  Meine Wohnung, ***ein Neubau****, gefällt mir sehr.*
  Die Apposition *ein Neubau* steht auch im Nominativ.

- Apposition zum Akkusativobjekt:

  Ich liebe die Natur, ***die größte Kostbarkeit der Welt****.*
  Die Apposition *die größte Kostbarkeit der Welt* steht auch im Akkusativ.

- Apposition zu einem Präpositionalobjekt im Akkusativ (Frage: Auf wen oder was?):

  Ich freue mich auf den Mai, ***den allerschönsten Monat.***
  Die Apposition *den allerschönsten Monat* steht auch im Akkusativ.

! Bei **Appositionen ohne Artikel** muss die Apposition ausnahmsweise im Nominativ stehen:
Die Stellungnahme Herrn Fleißigs, ***Direktor*** *der Tüchtig-Werke, wird heute erwartet.*
Fügt man bei der Apposition jedoch den Artikel hinzu, muss der Satz heißen:
Die Stellungnahme Herrn Fleißigs, ***des Direktors*** *der Tüchtig-Werke, wird heute erwartet.*

Die Apposition bei Datumsangaben

Auch Datumsangaben, die auf einen Wochentag folgen, sind Appositionen. Sie dürfen wahlweise im Dativ oder im Akkusativ stehen:

Mein Geburtstag ist ***am*** *Sonntag,* ***dem*** *29. Februar.* Oder:
Mein Geburtstag ist ***am*** *Sonntag,* ***den*** *29. Februar.*

Die Verschiebeprobe bei Appositionen

Durch die Verschiebeprobe kann man Appositionen ebenso leicht erkennen wie andere Attribute:

Herr Müller, ***der neue Chef****, fährt am Ende des Monats zu einer Konferenz.* → *Am Ende des Monats fährt Herr Müller,* ***der neue Chef****, zu einer Konferenz.* → *Zu einer Konferenz fährt am Ende dieses Monats Herr Müller,* ***der neue Chef****.*

Die Apposition *der neue Chef* steht auch bei der Verschiebeprobe immer direkt hinter dem Satzglied *Herr Müller*, zu dem sie gehört, und wird immer mit diesem zusammen verschoben.

Das Komma bei Appositionen

Appositionen werden immer durch ein Komma von dem Satzglied getrennt, auf das sie sich beziehen.
Am Ende der Apposition steht erneut ein Komma, wenn der Satz danach noch weitergeht. Die Apposition wird also von Kommas umschlossen.

Endlich rückte ihr Geburtstag, ***das große Ereignis****, in greifbare Nähe.*

▶ *Ausführliche Erklärungen auf S. 270*

! Die Apposition wird häufig auch *Beisatz* genannt. Dieser Ausdruck ist etwas irreführend, denn die Apposition ist kein Satz, sondern nur ein Attribut, das ein Nomen oder ein Pronomen ergänzt.

Das Prädikat bestimmt den Satzbau

Das **Prädikat** ist die konjugierte Form des Verbs. Es ist der wichtigste Baustein eines jeden Satzes. Es bildet die Achse des Satzes, um die sich die anderen Satzglieder drehen. Ein Satz ohne Prädikat ist unvollständig.

Das **Prädikat bestimmt**, ob ein Satz neben einem Subjekt auch **Objekte** braucht und wie viele davon erforderlich sind, damit der Satz als vollständig und sinnvoll empfunden wird. Dabei ist die inhaltliche Bedeutung des Verbs entscheidend. Man spricht hier von der **Valenz (Wertigkeit)** eines Verbs.

Intransitive Verben erfordern nur ein Subjekt, damit der Satz vollständig wird. Sie lassen kein Objekt zu. Solche Verben sind **einwertig**. Beispiel: das Verb *niesen*.

Subjekt	Prädikat
Ich	niese.

Ein Objekt, z. B. im Akkusativ (*Ich niese einen Schnupfen*), wäre hier unmöglich. Ergänzende Adverbiale und Attribute zum Subjekt können dagegen hinzugefügt werden:

Subjekt mit Attribut	Prädikat	Adverbial
Die erkältete Kollegin	niest	zum dritten Mal.

Viele Verben, die eine Bewegung oder einen Zustand ausdrücken, sind intransitiv und daher einwertig, z. B. *gehen, schlafen, schwimmen, sitzen, steigen*. Sie erfordern nur ein Subjekt und lassen keine Objekte zu.

▶ *intransitive Verben, S. 114 f.*

Wenn ein Verb außer dem Subjekt noch ein Objekt fordert, damit der Satz vollständig wird, ist das Verb **zweiwertig**. Dabei spielt es keine Rolle, ob es sich dabei um ein Genitiv-, Dativ- oder Akkusativobjekt handelt. Beispiele: die Verben *benutzen, gehören* und *bedürfen*.

Subjekt	Prädikat	Genitivobjekt
Diese Sache	bedarf	einer Prüfung.

Subjekt	Prädikat	Dativobjekt
Dieses Buch	gehört	meinem Freund.

Subjekt	Prädikat	Akkusativobjekt
Sie	benutzt	einen Computer.

Es gibt viele zweiwertige Verben.

Transitive Verben sind nie einwertig

Alle transitiven Verben sind mindestens zweiwertig, denn sie lassen ein Akkusativobjekt zu.

▶ *transitive Verben, S. 113 f.*

Manche Verben lassen neben dem Subjekt sogar zwei Objekte in verschiedenen Kasus zu. Solche Verben sind **dreiwertig**. Zu diesen Verben gehören z. B. *geben, glauben* und *bezichtigen*:

Subjekt	Prädikat	Dativobjekt	Akkusativobjekt
Lisa	gibt	ihrem Freund	einen Rat.

Subjekt	Prädikat	Dativobjektv	Akkusativobjekt
Anne	glaubt	mir	kein Wort.

Subjekt	Prädikat	Akkusativobjekt	Genitivobjekt
Frau Beier	bezichtigt	Herrn Hesse	der Lüge.

Zum Glück gibt es keine noch höherwertigen Verben!

Verben können nur einwertig, zweiwertig oder dreiwertig sein und neben dem Subjekt höchstens zwei Objekte fordern.

Einwertig oder zweiwertig?

Manche Verben können ein- oder zweiwertig sein. Dabei verändern sie aber auch häufig ihre Bedeutung.

Im Satz „*Du spinnst wohl!*" hat das Verb *spinnen* die Bedeutung von *verrückt sein* und es ist einwertig. Man könnte diesen Satz nicht durch Objekte erweitern. Im Satz „*Die Spinne spinnt ihr Netz aus Fäden*" ist das Verb *spinnen* zweiwertig. Aber es hat hier auch eine andere Bedeutung: Hier geht es um eine Tätigkeit.

Weitere Verben mit unterschiedlichen Bedeutungen und deshalb unterschiedlicher Wertigkeit sind z. B.:

angehen (Das Licht ging an. ↔ *Wir müssen die Sache jetzt angehen.), kochen (Das Wasser kocht.* ↔ *Maria kochte Spaghetti.), rollen (Die Kugel rollte.* ↔ *Ich rollte die Kugel.), liegen (Ich lag im Bett.* ↔ *Die Sache liegt ihm nicht.)*

Das Prädikat als Satzklammer

Prädikate können aus mehreren Wörtern bestehen, die im Satz nicht immer unmittelbar nebeneinanderstehen.

Das mehrteilige Prädikat umschließt andere Satzglieder und wird deshalb Satzklammer genannt.

Satzklammern können entstehen

- bei Verben mit trennbarem Präfix ▶ *Tipp, S. 38*
- bei Modalverben ▶ *siehe S. 111 f.*
- bei zusammengesetzten Zeitformen: *Perfekt, Plusquamperfekt, Futur I, Futur II* ▶ *siehe S. 125 ff.*
- bei allen Passivformen ▶ *Passiv, S. 140 ff.*

Zwei Beispiele für eine Satzklammer mit einem Verb mit trennbarem Präfix:

Satzklammer

*Der Zug **fährt** um 13 Uhr **ab**.*

Satzklammer

*Unsere Firma **stellt** nächsten Monat einen neuen Mitarbeiter **ein**.*

> Alle Teile einer Satzklammer zusammen zählen als Prädikat. Für den Satzbau entscheidend ist die Stellung des ersten Teils des Prädikats, also die konjugierte Form.

▶ *Verben mit trennbarem Präfix, S. 38*

Bei zusammengesetzten Zeiten können Prädikate aus bis zu vier Wörtern bestehen.

Beispiele für Satzklammern mit mehrteiligen Prädikaten:

Perfekt			
Subjekt	1. Teil des Prädikats:		2. Teil des Prädikats:
	Hilfsverb		Partizip Perfekt
Der Mond	**ist**	schon	**aufgegangen.**

Satzklammer

Modalverb			
Subjekt	1. Teil des Prädikats:		2. Teil des Prädikats:
	Modalverb		Zeitwort im Infinitiv
Die Kuh	**möchte**	Gras	**fressen.**

Satzklammer

Futur II				
Satz-gegen-stand	1. Teil des Prädi-kats:		2. Teil des Prädi-kats:	3. Teil des Prä-dikats:
	Hilfsverb		Partizip Perfekt	Hilfsverb *haben*
Er	**wird**	den Test	**abgeschlossen**	**haben.**

Passiv im Präsens			
Subjekt	1. Teil des Prädikats:		2. Teil des Prädikats:
	Hilfsverb		Partizip Perfekt
Das Gesetz	**wird**	nächstes Jahr	**geändert.**

Passiv im Konjunktiv des Plusquamperfekts					
Sub-jekt	1. Teil des Prä-dikats:		2. Teil des Prä-dikats:	3. Teil des Prä-dikats:	4. Teil des Prä-dikats:
	Hilfsverb		Partizip Perfekt	Hilfsverb	Modal-verb
Er	**hätte**	schon längst	**bestraft**	**werden**	**müssen.**

Satzbaupläne für den einfachen Aussagesatz

Der Satzbau des einfachen Aussagesatzes wird durch die Valenz (Wertigkeit) des Verbs bestimmt.

▶ *Das Prädikat bestimmt den Satzbau, S. 213 ff.*

Es gibt verschiedene Möglichkeiten, wie durch die Verbindung verschiedener Satzglieder ein einfacher Satz gebildet werden kann. Die Übersicht über diese Möglichkeiten wird **Satzbauplan** genannt.

Die Stellung der Satzglieder ist fast beliebig

Der Satzbauplan zeigt die übliche Reihenfolge der Satzglieder im einfachen Satz.

In der deutschen Sprache ist die Reihenfolge der Satzglieder nicht so streng geregelt wie in anderen Sprachen. Die Stellung des Subjektes am Satzanfang gilt als „normal". Aber eine ständige Wiederholung der gleichen Reihenfolge wird schnell als eintönig empfunden. Deshalb stellt man häufig das, was betont werden soll, an den Satzanfang. Oder man beginnt mit dem Satzglied, das als Anschluss an den vorausgehenden Satz am besten passt.

▶ *siehe auch Verschiebeprobe, S. 204 f.*

Subjekt + Prädikat:

Der Hund	bellt.

Subjekt + Prädikat + Akkusativobjekt:

Der Hund	frisst	Fleisch.

Subjekt + Prädikat + Dativobjekt:

Der Hund	vertraut	seinem Herrchen.

Subjekt + Prädikat + Präpositionalobjekt:

Der Hund	sucht	nach seinem Knochen.

Subjekt + Prädikat + Prädikatsnomen im Nominativ:

Der Hund	ist	ein Säugetier.

> Wenn das **Subjekt** nicht unmittelbar am Satzanfang steht, steht es immer direkt hinter dem Prädikat.

Dativobjekt + Prädikat + Subjekt + Akkusativobjekt:

Seinem Herrchen	**bringt**	**der Hund**	einen Ball.

Objekt im Akkusativ + Prädikat + Subjekt + Präpositional-objekt:

Den Knochen	**legt**	**der Hund**	auf den Sessel.

> Das Dativobjekt steht normalerweise vor dem Akkusativ-objekt.

Subjekt + Prädikat + Dativobjekt + Akkusativobjekt:

Der Hund	bringt	**seinem Herrchen**	**einen Knochen.**

> Wenn das **Akkusativobjekt ein Pronomen** ist, steht es vor dem Dativobjekt.

Subjekt + Prädikat + Akkusativobjekt + Dativobjekt:

Der Hund	bringt	**ihn**	**seinem Herrchen.**

> Bei einem **mehrteiligen Prädikat** steht nur der erste Teil, also die konjugierte Form, an der Stelle, die im Satzbauplan für das Prädikat vorgesehen ist. Die weiteren Teile des Prädikats folgen am Satzende.

▶ *Das Prädikat als Satzklammer, S. 216 ff.*

Subjekt + 1. (konjugierter) Teil des Prädikats + Dativobjekt + Akkusativobjekt + 2. Teil des Prädikats:

Der Hund	**hat**	dem Herrchen	einen Knochen	**gebracht.**

Subjekt + 1. (konjugierter) Teil des Prädikats + Dativobjekt + Akkusativobjekt + 2. und 3. Teil des Prädikats:

Der Hund	**wird**	dem Herrchen	den Knochen	**gegeben haben.**

> Jedes Satzglied kann durch **Attribute** erweitert werden, die unmittelbar beim jeweiligen Satzglied stehen.

▶ *Attribut, S. 206 ff.*

Subjekt mit Adjektivattribut + Prädikat + Akkusativobjekt mit Adjektivattribut:

Der **treue** Hund	liebt	**seinen alten** Knochen.

Anzahl und Art der Objekte sind durch das Prädikat genau festgelegt. (▶ *S. 214*) Völlig unabhängig davon können beliebig **Adverbiale** hinzugefügt werden.

> Die **Adverbiale** können an verschiedenen Stellen im Satz stehen, jedoch nie zwischen Subjekt und Prädikat.

Subjekt mit Adjektivattribut + Prädikat + Temporaladverbial mit Adjektivattribut + Akkusativobjekt mit Adjektivattribut:

Der brave Hund	bewacht	**während der ganzen Nacht**	das einsame Haus.

Temporaladverbial mit Adjektivattribut + Prädikat + Subjekt + Dativobjekt + Akkusativobjekt mit Adjektivattribut:

Jeden Morgen	bringt	der Hund	seinem Herrchen	die neue Zeitung.

Kommen in einem Satz **mehrere Adverbiale** vor, so steht meist das **Temporaladverbial vor dem Lokaladverbial.**

Subjekt + Prädikat + Temporaladverbial + Lokaladverbial:

Der Hund	wälzt sich	**jeden Tag**	**in einer Pfütze.**

Verneinung (Negation)

Sätze werden in der Regel mit dem Adverb ***nicht*** verneint. In einem verneinten einfachen Aussagesatz steht *nicht* in der Regel am Ende.

Ich komme nicht.
Der Hund bringt dem Herrchen den Knochen nicht.

Es gibt aber **Ausnahmen.** In bestimmten Fällen rückt *nicht* weiter nach vorne im Satz, und zwar

bei mehrteiligen Prädikaten vor den 2. Teil des Prädikats	*Der Hund hat den Knochen **nicht gebracht**.*
in Sätzen mit Prädikatsnomen oder Prädikatsadjektiv direkt vor dieses	*Der Hund heißt **nicht Waldi**.* *Der Hund ist **nicht groß**.*
in Sätzen mit Adverbial direkt vor dieses	*Der Hund bellt **nicht bei Tag**.* *Der Hund bellt **nicht laut**.*
in Sätzen mit Präpositionalobjekt direkt vor dieses	*Der Hund legt den Knochen **nicht auf den Sessel**.*

! *Nicht* steht in einfachen Aussagesätzen niemals zwischen Subjekt und Prädikat.

In längeren Sätzen und Satzgefügen (▶ *S. 232 f.*) verneint *nicht* oft nur ein Satzglied. In diesem Fall steht *nicht* direkt vor dem verneinten Satzglied. Beispiele:

Verneinung des Subjekts:
***Nicht** der Hund bringt dem Herrchen den Knochen.*

Verneinung des Dativobjekts:
*Der Hund bringt **nicht** dem Herrchen den Knochen.*

Verneinung des Akkusativobjekts:
*Der Hund bringt dem Herrchen **nicht** den Knochen.*

Verneinung von Nomen

Nomen mit vorangestelltem **bestimmtem Artikel** werden mit ***nicht*** verneint. Schauen Sie hierzu auch die vorstehenden Beispiele an.

***Nicht** der Hund bringt dem Herrchen den Knochen.*

Bei der Verneinung von Nomen mit **unbestimmtem Artikel** wird ***kein*** benutzt – auch im Plural (▶ *S. 82*):

*Der Hund hat **einen** Ball.* → *Der Hund hat **keinen** Ball.*
Der Hund hat Bälle. → *Der Hund hat **keine** Bälle.*

Verneinte Pronomen und Adverbien

Auch mit den Indefinitpronomen ***niemand, keiner*** und ***nichts*** kann eine Verneinung ausgedrückt werden.

***Niemand/Keiner** ist zu Hause.*
*Ich habe **nichts** gesehen.*

Es gibt auch einige Adverbien, mit denen man eine Verneinung ausdrücken kann, zum Beispiel ***nie, niemals, nirgends, nirgendwo***.

*Wir sind **nirgends** richtig zu Hause.*
*Das habe ich **niemals** gesagt.*

Die Hauptsätze

Es gibt verschiedene Arten von Hauptsätzen. Wir erkennen sie an einer bestimmten Stellung der Satzglieder. Mit jeder dieser verschiedenen Satzarten können wir unterschiedliche Dinge ausdrücken.

Der Aussagesatz ist die Grundform

Aussagesätze sind die am häufigsten vorkommende Satzart. Wir können sie an folgenden Merkmalen erkennen:

- Mit Aussagesätzen werden **Feststellungen**, **Mitteilungen** und **Sachverhalte** formuliert.
- Aussagesätze enden mit einem **Punkt.**
- In Aussagesätzen steht das **Prädikat an zweiter Stelle**, also als 2. Satzglied. Das Verb, das für die Satzaussage verwendet wird, steht im **Indikativ.**

▶ *Verschiebeprobe, S. 204 f.;* ▶ *Indikativ, S. 103, S. 130*

1. Satzglied	**2. Satzglied**	3. Satzglied
Subjekt	**Prädikat**	Akkusativobjekt
Die Woche	**hat**	sieben Tage.

1. Satzglied	**2. Satzglied**	3. Satzglied
Akkusativobjekt	**Prädikat**	Subjekt
Den Letzten	**beißen**	die Hunde.

Im folgenden Beispiel besteht das Prädikat aus zwei Teilen, es bildet eine **Satzklammer** (▶ *S. 216 ff. und 256)*. Zwar ist nur der erste Teil *(sind)* konjugiert, aber er steht an zweiter Stelle im Satz, und das ist entscheidend: Dieser Satz ist ein Aussagesatz.

1. Satzglied	**2. Satzglied**	3. Satzglied	4. Satzglied	2. Teil des 2. Satzglieds
Adverbial der Zeit	**Prädikat**	Subjekt	Objekt mit Präposition	Partizip Perfekt
Gestern	**sind**	wir	nach Berlin	gefahren.

Satzklammer

Aufforderungssätze

Aufforderungssätze drücken aus, dass der oder die Angesprochenen etwas tun sollen. Im Gegensatz zu einem normalen Aussagesatz steht das **Prädikat in Aufforderungssätzen immer an erster Stelle**. Das Verb steht in einer **Imperativform**.

Aussagesatz	**Aufforderungssatz**
*Du **gehst** nach Hause.*	***Geh** nach Hause!*

Aufforderungssätze benutzen wir für **Befehle, Bitten, Vorschläge** und in **Anleitungen**. Häufig enden sie mit einem Ausrufezeichen.

einfache Befehle	**Komm** mit! **Lauft** nicht so schnell! **Schweigen Sie** endlich!
Bitten	**Gib** mir bitte das Heft. Bitte **setzen** Sie **sich.**
Vorschläge Bei Vorschlägen benutzt man die 1. Person Plural (*wir*). ! Sie zählt jedoch nicht zu den Imperativformen. ▶ *Verben, S. 130 f.*	**Beginnen** wir mit Punkt 1 der Tagesordnung. **Fahren** wir nun fort mit Punkt 2.
Anleitungen	**Packen Sie** alle Teile aus. **Montieren Sie** zunächst Teil A.

Bei **einfachen Befehlen** fehlt häufig das Subjekt. Manchmal bestehen sie sogar aus nur einem Wort, nämlich dem Prädikat, das im Imperativ steht.

Komm! *Geht!* *Lauf!* *Schweigt!*

Bei Befehlen in der Höflichkeitsform steht das Subjekt *Sie* aber immer dabei:

*Kommen **Sie**!* *Fahren **Sie**!*

Immer höflich, bitte.

Setzen Sie nach einem Aufforderungssatz statt des Ausrufezeichens lieber einen Punkt. Aufforderungssätze wirken sonst unhöflich und streng. Auch das Wort *bitte* macht einen Aufforderungssatz gleich angenehmer.

*Begleichen Sie die Rechnung **bitte** bis zum 31. Mai.*

Einer solchen freundlichen Aufforderung kommen auch Sie sicherlich etwas lieber nach als dem drohenden Befehl:
Begleichen Sie die Rechnung bis spätestens 31. Mai!

Befehle lassen sich vielfältig ausdrücken

Statt eines Aufforderungssatzes benutzen wir für Aufforderungen und Befehle häufig auch andere Satzarten:

Jetzt wird geschlafen! (Aussagesatz)
Du machst das jetzt! (Aussagesatz)
Gehst du jetzt endlich weg? (Entscheidungsfrage)
Vorsicht! Einsteigen! (verkürzter Satz)

▶ *Aussagesatz, S. 224 f.;* ▶ *Entscheidungsfrage, S. 228;*
▶ *verkürzter Satz, S. 231*

Fragesätze

Fragesätze stellen wir, weil wir etwas in Erfahrung bringen wollen. Fragesätze enden mit einem Fragezeichen. Im Fragesatz steht das Prädikat häufig an zweiter Stelle.

Fragesätze mit einleitendem Fragewort – Ergänzungsfragen

Bei Fragesätzen mit einleitendem Fragewort steht **an erster Stelle ein Fragewort.** Das **Prädikat folgt an zweiter Stelle**, nämlich immer direkt hinter dem Fragewort.

Wohin *gehst du?* ***Wer*** *arbeitet hier?* ***Warum*** *kommt er nicht?*

Fragesätze mit einleitendem Fragewort werden auch **Ergänzungsfragen** genannt, denn mit ihnen wird nach einem Satzglied gefragt, z. B.:

Wen rufst du an? → Frage nach dem Akkusativobjekt

Alle Fragewörter für Ergänzungsfragen beginnen mit dem Buchstaben ***w***. Deshalb heißen sie auch **w-Fragewörter.**

Die wichtigsten w-Fragewörter sind:

wer	was	wie	wieso
weshalb	warum	wo	wann
wodurch	womit	woran	wie lange
wie viele	welcher	welche	welches

! Manchmal steht vor dem w-Fragewort noch eine Präposition:

Für wen *ist dieser Brief?*
Vor wem *fürchtet sie sich?*
Bis wann *muss der Auftrag erledigt sein?*

Entscheidungsfragen

Die Antwort auf Entscheidungsfragen lautet *ja* oder *nein*. Entscheidungsfragen werden nicht durch Fragewörter eingeleitet. **Das Prädikat steht immer an erster Stelle.** Auch Entscheidungsfragen enden mit einem Fragezeichen.

Kommst *du mit?*
Hilfst *du mir mal?*
Geht *Tobias heute nicht zum Krafttraining?*

Entscheidungsfragen können auch als **Wahlfragen** gestellt werden. In diesem Fall werden zwei Möglichkeiten zur Auswahl angeboten, verbunden werden sie durch die Konjunktion ***oder***. Die Antwort auf eine Wahlfrage lautet nicht *ja* oder *nein*; stattdessen wird einer der beiden Vorschläge ausgewählt.

Möchtest du lieber das rote Hemd haben ***oder*** *das grüne?*

Die Nachfrage

Die Nachfrage ist ein Sonderfall unter den Fragesätzen. Sie bezieht sich auf eine vorangegangene Aussage. Die Stellung der Satzglieder ist bei der Nachfrage wie in einem Aussagesatz, aber eine Nachfrage enthält immer ein w-Fragewort – und endet mit einem Fragezeichen. Das w-Fragewort wird beim Sprechen immer besonders stark betont.

Wir sind letztes Jahr in Rom gewesen. – Ihr seid ***wo*** *gewesen?*
Ich habe meine Kette verloren. – Du hast ***was*** *verloren?*

Die Bestätigungsfrage

Wenn wir eine Bestätigungsfrage stellen, erwarten wir vom Befragten eine Bestätigung, nämlich die Antwort *ja*.

Sie sind zum ersten Mal hier? Du wartest auf mich?

Bestätigungsfragen sind wie ein normaler Aussagesatz aufgebaut. Aber sie enden mit einem Fragezeichen. In der gesprochenen Sprache erkennen wir an der Satzbetonung, dass es sich um eine Frage handelt: Die Stimme wird zum Ende des Satzes hin angehoben.

Die rhetorische Frage

Manchmal stellen wir eine Frage, aber wir wollen gar keine Antwort darauf hören. Solche Fragen nennt man *rhetorische Fragen*. Sie sind von ihrer Form her Ergänzungsfragen oder Entscheidungsfragen, aber sie enthalten meistens zusätzliche Adverbien, die dem Angesprochenen zeigen, dass er hier gar nicht antworten soll. Wenn wir diese zusätzlichen Wörter wegließen, würden ganz normale Fragesätze übrig bleiben.

Was ist ***denn*** *das* ***schon wieder****?*
Habe ich dir das nicht ***schon oft genug*** *gesagt?*
Kannst du damit ***nicht endlich*** *mal aufhören?*

Wunschsätze, Ausrufesätze und verkürzte Sätze

Auch *Wunschsätze, Ausrufesätze* und *verkürzte Sätze* sind Sonderformen des Hauptsatzes. Ihr Aufbau weicht von den normalen Satzbauregeln für Hauptsätze ab.

Der Wunschsatz

Wunschsätze unterscheiden sich von normalen Aussagesätzen dadurch, dass das **Prädikat in einer Konjunktivform** steht.

▶ *Konjunktivform, S. 104 und 131 ff.*

- **Wunschsätze mit dem Konjunktiv I Präsens**
  Wir finden sie noch häufig bei Koch- und Backrezepten, sonst aber eher selten. Wunschsätze dieser Art gibt es heute nur noch in der 3. Person.

  *Man **nehme** ein Pfund Mehl und drei Eier.*

- **Wunschsätze mit dem *Konjunktiv II Präteritum* und dem *Konjunktiv II Plusquamperfekt***
  Hier steht das Prädikat an erster oder an letzter Stelle des Satzes. Der Satz wird durch ein Ausrufezeichen abgeschlossen, die Stimme fällt zum Satzende hin ab. Häufig werden die Wörter ***nur, doch, bloß*** verwendet:

  ***Bliebe** er doch!* — *Wenn du bloß **wüsstest**!*
  ***Hätte** er doch ja **gesagt**!* — *Wenn sie nur **gekommen wären**!*

! Verwechseln Sie diese Form des Wunschsatzes nicht mit einem Konditionalsatz. ▶ *Konditionalsätze, S. 236*

Der Ausrufesatz

Ausrufesätze drücken **Verwunderung** oder **Bewunderung** aus. Die Stellung des Prädikats ist nicht festgelegt. Häufig werden Wörter wie ***ja, aber, doch*** verwendet. Ein Wort im Satz wird beim Sprechen besonders betont. Ausrufesätze werden durch Ausrufezeichen abgeschlossen.

Ist das aber ein schöner Anblick!
Was wir nicht alles erlebt haben!
Wie gerne hätte ich das gemacht!

Ausrufesätze werden vor allem in der mündlichen Sprache gebraucht.

! Verwechseln Sie Ausrufesätze nicht mit Aufforderungs- und Aussagesätzen. ▶ *Aufforderungssätze, S. 225 f.;* ▶ *Aussagesatz, S. 224 f.*

Der verkürzte Satz

In verkürzten Sätzen fehlen wichtige Satzglieder. Man nennt sie auch **Satzellipsen.**

Verkürzte Sätze kommen ebenso wie Ausrufesätze überwiegend in der gesprochenen Sprache vor. Sogar das Prädikat kann fehlen, dennoch sind verkürzte Sätze verständlich, weil sie immer nur im passenden Zusammenhang gesagt werden. Verkürzte Sätze können aus allen Hauptsatzarten gebildet werden:

Verkürzter Satz	Vollständiger Satz
Glück gehabt!	Wir haben Glück gehabt. (Aussagesatz)
Zwei Erwachsene, zwei Kinder.	Geben Sie mir bitte zwei Eintrittskarten für Erwachsene und zwei für Kinder. (Aufforderungssatz)
Zur Bahnhofstraße?	Wo geht es zur Bahnhofstraße? (Fragesatz)

Satzreihen und Satzgefüge

Sätze können miteinander verbunden werden.

Die Satzreihe

*Der Hund **bellt** und die Katze **miaut**.*

Hier sind zwei einfache Aussagesätze durch die Konjunktion *und* miteinander verbunden worden:

Der Hund bellt. + *Die Katze miaut.*
→ *Der Hund bellt **und** die Katze miaut.*

Man kann zwei einfache Aussagesätze auch durch ein Komma verbinden:

Florian geht einkaufen, Alex räumt sein Zimmer auf.

> Aneinanderfügungen gleichwertiger Hauptsätze bezeichnen wir als **Satzreihe.**

Jeder der Sätze kann auch für sich alleine stehen. Die Sätze der Satzreihe können durch die Bindewörter ***und*** und ***oder*** verbunden werden oder man setzt ein Komma dazwischen.

▶ *Komma, S. 268 f.*

Das Satzgefüge

*Der Sportler **freut** sich, weil er eine Medaille **gewonnen hat**.*

Dieser Satz lässt sich nicht einfach in zwei gleichwertige Aussagesätze unterteilen. Nur der erste Teil (*Der Sportler freut sich*) ist ein Aussagesatz. Der zweite Teil (*weil er eine Medaille gewonnen hat*) wird ohne den ersten Teil als unvollständig empfunden. Er ist als **Nebensatz** vom ersten Teil, dem Hauptsatz, abhängig.

Die Abhängigkeit des Nebensatzes vom Hauptsatz wird als **Satzgefüge** bezeichnet.

Auch eine Satzreihe kann zu einem Satzgefüge umgeformt werden.

Hauptsatz 1	Hauptsatz 2
Florian geht einkaufen,	Alex räumt sein Zimmer auf.

→ Satzgefüge aus einem Haupsatz und einem Nebensatz:

Hauptsatz	Nebensatz
Florian geht einkaufen,	**während** Alex sein Zimmer aufräumt.

Der zweite Hauptsatz wurde durch die Konjunktion *während* zu einem Nebensatz umgeformt.

Satzgefüge bestehen nicht immer nur aus einem Hauptsatz und einem von ihm abhängigen Nebensatz. Von einem Hauptsatz können auch mehrere Nebensätze abhängig sein und von einem Nebensatz können weitere Nebensätze abhängig sein. Solche **Schachtelsätze** sind aber häufig nur schwer zu verstehen.

Kurze Sätze sind verständlicher

Die Kunst des Schreibens liegt nicht darin, dass man möglichst lange Sätze schreiben kann. Das Gegenteil ist der Fall.
Deshalb:
Versuchen Sie, möglichst kurze Sätze zu schreiben. Ein abhängiger Nebensatz pro Hauptsatz ist meistens genug.
Dann versteht auch jeder, was Sie meinen.

Die Nebensätze

Wie unterscheidet sich der Nebensatz vom Hauptsatz?

Nebensätze besitzen wie Hauptsätze ein Subjekt und ein Prädikat, sie sind also grammatisch vollständig:

Hauptsatz		Nebensatz		
Subjekt	Prädikat	Konjunktion	Subjekt	Prädikat
Es	regnete,	als	der Bus	kam.

Dennoch können Nebensätze nicht alleine stehen, denn sie bilden eine inhaltliche Einheit mit dem Hauptsatz und ergänzen nur seine Aussage. Sie sind abhängig vom Hauptsatz. Dabei ist es egal, ob sie vor oder hinter dem Hauptsatz stehen:

Hauptsatz	Nebensatz
Wir können nicht ins Freibad gehen,	**weil es heute regnet.**

Nebensatz	Hauptsatz
Weil es heute regnet,	können wir nicht ins Freibad gehen.

Den Nebensatz *„weil es heute regnet"* empfinden wir ohne einen ergänzenden Hauptsatz als unvollständig.

> In einem Hauptsatz steht das Prädikat meist an zweiter Stelle. Sehr viele Nebensätze dagegen sind dadurch gekennzeichnet, dass das **Prädikat am Ende** steht.

Das gilt für einfache, aber auch längere Nebensätze:

Der Hund bellte, als der Nachbar ***klingelte.***
Es regnete, als der lange erwartete Bus endlich mit viel Verspätung ***ankam.***

Es gibt sehr viele verschiedene Arten von Nebensätzen und verschiedene Möglichkeiten, sie einzuteilen.

Nebensätze können nach ihrer Stellung im Satz eingeteilt werden. Wir unterscheiden dann **vorangestellte, eingeschobene und nachgestellte Nebensätze.**

- Vorangestellter Nebensatz:
  Weil ich Lust dazu habe, *arbeite ich heute sehr viel.*
- Nachgestellter Nebensatz:
  Ich arbeite heute sehr viel, ***weil ich Lust dazu habe.***
- Eingeschobener Nebensatz:
  Ich arbeite, ***weil ich Lust dazu habe,*** *heute sehr viel.*

Diese Einteilung gilt für alle Arten von Nebensätzen, egal ob wir sie nach ihrem einleitenden Wort einteilen (▶ *S. 236 ff.*), nach ihrer inhaltlichen Bedeutung (z. B. kausal, konditional, eine Frage stellend ...) oder nach ihrer Aufgabe im Satz. ▶ *S. 247 ff.*

Das Komma bei eingeschobenen Nebensätzen

Achten Sie bei eingeschobenen Nebensätzen darauf, dass der Nebensatz von Kommas umschlossen wird. Vergessen Sie also nicht das zweite Komma!
▶ *Kommaregeln bei Nebensätzen, S.273 ff.*

Nebensätze mit Einleitewort

Nebensätze mit Einleitewort beginnen mit

- einer einleitenden Konjunktion (→ **Konjunktionalsatz**),
- einem Relativpronomen (→ **Relativsatz**) oder
- einem Fragewort (→ **indirekter Fragesatz**).

Das **Prädikat** steht in Nebensätzen mit Einleitewort immer **am Ende des Satzes.**

Konjunktionalsätze

Konjunktionalsätze (Bindewortsätze) werden durch unterordnende Konjunktionen eingeleitet. (▶ *Konjunktionen, S. 190 ff.)* Wie bei allen Nebensätzen mit Einleitewort steht das Prädikat am Ende.

Nach der Bedeutung der einleitenden Konjunktion unterscheiden wir verschiedene Arten von Konjunktionalsätzen:

Satzart	Konjunktionen	Beispiele
Temporalsätze (Zeitsätze)	**als, bevor, ehe, nachdem, sobald, solange, während, wenn**	**Wenn** es dunkel wird, musst du nach Hause kommen. Es gibt Abendessen, **sobald** du nach Hause kommst. **Während** wir essen, bleibt der Fernseher ausgeschaltet.
Kausalsätze (Begründungssätze)	**weil, da, zumal**	Wir müssen uns beeilen, **weil** wir schon spät dran sind. **Da** Sarah erkrankt ist, fällt die Probe heute aus.
Konditionalsätze (Bedingungssätze)	**wenn, falls, sofern**	Ich möchte dich gerne morgen besuchen, **wenn** es dir passt. **Falls** es dir nichts ausmacht, komme ich erst um 20.00 Uhr.

Konsekutivsätze (Folgesätze)	**dass, sodass / so dass**	Es war so heiß, **dass** alle ins Schwitzen kamen.
Konzessivsätze (Einräumungssätze)	**obwohl, obgleich, wenn auch, wenngleich, obschon, wennschon**	**Obwohl** er Tag und Nacht gelernt hatte, bestand er die Prüfung nicht. Sie ist sehr sportlich, **obschon** sie gar nicht so aussieht.
Modalsätze (Sätze, die die Art und Weise einer Handlung erklären)	**indem, wobei, anstatt dass, dadurch dass, ohne dass**	**Indem** er den Stecker zog, verhinderte er ein größeres Unglück. Ich lese gerne Krimis, **wobei** ich immer die letzten Seiten zuerst lese.
Komparativsätze (Vergleichssätze)	**als, als ob je ... desto*, wie wenn, als wenn**	Das Ergebnis ist besser, **als** wir gehofft hatten. Klaus benahm sich, **als ob** er nichts davon wüsste. **Je** mehr du dich anstrengst, **desto** besser ist das Ergebnis.
* Die Konjunktion *je* leitet immer den Nebensatz ein und die Konjunktion *desto* leitet immer den Hauptsatz ein.		
Finalsätze (Zweck- oder Absichtssätze)	**damit, dass, auf dass**	Ich muss unbedingt meine Pflanzen gießen, **damit** sie nicht vertrocknen. Lasst uns endlich losgehen, **auf dass** wir rechtzeitig ankommen.
Adversativsätze (Sätze, die einen Gegensatz ausdrücken)	**während, wohingegen**	Maria liest gerne Bücher, **während** ihre Zwillingsschwester lieber fernsieht. Tom treibt gern Sport, **wohingegen** Tim lieber Modellflugzeuge baut.

Relativsätze

Relativsätze (Bezugssätze) werden durch die Relativpronomen ***der, die, das*** und ***welcher, welche, welches*** eingeleitet. **Das Prädikat steht in Relativsätzen am Satzende.** Ein Relativsatz bezieht sich meist auf ein Satzglied des Hauptsatzes und erläutert dies näher.

▶ *Relativpronomen, S. 78 ff.*

*Das Buch, **das** ich gerade lese, ist ziemlich langweilig.*

*Ich möchte den Pulli anprobieren, **der** im Schaufenster liegt.*

*Die CD, **welche** er gekauft hat, gefällt mir überhaupt nicht.*

Auch die Fragepronomen ***wer*** und ***was*** können wir als Relativpronomen benutzen:

***Wer** so etwas sagt, der ist dumm.*

***Was** ich nicht weiß, das macht mich nicht heiß.*

Das Relativpronomen steht normalerweise an erster Stelle des Relativsatzes. Manchmal verdrängt aber eine Präposition das Relativpronomen an die zweite Stelle. Das ist dann der Fall, wenn das Prädikat nach dieser Präposition verlangt.

Beispiel mit der Präposition *in*:

*Die Kiste, **in der** mein Schmuck lag, ist gestohlen worden.*

Beispiel mit der Präposition *nach*:

*Das Buch, **nach dem** Sie fragen, gibt es nicht mehr.*

Das Relativpronomen wird in Genus und Numerus immer seinem Bezugswort angepasst; aber es steht nicht unbedingt im selben Kasus wie sein Bezugswort. Es muss so dekliniert werden, wie es das Prädikat des Relativsatzes erfordert:

Hauptsatz	Relativsatz
Ich suche **einen Schlüssel,**	**der** gestern noch hier lag.
Das Bezugswort *einen Schlüssel* steht im Akkusativ, weil das Prädikat *suche* des Hauptsatzes nach einem Akkusativobjekt verlangt (Wen oder was suche ich?). Das Relativpronomen *der* im Nebensatz steht aber im Nominativ, da es dort Subjekt ist. Genus und Numerus von *einen Schlüssel* und *der* stimmen jedoch überein: Maskulinum, Singular.	
Ich treffe heute **Herrn Bader,**	**dem** ich vieles verdanke.
Das Bezugswort *Herrn Bader* steht im Akkusativ, weil das Prädikat *treffe* des Hauptsatzes nach einem Akkusativobjekt verlangt (Wen treffe ich?). Das Relativpronomen *dem* im Nebensatz steht aber im Dativ, da es dort ein Dativobjekt ist (Wem verdanke ich vieles?). Genus und Numerus von *Herrn Bader* und *dem* stimmen jedoch überein: Maskulinum, Singular.	

das oder *dass*?

Das Relativpronomen ***das*** mit einem *s* darf nicht verwechselt werden mit der Konjunktion ***dass*** mit zwei *s*.
▶ *Tipp, S. 191.*

Relativsätze können auch durch **Relativadverbien** (bezügliche Umstandswörter) eingeleitet werden, z. B. ***wo, wie, wohin, woher.***

Wie *man in den Wald hineinruft, so schallt es heraus.*
Wo *es dir gefällt, da kannst du bleiben.*
Sag mir doch, ***woher*** *du das weißt.*

Relativadverbien, Adverbien als Fragewörter

Alle Relativadverbien beginnen mit einem *w*. Die meisten von ihnen ersetzen Zusammensetzungen aus Präposition + *was*, z. B. *über was* → *worüber*, und werden dann wie ein **Pronomen** benutzt (***Pronominaladverb***). Solche Adverbien können auch als w-Fragewort eine Frage einleiten. Beispiele:

*Ich habe vergessen, **wozu** diese Schraube gehört.* (nicht: *zu was diese Schraube ...*)
***Worüber** soll ich dich informieren?* (nicht: *Über was soll ich ...*)
***Wofür** ist das?* (nicht: *Für was ist das?*)

Zu allen Relativadverbien gibt es auch passende „normale" Pronominaladverbien, die ebenfalls wie Pronomen benutzt werden, z. B.:

wobei – dabei	wonach – danach	worüber – darüber
wodurch – dadurch	woran – daran	worunter – darunter
wofür – dafür	worauf – darauf	wovon – davon
woher – daher	woraus – daraus	wovor – davor
wohin – dahin	worin – darin	wozu – dazu
womit – damit		

***Dafür** kann ich nichts.* (nicht: *Für das kann ich nichts.*)
*Ich nehme noch etwas **davon**.* (nicht: *Ich nehme noch etwas von dem.*)

Es gibt auch Adverbien mit ***hier-***, z. B.: ***hierdurch, hierzu ...***

▶ *siehe auch Adverbien, S. 168*

! Das Adverb ***wo*** wird in Relativsätzen hauptsächlich für Ortsangaben benutzt. Dann spricht man von einem **Lokalsatz**. Benutzen Sie *wo* besser nicht bei Relativsätzen mit zeitlichem Bezug.
*Der Tag, **an dem** der Regen kam, war endlich da.* Oder: *Der Tag, **als** der Regen kam, war endlich da.* Das klingt besser als: *Der Tag, wo der Regen kam, war endlich da.*

Notwendige und nicht notwendige Relativsätze

Wir können Relativsätze noch weiter unterscheiden, und zwar in *notwendige* und *nicht notwendige Relativsätze*.

Ein **nicht notwendiger Relativsatz** ist wie ein Attribut zu einem Satzglied (▶ *Attribute, S. 206 ff.*). Der Relativsatz bezieht sich auf ein Satzglied des übergeordneten Hauptsatzes und erläutert dieses näher. Wir könnten ihn auch weglassen und würden den Hauptsatz trotzdem als sinnvoll empfinden. Beispiele:

- Der Relativsatz bezieht sich auf das Subjekt des Hauptsatzes:
  Hunde, die *bellen, beißen nicht.*
  (Ohne Relativsatz: *Hunde beißen nicht.*)
- Der Relativsatz bezieht sich auf ein Akkusativobjekt:
  Basti besucht ***seinen Freund, den*** *er lange nicht gesehen hat.*
  (Ohne Relativsatz: *Basti besucht seinen Freund.*)
- Der Relativsatz bezieht sich auf ein Dativobjekt:
  Die Bratwurst schmeckte ***dem Koch, der*** *seit Wochen nur Diätkost gegessen hatte.*
  (Ohne Relativsatz: *Die Bratwurst schmeckte dem Koch.*)

Notwendige Relativsätze ersetzen dagegen ein für den Satzbau erforderliches Satzglied und können deshalb nicht weggelassen werden. Sie beginnen mit einem **w-Fragewort.**

Subjekt

Wer mit dem Auto fährt, *kommt später an.*

Kommt später an ist zwar der Hauptsatz, aber er ist in dieser Form unvollständig, denn es fehlt ihm das Subjekt (Wer kommt später an?). In diesem Beispiel bildet der gesamte Relativsatz das Subjekt des Hauptsatzes.
▶ *Subjektsätze, S. 247 f.*

Ein **notwendiger Relativsatz** kann auch für eines der anderen Satzglieder des Hauptsatzes stehen, z. B.:

- für ein Akkusativobjekt:

Objekt

Was man selbst macht, *merkt man sich besser.*
(Wen oder was merkt man sich?)

▶ *Objektsätze, S. 248 f.*

- für ein Dativobjekt:

Objekt

Ich schenke das Buch, ***wem ich will.***
(Wem schenke ich das Buch?)

▶ *Objektsätze, S. 248 f.*

- für ein Präpositionalobjekt im Akkusativ:

Objekt

Er kann glauben, ***an wen er will.*** (An wen glaubt er?)

Objekt

Ich sage dir, ***worauf ich mich freue.***
(Worauf (= auf was) freue ich mich?)

▶ *Tipp, S. 240*

- für ein Lokaladverbial:

Adverbial

Wo gehobelt wird, *fallen Späne.*
(Wo / An welchem Ort fallen Späne?)

▶ *Adverbialsätze, S. 249 f.*

Indirekte Fragesätze

Indirekte Fragesätze sind abhängige Fragesätze. Jeder indirekte Fragesatz lässt sich aus einem Fragesatz herleiten. **Das Prädikat steht beim indirekten Fragesatz am Satzende.**

▶ *siehe auch Fragesätze, S. 227 ff., und indirekte Rede, S. 137*

Wenn einem indirekten Fragesatz eine *Ergänzungsfrage* zugrunde liegt, beginnt der indirekte Fragesatz mit dem entsprechenden w-Fragewort:

▶ *Ergänzungsfragen, S. 227 f.*

Fragesatz	Indirekter Fragesatz
Wann kommt er endlich wieder?	Sie fragt sich, **wann** er endlich wieder kommt.
Wo ist der Eingang?	Er möchte wissen, **wo** der Eingang ist.
Wer war der Neuankömmling?	Niemand wusste, **wer** der Neuankömmling war.

Entscheidungsfragen und Wahlfragen werden in indirekten Fragesätzen mit ***ob*** eingeleitet:

Fragesatz	Indirekter Fragesatz
Hatten sie gewonnen?	Die Meiers fragten sich, **ob** sie gewonnen hatten.
Sollte Lisa lachen oder weinen?	Lisa konnte sich nicht entscheiden, **ob** sie lachen oder weinen sollte.

▶ *Entscheidungsfragen und Wahlfragen, S. 228*

Indirekter Fragesatz oder Relativsatz?

Indirekte Fragesätze können auf den ersten Blick leicht mit notwendigen Relativsätzen verwechselt werden, denn w-Fragewörter benötigt man bei beiden Satzarten. Es gibt aber zwei Merkmale, die bei der Unterscheidung helfen:

1. Indirekte Fragesätze hängen immer von einem Verb im Hauptsatz ab, das Bedeutungen wie *fragen, sagen, wissen* oder *zweifeln* ausdrückt.
2. Bei einem notwendigen Relativsatz kann man w-Wörter ersetzen bzw. ergänzen, z. B. *wer = derjenige, welcher; was = das, was; wo = dort, wo; wem = demjenigen, dem*
   Was (= Das, was) ich weiß, gebe ich nicht preis.

   Bei einem indirekten Fragesatz klappt das nicht. (*Ich frage mich, wer* (geht nicht: *derjenige, welcher*) *das gemacht hat.*)

Nebensätze ohne Einleitewort

Nicht alle Nebensätze werden durch ein Einleitewort eingeleitet und nicht bei allen Nebensätzen steht das Prädikat am Ende. Diese **nicht eingeleiteten Nebensätze** kommen häufig vor. Nicht eingeleitete Nebensätze lassen sich aber immer in einen normalen Nebensatz mit Einleitewort umwandeln.

Es gibt vier Arten von nicht eingeleiteten Nebensätzen: ***dass*-Sätze, Konditionalsätze, indirekte Fragesätze** und **Komparativsätze.**

Nicht eingeleitete *dass*-Sätze

Nicht eingeleitete *dass*-Sätze sehen aus wie einfache Aussagesätze. Das Prädikat steht an zweiter Stelle, oft steht es im Konjunktiv. Meistens handelt es sich bei diesen Sätzen um **indirekte Rede.** Dann sind sie abhängig von einem Verb des Sagens im Hauptsatz, z. B.: *sagen, reden, sprechen, meinen, behaupten* … ▶ *indirekte Rede, S. 136 ff.*

> Beim nicht eingeleiteten *dass-Satz* in der *indirekten Rede* sollte man immer den **Konjunktiv** benutzen.

Hauptsatz	Nebensatz
nicht eingeleiteter *dass*-Satz mit Prädikat im Konjunktiv als 2. Satzglied:	
Freddy Schlau sagte,	er **habe** die Lösung gefunden.
	↓
dass-Satz mit Prädikat im Konjunktiv oder Indikativ am Satzende:	
Freddy Schlau sagte,	dass er die Lösung gefunden **habe / hat.**

! Wenn der Konjunktiv I nicht vom Indikativ zu unterscheiden ist, benutzt man stattdessen den Konjunktiv II:
*Meine Freunde meinen, ich **hätte** Recht.* (nicht: *ich habe Recht*).
▶ *siehe auch indirekte Rede, S. 136 ff.;* ▶ *Konjunktiv, S. 133 ff.*

Wenn der nicht eingeleitete *dass*-Satz keine indirekte Rede wiedergibt, benutzt man den **Indikativ** – wie in einem normalen *dass*-Satz auch.

*Ich weiß, du **kannst** es schaffen.*
(Ich weiß, dass du es schaffen kannst.)

*Ich glaube, Alex **ist** schon losgefahren.*
(Ich glaube, dass Alex schon losgefahren ist.)

Nicht eingeleitete Konditionalsätze

> **Nicht eingeleitete Konditionalsätze** (Bedingungssätze) stehen meistens vor dem Hauptsatz. Das Prädikat steht dann beim Nebensatz und beim Hauptsatz an erster Stelle.

▶ *Konditionalsätze, S. 236*

Nebensatz	Hauptsatz
Nicht eingeleiteter Konditionalsatz: Prädikat an 1. Stelle	
Ist die Katze gesund,	**freut** sich der Mensch.
	↓
Mit *wenn* eingeleiteter Konditionalsatz: Prädikat am Ende	
Wenn die Katze gesund **ist**,	**freut** sich der Mensch.

Nicht eingeleitete Konditionalsätze sind von ihrer Aufgabe her **Adverbialsätze.** (▶ *S. 250 f.*) Sie ersetzen ein *Temporaladverbial* (▶ *S. 202*). Mit der Ersatzprobe und der Verschiebeprobe können wir den Satzbau herausfinden:

Ist die Katze gesund, freut sich der Mensch.
Satzgliedfrage: **Wann** freut sich der Mensch?
Ersatzprobe: Der ganze Nebensatz kann durch ein Wort ersetzt werden, nämlich durch das Adverb *dann*.
→ *Dann freut sich der Mensch.*

Nicht eingeleitete indirekte Entscheidungs- und Wahlfragen

Bei nicht eingeleiteten indirekten Entscheidungs- und Wahlfragen steht das Prädikat an erster Stelle.

▶ *indirekte Entscheidungs- und Wahlfragen, S. 137*

Diese Sätze ähneln deshalb auf den ersten Blick Entscheidungsfragen. Ihnen fehlt aber das Fragezeichen, da sie von einem Hauptsatz abhängig sind.

Nicht eingeleitete Entscheidungs- und Wahlfragen sind von einem **Verb des Fragens oder Wissens** im Hauptsatz abhängig; sie können durch einen **indirekten Fragesatz** ersetzt werden:

Hauptsatz	Nebensatz
Nicht eingeleiteter indirekter Fragesatz, Prädikat an erster Stelle:	
Sie fragte sich,	**sollte** sie die blauen oder die roten Schuhe nehmen.
	↓
Mit *ob* eingeleiteter indirekter Fragesatz, Prädikat am Satzende:	
Sie fragte sich,	**ob** sie die blauen oder die roten Schuhe nehmen **sollte**.

Nicht eingeleitete Komparativsätze

Bei nicht eingeleiteten Komparativsätzen bleibt von der vergleichenden Konjunktion ***als ob*** nur das ***als*** erhalten.

▶ *Komparativsätze, S. 237*

Hauptsatz	Nebensatz
Nicht eingeleiteter Nebensatz: Prädikat an erster Stelle	
Ich war so müde,	**als hätte** ich seit Tagen nicht geschlafen.
	↓
Mit *als ob* eingeleiteter Nebensatz: Prädikat am Satzende	
Ich war so müde,	**als ob** ich seit Tagen nicht geschlafen **hätte.**

Die Einteilung der Nebensätze nach ihrer Aufgabe im Satzgefüge

Wir können Nebensätze nach ihrer Aufgabe im Satzgefüge unterscheiden. Denn nicht alle Nebensätze haben dieselbe Aufgabe. Es gibt **Gliedsätze**, die ein Satzglied ersetzen, und **Attributsätze**, die ein Attribut ersetzen.

Die Gliedsätze

Viele Nebensätze ersetzen ein Satzglied des Hauptsatzes, von dem sie abhängig sind. Deshalb nennt man solche Nebensätze oft auch **Gliedsätze**.

Mit der Satzgliedfrage und der Ersatzprobe (▶ *S. 205 ff.*) können wir leicht erkennen, ob der Nebensatz ein Satzglied des Hauptsatzes ersetzt. Da es vier verschiedene Satzglieder gibt, können wir auch vier verschiedene Nebensatzarten unterscheiden.

Der Nebensatz als Subjekt: Subjektsatz

Beim **Subjektsatz** ersetzt der Nebensatz das Subjekt des Hauptsatzes. Der Hauptsatz wäre ohne den Nebensatz unvollständig: Er hat kein Subjekt.

Subjektsatz

Dass er nicht kommt, *beunruhigt sie.*

Satzgliedfrage: Wer oder was beunruhigt sie?
Ersatzprobe: Der ganze Nebensatz kann durch ein Wort ersetzt werden. → ***Es*** *beunruhigt sie.*

Subjektsatz

Wer nicht fragt, *bleibt dumm.*
→ Wer oder was bleibt dumm? → ***Der*** *bleibt dumm.*

Subjektsatz

Ob er kommt, *ist ungewiss.*
→ Wer oder was ist ungewiss? → ***Das*** *ist ungewiss.*

Der Nebensatz als Objekt: Objektsatz

> Der **Objektsatz** ersetzt ein Objekt des Hauptsatzes.

Objektsatz

Sie sah, ***wie das Auto auf sie zuraste.***
→ **Wen** oder **was** sah sie? (Akkusativobjekt)
→ *Sie sah* ***es.***

Objektsatz

Seinen Rat gibt er, ***wem er möchte.***
→ **Wem** gibt er seinen Rat? (Dativobjekt)
→ *Er gibt seinen Rat* ***ihm.***

Objektsatz

Wir dürfen uns rühmen, ***dass wir diese Pflanze entdeckt haben.***
→ **Wessen** dürfen wir uns rühmen? (Genitivobjekt)
→ *Wir dürfen uns* ***dessen*** *rühmen.*

Der Nebensatz als Ersatz für ein Präpositionalobjekt

Ein Nebensatz kann auch ein Präpositionalobjekt ersetzen. Auf den ersten Blick ist dies häufig gar nicht zu erkennen, denn im Satzgefüge taucht gar keine Präposition auf:

*Er war erstaunt, **dass die Sitzung schon zu Ende war.***
Es heißt: *erstaunt sein* **über** *etwas*

→ **Über** wen oder was war er erstaunt?

→ Er war erstaunt **über** diese Sache / **darüber.**

Die Präposition *über* entfällt beim *dass*-Satz.

Der Nebensatz als Adverbial: Adverbialsatz

Ein **Adverbialsatz** ersetzt ein **Adverbial** im Hauptsatz.

▶ *Adverbiale, S. 202 ff.*

Adverbialsatz

*Nelly ging zur Arbeit, **als es noch dunkel war.***

→ Wann ging sie zur Arbeit?

→ Sie ging **dann / zu diesem Zeitpunkt** zur Arbeit. (Temporaladverbial)

Adverbialsatz

*Ich mache es, **wie ich es schon letztes Mal gemacht habe.***

→ Wie mache ich es?

→ Ich mache es **so / auf diese Weise.** (Modaladverbial)

Adverbialsatz

*Klara ärgert sich, **weil Jenny immer zu spät kommt.***

→ Warum ärgert sich Klara?

→ Klara ärgert sich **deshalb / aus diesem Grund.** (Kausaladverbial)

Adverbialsätze sind ihrer Form nach oft **Konjunktionalsätze.** Wie Konjunktionalsätze auch lassen sie sich inhaltlich unterscheiden in temporale (zeitliche), kausale (begründende), modale ... Adverbialsätze ▶ *Konjunktionalsätze, S. 236 f.*

Der Nebensatz als Attribut: Attributsatz

> **Attributsätze** sind keine Gliedsätze, denn sie ersetzen keine Satzglieder. Sie ersetzen nur ein **Attribut** zu einem Satzglied.

▶ *Attribute, S. 206 ff.*

Attributsatz

Die Aufgabe, ***die mir übertragen wurde,*** *kann ich bewältigen.*
Frage: **Was für eine** Aufgabe? → Der Bezugssatz ist ein Attribut zu dem Bezugswort *Aufgabe*.

Attributsatz

Frau Pieper hat die Ansicht, ***dass Sport schön macht.***
Frage: **Was für eine** Ansicht? → Der *dass*-Satz ist ein Attribut zu dem Wort *Ansicht*.

Attributsätze können wir weglassen und der Satz bleibt dennoch sinnvoll. Denn Attributsätze geben wie Attribute nur ergänzende Informationen zu dem Wort, auf das sie sich beziehen.

Übrigens: Nicht notwendige Relativsätze sind immer Attributsätze. ▶ *nicht notwendige Relativsätze, S. 241 f.*

Satzwertige Infinitiv- und Partizipialgruppen

Eine besondere Form von Nebensätzen sind die Infinitiv- und die Partizipialgruppen.

> Infinitiv- und Partizipialgruppen fehlt ein eigenes Subjekt und eine konjugierte Form des Verbs im Prädikat. Sie können aber das Gewicht eines Nebensatzes haben. Deshalb nennt man sie **satzwertig**.

Wir können satzwertige Infinitiv- und Partizipialgruppen in einen normalen Nebensatz umwandeln:

Hauptsatz	Nebensatz
	Infinitivgruppe mit ***zu***
Es hat mich sehr gefreut(,)	meine Freundin heute **wieder zu sehen.**
	↓
	Normaler Nebensatz
Es hat mich sehr gefreut(,)	**dass** ich meine Freundin heute wieder **gesehen habe.**

Satzwertige Infinitivgruppen

Bei **satzwertigen Infinitivgruppen** steht das Prädikat des Nebensatzes immer im **Infinitiv mit *zu***. Das Subjekt fehlt, es steht aber bereits im Hauptsatz.

Hauptsatz + Infinitivgruppe:
*Frau Melz versprach(,) ihre Beziehungen **spielen zu lassen.***

Der Satz könnte auch mit einem Nebensatz mit Konjunktion gebildet werden:
Hauptsatz + Konjunktionalsatz:
*Frau Melz versprach, **dass** sie ihre Beziehungen **spielen lasse.***

Die Infinitivgruppe wird oft als eleganter empfunden als der etwas schwerfälligere Konjunktionalsatz.

Auch satzwertige Infinitivgruppen können als **Subjektsatz**, **Objektsatz**, **Adverbialsatz** oder **Attributsatz** vorkommen:

Infinitivgruppe als Ersatz für einen ...	Frage ...
Subjektsatz: **Die Sonne zu genießen**(,) verbessert die Laune.	nach dem **Subjekt:** **Wer oder was** verbessert die Laune?
Objektsatz: Der Politiker versprach den Journalisten, **die Steuern nicht zu erhöhen.**	Frage nach dem **Objekt:** **Wen oder was** versprach er den Journalisten?
Adverbialsatz: Das kleine Kind rannte einfach über die Straße(,) **ohne den Verkehr zu beachten.**	Frage nach dem **Adverbial:** **Wie / auf welche Weise** rannte das Kind über die Straße?
Attributsatz: Der Auftrag, **die Wohnung zu tapezieren,** musste unbedingt im April erledigt werden.	Frage nach dem **Attribut:** **Was für ein** Auftrag musste unbedingt im April erledigt werden?

▶ *Komma bei Infinitivgruppen, S. 275 ff.;* ▶ *Gliedsätze, S. 247 ff.*

Infinitivgruppen, die mit ***um ... zu*** gebildet werden, drücken eine **Folge**, eine **Absicht** oder einen **Zweck** aus.

Folge: *Adrian ist alt genug,* ***um*** *das* ***einzusehen.***
→ *Adrian ist alt genug,* ***dass*** *er das einsieht.*

Absicht: *Wir fuhren ans Meer,* ***um*** *uns zu* ***erholen.***
→ *Wir fuhren ans Meer,* ***damit*** *wir uns erholen konnten.*

Zweck: *Gerda stellte den Motor ab,* ***um*** *Schlimmeres* ***zu verhindern.***
→ *Gerda stellte den Motor ab,* ***damit*** *sie Schlimmeres verhinderte.*

▶ *Finalsatz, S. 237; Komma bei Infinitivgruppen, S. 275 ff.*

Getrennt- und Zusammenschreibung bei Infinitiven mit *zu*

In der Regel wird ***zu*** getrennt vom Infinitiv geschrieben:
zu gehen, zu lassen, zu genießen, zu tapezieren

Bei Verben mit einem Präfix hilft Ihnen die Betonungsregel. Bei den folgenden Beispielen ist die betonte Silbe des Verbs jeweils unterstrichen.

- Ist das Präfix betont, wird das *zu* eingeschoben und die ganze Verbindung als ein einziges Wort geschrieben:
  einführen ➞ *einzuführen, umsehen* ➞ *umzusehen*
- Bei unbetontem Präfix wird immer getrennt geschrieben:
  wiederholen ➞ *zu wiederholen, hintergehen* ➞ *zu hintergehen*

Achtung: Das Präfix ***miss-*** ist in der Regel unbetont:
missglücken ➞ *zu missglücken, misslingen* ➞ *zu misslingen*

Es gibt aber zwei Ausnahmen: *missbehagen* ➞ *misszubehagen, missverstehen* ➞ *misszuverstehen*

▶ *siehe auch trennbare und nicht trennbare Präfixe bei Verben, S. 38*

Satzwertige Partizipialgruppen

Satzwertige Partizipialgruppen beziehen sich auf das Subjekt des Hauptsatzes. Sie haben kein eigenes Subjekt.

▶ *Partizipien, S. 105 ff.*

Manche satzwertigen Partizipialgruppen sind **Attribute** und können in einen **nicht notwendigen Relativsatz** umgeformt werden:

Partizipialgruppe	Relativsatz
Vom Büro kommend(,) eilte Tanja nach Hause.	Tanja, **die vom Büro kam**, eilte nach Hause.

▶ *Konjunktionalsätze, S. 236 f.;* ▶ *Attribut, S. 206 ff.*

Partizipialgruppen können häufig in einen **Adverbialsatz** mit einleitender Konjunktion umgeformt werden:

Partizipialgruppe	Konjunktionalsatz
Vom Training erschöpft(,) ging Tom noch in die Bar.	**Als** (oder: **Weil**) **er vom Training erschöpft war**, ging Tom noch in die Bar.
Vor Freude strahlend(,) kam er zu uns an den Tisch.	**Während er vor Freude strahlte**, kam er zu uns an den Tisch.

▶ *Adverbialsätze, S. 249 f.*

Gleichzeitigkeit und Nachzeitigkeit bei Partizipialgruppen

Das **Partizip Präsens** drückt aus, dass die Handlung der Partizipialgruppe gleichzeitig mit der Handlung im Hauptsatz stattfindet. Das **Partizip Perfekt** drückt aus, dass die Handlung der Partizipialgruppe vor der Handlung im Hauptsatz stattfand.

Partizip Präsens: Gleichzeitigkeit
Heftig mit den Händen **gestikulierend**(,) **kam** er auf mich zu.
Nicht auf den Verkehr **achtend**(,) **rannte** das Kind über die Straße.
Partizip Perfekt: Vorzeitigkeit
Als Letzter **gestartet**(,) **kommt** Herr Hurtig als Erster ins Ziel.
Vom Regen völlig **durchnässt**(,) **erreichten** wir unser Ziel.

▶ *Gleichzeitigkeit und Vorzeitigkeit, S. 256 ff.*
▶ *Komma bei Partizipialgruppen, S. 275 ff.*

Beiliegend und _beigefügt_: Vermeiden Sie Fehler beim Schreiben von Briefen

Merken Sie sich, dass sich eine Partizipialgruppe immer nur auf das Subjekt des Hauptsatzes beziehen kann. Dann passieren Ihnen auch nicht Fehler wie der folgende:

Falsch: *Angeregt durch Ihren Vorschlag(,) werden heute Prospekte an weitere Interessenten verschickt.*

Die *Prospekte* sind Subjekt des Hauptsatzes. Sie selbst wurden jedoch nicht *angeregt*. Also kann man hier keinen Satzbau mit einer Partizipgruppe wählen.

Richtig ist z. B.: *Auf Ihre Anregung hin werden heute Prospekte an weitere Interessenten verschickt.*

Auch folgender Fehler taucht häufig in Briefen auf:

Falsch: *Beiliegend schicke ich Ihnen ein paar Muster.*

Ich ist das Subjekt des Satzes. Aber nicht *ich* liege (dem Brief) bei, sondern die *Muster*.

Richtig ist z. B.: *Ich lege dem Brief ein paar Muster bei.*
Oder: *Gerne schicke ich Ihnen zusammen mit diesem Brief ein paar Muster.*

Dasselbe Problem gibt es auch bei dem Wort ***beigefügt***:

Falsch: *Beigefügt finden Sie einen Lageplan.*
Richtig ist z. B.: *Ein Lageplan ist beigefügt.*

Die Satzklammer und die Ausklammerung bei Satzgefügen mit Nebensätzen

Die **Satzklammer** ergibt sich häufig bei den zusammengesetzten Zeiten. (▶ *siehe auch S. 216 f.)* Besonders bei Satzgefügen mit Haupt- und Nebensätzen können Satzklammern sehr weit werden. Ein Beispiel:

Satzklammer

Die Räuber ***hatten,*** *nachdem sie schreckliche Geräusche, die von den Tieren kamen, gehört hatten, alles* ***fallen lassen***

Satzklammer

und ***waren,*** *ohne sich noch einmal umzudrehen, in den Wald* ***gerannt.***

Mit der **Ausklammerung** können wir die Teile des Prädikats enger zusammenrücken und so den Satz besser lesbar machen. Die Nebensätze beginnen dann erst nach dem letzten Teil eines Prädikats. Das Beispiel oben kann dann so aussehen:

Satzklammer

Die Räuber ***hatten*** *alles* ***fallen lassen,***

nachdem sie schreckliche Geräusche gehört hatten, die von den Tieren kamen, und

Satzklammer

waren *in den Wald* ***gerannt,***

ohne sich noch einmal umzudrehen.

Gleichzeitigkeit, Vorzeitigkeit und Nachzeitigkeit – die Zeitenfolge

Zwischen Haupt- und Nebensätzen besteht immer ein bestimmtes Zeitverhältnis: entweder Vorzeitigkeit, Gleichzeitigkeit oder Nachzeitigkeit. Mit den sechs verschiedenen Zeiten (▶ *S. 126 ff.*) können wir diese verschiedenen Zeitverhältnisse ausdrücken.

Im folgenden Schaubild wurden die sechs verschiedenen Zeiten an einem **Zeitstrahl** aufgereiht. Hier können wir sehen, wo die Zeiten in der zeitlichen Reihenfolge einzuordnen sind.

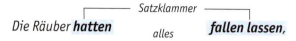

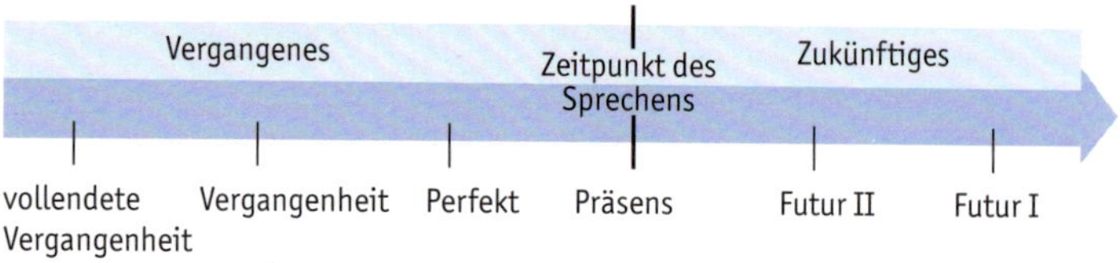

Vorzeitigkeit: Die Handlung im Nebensatz findet vor der Handlung im Hauptsatz statt.

Nebensatz	Hauptsatz
Nachdem Kevin aufgestanden war,	ging er duschen.

In diesem Beispielsatz finden die Handlungen von Haupt- und Nebensatz beide im Präteritum statt. Aber die Handlung im Nebensatz lief noch vor der Handlung im Hauptsatz ab. Denn zuerst stand Kevin auf und erst danach ging er duschen. Da die Handlung des Hauptsatzes im Präteritum stattfand, benötigen wir für die Handlung des Nebensatzes eine Zeitform, die ausdrückt, dass die Handlung des Nebensatzes noch früher stattfand: das *Plusquamperfekt*.

▶ *siehe Zeitstrahl auf S. 256*

Gleichzeitigkeit: Die Handlung im Nebensatz findet gleichzeitig mit der Handlung im Hauptsatz statt.

Nebensatz	Hauptsatz
Als Kevin duschte,	klingelte es an der Tür.

Zum selben Zeitpunkt, als Kevin unter der Dusche stand, klingelte es an der Tür. Die Handlungen im Haupt- und im Nebensatz fanden also gleichzeitig statt; deshalb wird im Haupt- und im Nebensatz auch dieselbe Zeit benutzt. Bei diesem Beispiel das *Präteritum*.

Nachzeitigkeit: Die Handlung im Nebensatz findet nach der Handlung im Hauptsatz statt.

Nebensatz	Hauptsatz
Als Kevin zur Tür kam,	war Kai schon wieder gegangen.

Die Handlung des Nebensatzes *„als Kevin zur Tür kam"* fand erst nach der Handlung des Hauptsatzes statt. Denn zuerst ging Kai fort und erst danach kam Kevin an die Tür. Deshalb werden im Haupt- und im Nebensatz auch unterschiedliche Zeiten benutzt: das *Plusquamperfekt* und das *Präteritum*. Das *Plusquamperfekt* im Hauptsatz drückt aus, dass die Handlung vor der Handlung des Nebensatzes stattfand.

Zeitverhältnisse lassen sich nicht nur mithilfe von Haupt- und Nebensätzen ausdrücken. Auch in Satzreihen aus Hauptsätzen verwenden wir verschiedene Zeiten, um die Reihenfolge der Handlungen deutlich zu machen. Beispiele:

Roland ***freute sich****. Er* ***hatte*** *im Lotto* ***gewonnen****.*
Letzte Nacht ***hat*** *es* ***geschneit****. Jetzt* ***ist*** *alles weiß.*

Regeln für die Benutzung der verschiedenen Zeiten

Die Zeitenfolge ist im Deutschen zwar nicht streng festgelegt. Aber die folgende Regel müssen Sie beachten:

In Satzgefügen aus Haupt- und Nebensatz dürfen Sie entweder nur die Zeiten

- **Präsens, Futur I, Perfekt** und **Futur II**

  oder nur die Zeiten

- **Präteritum, Plusquamperfekt, Perfekt** und **Futur II** miteinander mischen.

Beispiele:

Seit die Urlaubszeit ***begonnen hat, gibt*** *es lange Staus auf der Autobahn.*
(Nicht: *Seit die Urlaubszeit begann, gibt es ...*)

Er ***freute sich****, weil ihm der Kinobesuch* ***gefallen hatte****.*
(Nicht: *Er freute sich, weil ihm der Kinobesuch gefällt.*)

Ich ***werde weiterlernen****, sobald ich Zeit dafür* ***finde / gefunden habe / gefunden haben werde****.*
(Nicht: *Ich werde weiterlernen, sobald ich Zeit dafür gefunden hatte.*)

Falls Sie unsicher sind, lesen Sie Texte in Büchern und Zeitschriften und schauen sich dort gezielt die in den Sätzen benutzten Zeiten an.

Die Zeichensetzung

Die drei Schlusszeichen

Satzzeichen, die einen Satz abschließen, werden **Schlusszeichen** genannt.

Schlusszeichen sind der **Punkt**, das **Ausrufezeichen** und das **Fragezeichen**. Nach einem Schlusszeichen schreibt man groß weiter.

Der Punkt

Der Punkt steht am Ende von Aussagesätzen und am Ende von Satzgefügen aus Haupt- und Nebensatz.

Bald kommt der Frühling. Die Krokusse blühen schon.
Lukas ist überglücklich, weil er die Prüfung bestanden hat.

Punkte werden aber nicht nur als Schlusszeichen am Satzende benutzt, sondern auch in folgenden Fällen:

- nach **Ordnungszahlen**:

  Elisabeth II. ist die englische Königin.

- nach vielen **Abkürzungen**:

  Briefmarken, Münzen ***usw.*** *sammelt er schon lange.*

Häufige Abkürzungen in Texten und Briefen

betr. *betreffend*
b. w. *bitte wenden*
bzw. *beziehungsweise*
etc. *et cetera (= und so weiter)*
e. V. *eingetragener Verein*
evtl. *eventuell (vielleicht)*
f. / ff. *folgende Seite / folgende Seiten*
i. A. *im Auftrag*
i. V. *in Vertretung*
o. Ä. *oder Ähnliches*
o. g. *oben genannt*
PS *Postskriptum (Zusatz am Ende eines Briefes)*
s. o. / s. u. *siehe oben / siehe unten*
u. a. *unter anderem*
u. v. a. m. *und vieles anderes mehr*
u. U. *unter Umständen*
v. a. *vor allem*
vgl. *vergleiche mit*
u. A. w. g. *um Antwort wird gebeten*
z. B. *zum Beispiel*
zz. / zzt. *zurzeit*

Achtung: Wenn eine Abkürzung für mehrere Wörter steht, steht der Punkt häufig nicht nur am Ende der Abkürzung, sondern auch zwischen den einzelnen Buchstaben. Ausnahme: **usw.** *(und so weiter)*

Abkürzungen für Gesetze und Gerichte werden aber immer ohne Punkt geschrieben:

BGB *Bürgerliches Gesetzbuch*
GG *Grundgesetz*

! Wenn am Satzende der Schlusspunkt mit dem Punkt nach einer Ordinalzahl oder nach einer Abkürzung zusammenfällt, wird nur ein Punkt gesetzt:
Er sammelt Briefmarken, Münzen usw.
Die englische Königin heißt Elisabeth II.

! Am Ende von Überschriften wird kein Punkt gesetzt:
Kanzlerin legt neue Reformpläne vor
Unmut in der Bevölkerung wächst

Das Ausrufezeichen

> Nach Befehlssätzen, nach Ausrufe- und Wunschsätzen steht ein Ausrufezeichen.

Komm sofort her! *Geben Sie mir bitte mein Geld zurück!*
Was für ein schönes Bild! *Wenn du mir doch geholfen hättest!*

Bei höflichen Befehlen mit der Anrede *du*, *ihr* oder *Sie* können Sie statt des Ausrufezeichens auch einen Punkt setzen:

Schreiben Sie es bitte auf.
Stellt euch im Kreis auf und fasst euch an den Händen.

Das Fragezeichen

> Direkte Fragesätze werden durch ein Fragezeichen abgeschlossen.

Wer kommt mit? *Hast du das Bild gemalt?*
Weshalb fragst du mich?

Das Komma

> Das Komma ist kein Schlusszeichen, deshalb wird danach klein weitergeschrieben, sofern das nächste Wort kein Nomen oder Eigenname ist.

Kein Komma im einfachen Satz!

Im einfachen Hauptsatz ist normalerweise kein Komma nötig.

Kathrin hat einen grau getigerten Kater.

Auch wenn der Satz aus mehreren langen Satzgliedern besteht, benötigen Sie kein Komma. Im folgenden Beispielsatz darf kein Komma stehen:

Bei der Durchsicht eines langen Abschnitts in dem Buch zur deutschen Grammatik und Rechtschreibung entdeckte ich einen Kommafehler.

Mit der **Ersatzprobe** können wir überprüfen, ob der Beispielsatz tatsächlich ein einfacher Satz ist: *Dabei entdeckte ich ihn.* Es handelt sich um einen Hauptsatz mit vier Satzgliedern.

▶ *Ersatzprobe, S. 205 f.*

! Adverbiale am Satzanfang werden im Deutschen nicht durch Kommas abgetrennt. Das gilt auch dann, wenn sie sehr lang sind!

Noch ein Beispiel:
Durch unsere harte Haltung bei der gestrigen Sitzung haben wir die Chance auf eine baldige Lösung endgültig verpasst.
Ersatzprobe: *Dadurch haben wir sie dann verpasst.*
(fünf Satzglieder)

Anders sieht es bei Zusätzen und Nachträgen aus.

▶ *Zeichensetzungstipp S. 272*

Das Komma bei Aufzählungen von Satzgliedern und Adjektiven

Das Komma bei der Aufzählung von Satzgliedern

> Wenn mehrere gleichartige Satzglieder aneinandergereiht werden, müssen sie durch Kommas voneinander getrennt werden.

- Aufzählung des Subjekts:
  Schüler, Eltern, Lehrer *kamen zum Sommerfest.*
- Aufzählung des Prädikats:
  Er ***kam, sah, siegte****.*
- Aufzählung des Objekts:
  Sie packte ***ihr Handy, ihren Kalender, ihren Kuli*** *ein.*

Gleichartige Satzglieder erkennen

Wenn Sie sich nicht sicher sind, ob es sich um gleichartige Satzglieder handelt, **setzen Sie ein *und* zwischen die Wörter.** Wenn der Satz dann immer noch sinnvoll klingt und sich seine Aussage nicht ändert, handelt es sich um gleichwertige Satzglieder.

Vor Weihnachten, vor Ostern, vor Pfingsten und zu Beginn der Sommerferien gibt es lange Staus. → *Vor Weihnachten und vor Ostern und vor Pfingsten und zu Beginn der Sommerferien gibt es lange Staus.*

Übrigens: Wenn Sie das Wort *und* einsetzen, entfällt das Komma.

▶ *Komma bei Konjunktionen, S. 266*

Das Komma bei der Aufzählung von Adjektiven

Bei der Aufzählung mehrerer Adjektive muss man mit den Kommas ein wenig aufpassen.

Manchmal ist das Adjektiv, das direkt vor dem Nomen steht, besonders eng mit dem Nomen verbunden. Dann sind die aufgezählten Adjektive nicht gleichrangig und werden nicht durch ein Komma getrennt.

Sie können leicht testen, ob es sich um gleichrangige Adjektive mit Komma oder um untergeordnete Adjektive ohne Komma handelt. **Setzen Sie zwischen die Adjektive die Konjunktion *und*.** Beim folgenden Satz lässt sich *und* problemlos einfügen:

*Die neue Band macht **laute, schnelle** Musik.*
→ *Die neue Band macht **laute und schnelle** Musik.*

Hier kann also ein Komma zwischen die Adjektive *laute* und *schnelle* gesetzt werden. Denn sie sind gleichrangig.

Aber schauen Sie sich den folgenden Satz an:

*Paula kauft eine Flasche **alten französischen** Rotwein.*

Hier ist es nicht möglich, ein *und* zwischen *alten* und *französischen* zu setzen, denn es würde nicht mehr sinnvoll klingen *(Paula kauft eine Flasche alten und französischen Wein)*. Das Nomen *Rotwein* und das Adjektiv *französischen* gehören hier eng zusammen.

Noch ein Beispiel, bei dem kein Komma gesetzt werden darf:

*Die **allgemeine wirtschaftliche** Lage wird heftig diskutiert.*

Die Drehprobe und die Zählprobe

Auch mit der Drehprobe und der Zählprobe können Sie herausfinden, ob ein Komma zwischen die Adjektive gesetzt werden muss.

Drehprobe: Vertauschen Sie die Adjektive und setzen Sie ein *und* dazwischen.

*In diesem **modernen, großen** Fitnessstudio gibt es viele Geräte.*
→ *In diesem großen und modernen Fitnessstudio gibt es viele Geräte.*

Der Satz behält seine Aussage, also kann man zwischen *modernen* und *großen* ein Komma setzen. Beim folgenden Beispiel funktioniert die Drehprobe aber nicht:

*eine Vase aus **kostbarem chinesischem** Porzellan.* (Nicht möglich: *eine Vase aus chinesischem und kostbarem Porzellan*)

Zählprobe: Zählen Sie die Adjektive:

*Der **zerrissene, verrostete** Regenschirm war reif für den Müll.* →
*Der Regenschirm war **erstens** zerrissen und **zweitens** verrostet.*

Aber: *Er führte ein **interessantes physikalisches** Experiment vor.* Hier macht die Zählprobe keinen Sinn (*Er führte ein erstens interessantes und zweitens physikalisches Experiment vor*). Also darf hier kein Komma zwischen die Adjektive gesetzt werden.

Das Komma bei Konjunktionen

Konjunktionen, die das Komma ersetzen

Die Wörter ***und*** und ***oder*** ersetzen das Komma in Aneinanderreihungen von Satzgliedern und Wörtern.

Löwen, Tiger, Elefanten können im Zoo bestaunt werden. →
*Löwen **und** Tiger **und** Elefanten können im Zoo bestaunt werden.*

Auch vor den folgenden Konjunktionen und Konjunktionspaaren steht **kein Komma:**

(so)wie	sowohl ... als auch
weder ... noch	nicht ... noch
entweder ... oder	beziehungsweise (Abkürzung: *bzw.*)

*Er war **sowohl** groß **als auch** kräftig.*
*Sie essen **weder** Kirschen **noch** Erdbeeren.*
*Er will **entweder** heute **oder** morgen kommen.*
*Die Kunden **bzw.** die Gäste sollen zufrieden sein.*

▶ *Komma bei Nebensätzen, S. 272 ff.*

Auch vor den vergleichenden Konjunktionen ***wie*** und ***als*** steht **kein Komma:**

*Katharina ist größer **als** Johanna.*
*Das ist fast so schön **wie** Weihnachten.*

! Wenn aber nach ***als*** oder ***wie*** im selben Satz noch ein konjugiertes Verb folgt, müssen Sie ein Komma setzen. Denn dann leiten *wie* und *als* einen Nebensatz ein:

*Katharina las gerade ein Buch, **als** Johanna **hereinkam**.*
*Das ist fast genauso schön, **wie** ich es dir **gesagt habe**.*
*Mein neues Auto war teurer, **als** ich **gedacht hatte**.*

▶ *Komma bei Nebensätzen, S. 272 ff., Komparativsätze, S. 237*

Konjunktionen, die ein Komma fordern

Es gibt Konjunktionen und Adverbien, die ein Komma fordern, obwohl sie Satzglieder miteinander verbinden. Solche Wörter drücken einen **Gegensatz** aus:

aber	allein	(je)doch
nicht	vielmehr	sondern

Im Garten singt die Amsel, ***nicht*** *der Kanarienvogel.*
Der Vogel ist nicht grün, ***sondern*** *grau.*
Sie war sehr attraktiv, ***doch*** *leider zu alt.*

Das Komma steht auch vor dem zweiten Teil bei den folgenden Bindewortpaaren:

nicht (nur) ..., sondern (auch)	einerseits ..., andererseits
bald ..., bald	teils ..., teils
halb ..., halb	ob ..., ob

Einerseits *wollte er Spaß haben,* ***andererseits*** *sich ausruhen.*
Das Hemd ist ***teils*** *aus Baumwolle,* ***teils*** *aus Polyester.*
Dieser Hund ist ***nicht nur*** *groß,* ***sondern auch*** *aggressiv.*

! Auch vor den Wörtern ***und zwar*** müssen Sie immer ein Komma setzen.
Hier muss ich ein Komma setzen, ***und zwar*** *immer.*

! Diese Konjunktionen können auch Hauptsätze miteinander verbinden. Entsprechend müssen Sie auch Hauptsätze durch ein Komma voneinander trennen.
Die Sonne scheint, ***aber*** *es regnet. Es regnet nicht,* ***sondern*** *es schneit.* ***Teils*** *schneit es,* ***teils*** *regnet es.*

Das Komma bei Aufzählungen von Hauptsätzen

Aufzählungen ganzer Hauptsätze werden durch Kommas getrennt.

Die folgenden Sätze sind gleichrangige Hauptsätze. Statt durch Kommas könnten sie auch durch Punkte getrennt werden:
Es regnete in Strömen, mein Schirm ging kaputt, die Gummistiefel bekamen ein Loch. → *Es regnete in Strömen. Mein Schirm ging kaputt. Die Gummistiefel bekamen ein Loch.*

Gleichrangige Hauptsätze können auch durch die Konjunktion ***und*** verbunden werden. Vor dem Wort ***und*** dürfen Sie ein Komma setzen, um den Satz besser zu gliedern. Aber Sie können es auch weglassen.

Das Pferd wiehert (,) und der Hahn kräht.

Diese Regel gilt auch für die Konjunktionen ***entweder ... oder*** und ***oder***:

Die Sonne scheint (,) ***oder*** *es regnet.*
Entweder *scheint die Sonne (,)* ***oder*** *es regnet.*

! Bitte merken Sie sich den Unterschied:

Aneinanderreihung gleichrangiger **Hauptsätze**	**Vor *und* und *oder* <u>kann</u> ein Komma gesetzt werden.**
Aneinanderreihung gleichartiger **Satzglieder** oder **Wortarten** oder **gleichartiger Nebensätze**	**Die Konjunktionen *und* und *oder* <u>ersetzen</u> das Komma.**

Diese Regel gilt auch für andere Konjunktionen, die Hauptsätze verbinden, wie ***oder, entweder ... oder, weder / nicht ... noch, beziehungsweise***.

Das Komma bei Appositionen

Appositionen beziehen sich auf ein Nomen und werden immer durch ein Komma von dem Satzglied getrennt, auf das sie sich beziehen.

▶ *Apposition, S. 211 ff.*

Darf ich dir Frau Dr. Kolb vorstellen, die neue Ärztin?
Das ist Herr Künzler, unser neuer Nachbar.

Wenn der Satz nach der Apposition noch weitergeht, setzt man auch nach der Apposition ein Komma. Die Apposition ist dann von Kommas eingeschlossen.

Herr Mai, der neue Nachbar, mäht jede Woche seinen Rasen.
Frau Zurbier, die Rentnerin von nebenan, will jetzt anfangen zu studieren.

! Auch **Titel und Berufsbezeichnungen** in Verbindung mit Eigennamen sind Appositionen:
Waltraud Wichtig, Abteilungsleiterin der Wasserwerke, hält morgen einen Vortrag.
Wenn allerdings zuerst die Berufsbezeichnung genannt wird und anschließend der Name, können die Kommas entfallen:
Die Abteilungsleiterin (,) Waltraud Wichtig (,) wird einen Vortrag halten.
Überhaupt kein Komma steht, wenn die Apposition unmittelbar zum Eigennamen gehört. Das ist bei Königen und Kaisern der Fall:
Katharina die Große *war eine bedeutende Herrscherin.*
Karl der Kahle *ist allen bekannt.*

Das Komma bei Anreden

Eine Anrede steht manchmal weiter entfernt von dem Satzglied, auf das sie sich bezieht. Trotzdem muss vor dem Beginn der Anrede ein Komma gesetzt werden:

Wenn ***du, liebe Kathrin,*** *doch heute kommen könntest.*
→ *Wenn* ***du*** *doch heute kommen könntest****, liebe Kathrin****.*

Auch wenn die Anrede vorangestellt wird, wird sie durch ein Komma abgetrennt:

Tina, komm nach Hause!

Das Komma bei Anreden und Grußformeln in Briefen und E-Mails

Wenn Sie Briefe oder E-Mails schreiben, haben Sie folgende Möglichkeiten bei der Kommasetzung:

- Geschäftsbriefe und geschäftliche E-Mails:
  Sehr geehrte Damen und Herren,
  Sehr geehrte Frau Barendinger,
  Lieber Herr Meier,
  Guten Tag (,) Frau Zechler,
  Guten Tag, liebe Frau Zechler,
- Private Briefe und E-Mails:
  Hallo (,) Tamara,
  Hallo, liebe Tamara,
  Hallo (,) ihr Lieben,
  Lieber Jens,

Wichtig: Am Ende der Anrede muss in Geschäftsbriefen oder E-Mails immer ein Komma stehen; danach schreiben Sie klein weiter.

Wichtig: Am Ende eines Briefes oder einer E-Mail wird nach dem Abschiedsgruß **kein Komma** gesetzt:

Mit freundlichen Grüßen
Beste Grüße aus Stuttgart
Herzallerliebste Grüße

Das Komma bei Orts- und Datumsangaben

Das Komma steht zwischen mehrteiligen Orts- und Datumsangaben. Ein abschließendes Komma muss aber nicht gesetzt werden.

Als Redner ist Herr Ingo Muster, Karostr. 5, Wiesbaden (,) vorgesehen. Sein Vortrag findet am Mittwoch, dem 1. Oktober, um 19 Uhr (,) statt.

Das Datum darf auch im Akkusativ stehen:

*Sein Vortrag findet am Mittwoch, de***n** *1. Oktober, um 19 Uhr (,) statt.*

▶ *siehe auch Tipp, S. 212*

Das Komma bei Ausrufen

Kurze Ausrufe, die eine **Bitte**, **Bekräftigung**, **Zustimmung** oder **Verneinung** ausdrücken, trennen Sie durch ein Komma vom eigentlichen Satz, sofern sie nicht in den üblichen Satzbau passen.

Oh, wie ist das schön!
Ja, diese Antwort ist richtig.
Nein, diese Lösung ist falsch.
Deshalb konnten wir nicht mitkommen, leider.

Das Komma bei dem Wort *bitte*

Bei dem Wort *bitte* setzt man normalerweise kein Komma.

Bitte *hilf mir! Komm mal* ***bitte****.*

Sie dürfen aber ein Komma setzen, wenn Sie die Betonung verstärken möchten.

Bitte*, hilf mir! Komm mal,* ***bitte****!*

Das Komma bei sonstigen Zusätzen und Einschüben

Nachträge und Zusätze werden durch Komma abgetrennt, wenn sie nicht in den üblichen Satzbau passen. Wenn sie mitten im Satz stehen, werden sie durch Kommas eingeschlossen.

, vor allem ...
, zum Beispiel / z. B. ...
, außer ...
, besonders ...
, und zwar ...
, also ...
, nämlich ...
, das heißt ...

Nachtrag

Sie liest gerne, vor allem historische Romane.

Zusatz

Das Amt ist einmal pro Woche, und zwar donnerstags, auch am Nachmittag geöffnet.

Nachtrag

Sport hält gesund, zum Beispiel regelmäßiges Schwimmen.

In manchen Fällen können Sie selbst entscheiden, ob Sie einen Satzteil besonders hervorheben und deshalb durch ein bzw. zwei Kommas abtrennen wollen.

Das kostet Sie 298 Euro (,) ***einschließlich*** *der Transfergebühren.*
Die Hitze ist (,) ***besonders*** *um die Mittagszeit (,) unerträglich.*
Ich habe die ganze Wäsche gebügelt (,) ***bis auf*** *deine Hemden.*

! Nach *das heißt* muss ein weiteres Komma stehen, wenn ein kompletter Haupt- oder Nebensatz folgt:
Sie besuchte ihn mittags, ***das heißt,*** *als die Schule beendet war.*

Das Komma bei Nebensätzen

Nebensätze werden vom Hauptsatz immer durch Kommas abgetrennt. Dabei spielt es keine Rolle, ob ein Satz mit dem Hauptsatz oder mit dem Nebensatz beginnt.

Hauptsatz + Nebensatz: *Ich freue mich, dass du kommst.*
Nebensatz + Hauptsatz: *Sobald du da bist, fangen wir an.*

Manchmal wird ein Nebensatz von zwei Hauptsätzen eingeschlossen. Dann muss **vor den Anfang und an den Schluss des Nebensatzes** ein Komma gesetzt werden – auch wenn der zweite Hauptsatz mit *und* beginnt.

Die Vase zerbrach, als ich sie mit Wasser füllen wollte, und ich schnitt mir in den Finger.

Erster Hauptsatz : *Die Vase zerbrach.*
Nebensatz: *, als ich sie mit Wasser füllen wollte,*
Zweiter Hauptsatz: *und ich schnitt mir in den Finger.*

Ein weiteres Beispiel:
Er liest abends immer die Zeitung, wenn die Fernsehnachrichten vorbei sind, und dann schläft er im Sessel ein.

Manchmal wird ein **Hauptsatz durch einen Nebensatz unterbrochen**. Dann wird der Nebensatz durch Kommas vom Hauptsatz abgetrennt.

Hauptsatz	Hauptsatz + eingeschobener Nebensatz
Ronny legte seine kleine Schwester in ihr Bettchen.	Ronny legte seine kleine Schwester, nachdem er sie gebadet hatte, in ihr Bettchen.
Das Haus kam endlich in Sicht.	Das Haus, das wir seit einer Stunde suchten, kam endlich in Sicht.

Das Komma trennt **gleichrangige Nebensätze**.

***Obwohl** ich eigentlich kein Geld habe, **obwohl** ich erst ein paar Kilo abnehmen sollte, kaufe ich mir jetzt diesen Mantel.*
***Wenn** das Wetter schön ist, **wenn** es zumindest nicht regnet, fahren wir am Wochenende in den Schwarzwald.*

Werden gleichrangige Nebensätze mit ***und*** oder ***oder*** verbunden, dürfen Sie **kein Komma** setzen.

Obwohl ich eigentlich kein Geld habe ***und*** *obwohl ich erst fünf Kilo abnehmen sollte, kaufe ich mir jetzt diesen Mantel.*
Wenn das Wetter schön ist ***oder*** *wenn es zumindest nicht regnet, fahren wir am Wochenende in den Schwarzwald.*

Nebensätze mit mehrteiligen Konjunktionen, verkürzte Nebensätze

Manchmal werden Nebensätze durch eine **mehrteilige Konjunktion** eingeleitet:

Er freut sich über das Buch, ***auch wenn*** *er es schon gelesen hat.*
Er rannte, ***als ob*** *ihn ein Monster verfolgte.*

Vor der eigentlichen Konjunktion steht also noch ein ergänzendes Wort. Das Komma wird aber **vor der Wortgruppe** gesetzt. Solche Wortgruppen sind:

..., aber wenn   ***..., wie wenn***   ***..., vor allem (,) wenn***
..., als ob   ***..., bloß weil***

Es gibt Wendungen, die im Grunde ganz **stark verkürzte Nebensätze** sind, aber oft gar nicht als solche gesehen werden. Hier dürfen Sie die Kommas weglassen:

(,) wenn möglich (,) ... *(= falls es möglich ist)*
(,) wenn nötig (,) ... *(= falls es nötig ist)*
Ich komme ***(,) wenn möglich (,)*** *heute noch vorbei.*

! **Vor** den folgenden Wendungen muss ein Komma gesetzt werden, wenn sie nicht am Satzbeginn stehen:

angenommen (,) dass ...   ***ausgenommen (,) wenn ...***
vorausgesetzt (,) dass ...   ***je nachdem (,) ob / wie ..***
wie (bereits) gesagt (,) ...   ***egal (,) ...***

Ich verzeihe dir nicht, ***egal (,)*** *wie oft du dich entschuldigst.*
Morgen gehen wir Schlitten fahren, ***vorausgesetzt (,) dass*** *genügend Schnee fällt. Wir können das andere heute oder morgen erledigen,* ***je nachdem (,) wie*** *lange die Besprechung noch dauert.*

Durch ein Komma abgetrennt werden auch **Nebensätze zweiten Grades.** Das sind Nebensätze, die nicht von einem Hauptsatz abhängig sind, sondern von einem anderen Nebensatz.

Die Einweihung der Klinik hatte bereits begonnen, als endlich der Bürgermeister eintraf, der wie immer unter Termindruck stand.

Hauptsatz		1. Nebensatz		2. Nebensatz
Temporalsatz mit der Konjunktion *als*				Relativsatz, bezieht sich auf den *Bürgermeister*
Die Einweihung der Klinik hatte bereits begonnen	,	als endlich der Bürgermeister eintraf	,	der wie immer unter Termindruck stand.

Weiteres Beispiel:
Tante Frieda ging einkaufen, obwohl ihr der Arzt strikte Bettruhe verordnet hatte, weil sie Grippe hatte.

Das Komma bei Infinitivgruppen und Partizipialgruppen

Ein einfacher Infinitiv mit *zu* oder ein einzelnes Partizip wird meistens nicht durch ein Komma abgetrennt.

Einfacher Infinitiv: *Ich habe heute völlig vergessen* ***zu essen****. Er dachte nie daran* ***zu heiraten****. Maria hatte die Absicht* ***zu studieren****.*
Partizip: ***Strahlend*** *kam er auf sie zu.* ***Erschöpft*** *kamen wir im Hotel an.*

Wenn Infinitive oder Partizipien durch andere Wörter erweitert sind, spricht man von Infinitivgruppen bzw. Partizipialgruppen. Sie **können** durch ein Komma abgetrennt werden.

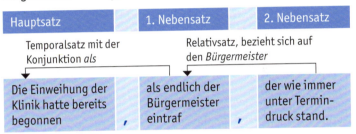

Infinitivgruppe = erweiterter Infinitiv:

Erweiterung Infinitiv
Ich habe heute völlig vergessen(,) meine Tabletten zu nehmen.

Erweiterung Infinitiv
Herr Noll hat sich stets bemüht(,) freundlich aufzutreten.

Erweiterung Infinitiv
Bei schlechtem Wetter zu rasen(,) ist ziemlich gefährlich.

Partizipialgruppe = erweitertes Partizip:

Erweiterung Partizip
Vor Freude strahlend(,) kam er auf sie zu.

Erweiterung Partizip
Von der langen Reise völlig erschöpft(,) kamen wir im Hotel an.

Auch wenn eine Partizipialgruppe in den Hauptsatz eingeschoben ist, steht es Ihnen frei, Kommas zu setzen oder sie wegzulassen.

Er kam(,) vor Freude strahlend(,) auf sie zu. Frau Meier ließ sich(,) völlig überrascht von der Nachricht(,) in den Sessel plumpsen.

! Wenn das konjugierte Verb des Hauptsatzes jedoch erst nach der Partizipialgruppe folgt, muss die Partizipialgruppe durch Kommas eingeschlossen werden.
*Er, vor Freude strahlend, **kam** auf sie zu. Frau Meier, völlig überrascht von der Nachricht, **ließ** sich in den Sessel plumpsen.*

! Wenn die Partizipialgruppe erst nach dem Hauptsatz folgt, muss sie durch ein Komma abgetrennt werden.
Er kam auf sie zu, vor Freude strahlend. Frau Meier ließ sich in den Sessel plumpsen, völlig überrascht von der Nachricht.

Manchmal ist es wichtig bei Infinitivgruppen, Kommas zu setzen, um **Missverständnisse** zu **vermeiden.**

Der Satz *„Herr Grapsch gestand ihm gestern im Hof die Tüte gestohlen zu haben"* ist ohne Komma nicht eindeutig. Je nachdem, wo Sie ein Komma setzen, geben Sie dem Satz eine andere Aussage:

Infinitivgruppe	umgewandelt in einen *dass*-Satz
Herr Grapsch gestand, ihm gestern im Hof die Tüte gestohlen zu haben.	Herr Grapsch gestand, dass er ihm gestern im Hof die Tüte gestohlen hat.
Herr Grapsch gestand ihm, gestern im Hof die Tüte gestohlen zu haben.	Herr Grapsch gestand ihm, dass er gestern im Hof die Tüte gestohlen hat.
Herr Grapsch gestand ihm gestern, im Hof die Tüte gestohlen zu haben.	Herr Grapsch gestand ihm gestern, dass er im Hof die Tüte gestohlen hat.
Herr Grapsch gestand ihm gestern im Hof, die Tüte gestohlen zu haben.	Herr Grapsch gestand ihm gestern im Hof, dass er die Tüte gestohlen hat.

▶ *Satzwertige Infinitivgruppen, S. 251 ff.*

Ein Komma **muss** immer stehen, wenn eine Infinitivgruppe durch **um, ohne, statt, anstatt, als** oder **außer** eingeleitet wird. Ist eine solche Infinitivgruppe in den Satz eingeschoben, **muss** sie von Kommas eingeschlossen werden.

*Ihnen fiel nichts Besseres ein, **als** nach Hause zu gehen.*
*Sie schrieb einfach ab, **statt** sich selbst Mühe zu geben.*
*Ich arbeite, **um** mir etwas leisten zu können, Tag und Nacht.*

Ein Komma **muss** auch dann stehen, wenn eine erweiterte Infinitivgruppe durch ein hinweisendes Wort angekündigt wird. Solche Wörter sind z. B.: ***dafür, daran, darauf, das, dies, es, so:***

*Denkst du bitte **daran**, regelmäßig die Blumen zu gießen?*
*Magda hasst **es**, morgens früh aufzustehen.*
*Ich freue mich **darauf**, dich wieder zu sehen.*

! Auch ein **Nomen** kann als hinweisendes Wort eine Infinitivgruppe ankündigen. Beispiele:
*Er hatte nicht die **Absicht**, sie zu kränken. Es war schon lange sein **Plan**/ seine **Idee**, aus der Stadt zu ziehen. Er wurde bei dem **Versuch**, sich heimlich vorzudrängeln, von den anderen Wartenden beschimpft. Die **Fähigkeit**, sich treffend auszudrücken, kann man erlernen.*

Tipp: Setzen Sie bei Infinitiv- und Partizipialgruppen am besten immer Kommas. Dann machen Sie nichts falsch.

Das Semikolon

Ein Semikolon (Strichpunkt) kann gesetzt werden, wenn ein Punkt an dieser Stelle als zu stark trennend oder ein Komma als zu schwach trennend empfunden würde. Das nächste Wort nach dem Semikolon wird kleingeschrieben, sofern es kein Nomen oder Eigenname ist.

Berlin ist die Hauptstadt Deutschlands; eines seiner Wahrzeichen ist das Brandenburger Tor.

Meist wird das Semikolon verwendet, wenn **gleichrangige Sätze** inhaltlich eng miteinander verbunden sind.

Alle drei folgenden Beispiele sind richtig:

*Der Zug fährt gleich ab; **w**ir müssen uns beeilen.*
*Der Zug fährt gleich ab. **W**ir müssen uns beeilen.*
*Der Zug fährt gleich ab, **w**ir müssen uns beeilen.*

Der Doppelpunkt

> Der Doppelpunkt steht **vor der wörtlichen Rede** oder einer **zitierten Textstelle.**

Hilde sagte: „*Heute gehen wir ins Kino.*“
In der Zeitung steht: „*Der Bundeskanzler reist nach Frankreich.*“
▶ *Direkte Rede, S. 136;* ▶ *Anführungszeichen, S. 283 f.*

> Häufig steht der Doppelpunkt **vor Aufzählungen.** Ob das Wort nach dem Doppelpunkt mit einem Groß- oder Kleinbuchstaben beginnt, ist von der Wortart abhängig.

Die zwölf Monate des Jahres heißen: ***J****anuar, Februar, März …*

Das alles fand sich in seiner Aktentasche: ***v****iel Papier, einige Socken, Stifte und zerknüllte Taschentücher.*

> Nach dem Doppelpunkt wird mit einem Großbuchstaben weitergeschrieben, wenn ein vollständiger Satz folgt.

Donau, Rhein, Elbe, Weser: ***D****as sind die größten deutschen Flüsse.*

> Außerdem steht ein Doppelpunkt **vor einer speziellen Angabe** oder **Erklärung**, bei der **Ankündigung einer Regel** oder eines **Beispiels.**

Geburtsort: Neustadt
Anwendung: Nehmen Sie die Tabletten vor den Mahlzeiten ein.

Doppelpunkte mit dieser Aufgabe finden Sie in diesem Buch sehr häufig.

Der Gedankenstrich

Der Gedankenstrich gliedert einen Satz und kann statt eines Kommas, eines Doppelpunktes oder statt Klammern verwendet werden. Die Wirkung des Gedankenstrichs ist jedoch stärker; er kennzeichnet meist eine **deutliche Pause**.

Wir freuten uns riesig – nur Max war traurig.

Nach dem Gedankenstrich wird klein weitergeschrieben, sofern kein Nomen oder Eigenname folgt.

Der Gedankenstrich wird auch als **Vorbereitung für Weiterführendes** oder **Unerwartetes** verwendet.

Auf die Plätze – fertig – los!
Er atmete heftig – dann zuckte er plötzlich zusammen.

Manchmal wird der Gedankenstrich auch für **eingeschobene Sätze oder Teilsätze** verwendet. In solchen Fällen müssen Sie den Einschub durch zwei Gedankenstriche umschließen.

▶ *siehe auch Klammern, S. 280 f.*

Dieses Wochenende – man glaubt es kaum – ist endlich schönes Wetter.

! Hinter dem zweiten Gedankenstrich muss ein Komma oder ein Doppelpunkt stehen, wenn dieses Satzzeichen auch ohne den eingeschobenen Satz oder Teilsatz verlangt würde:
Herr Meier wunderte sich, dass es schon Freitag war. → *Herr Meier wunderte sich – er war ein ziemlich verschlafener Typ –, dass es schon Freitag war.*
Der Lehrer sagte: „Schlagt eure Bücher auf." → *Der Lehrer sagte – und dabei blickte er geistesabwesend aus dem Fenster –: „Schlagt eure Bücher auf."*

Wenn zu dem eingeschobenen Satz oder Teilsatz ein Ausrufe- oder Fragezeichen gehört, steht es vor dem zweiten Gedankenstrich.

Frau Müller verriet – welch ein Glück! – mit keiner Silbe, dass wir zu spät gekommen waren.
Der Osterhase bringt – wer glaubt es nicht? – viele bunte Eier.

Manchmal kennzeichnet ein Gedankenstrich einen Themenwechsel und wird statt eines Absatzes gesetzt. In diesem Fall steht er zusätzlich zum Schlusszeichen.

Ich möchte jetzt nicht mehr darüber reden. – Wie wird eigentlich das Wetter morgen?

Der Bindestrich

Der Bindestrich wird als **Trennstrich am Zeilenende** bei der **Silbentrennung** verwendet.

Mehr dazu können Sie im Kapitel *Silben und Silbentrennung* auf S. 34 ff. nachlesen.

Der Bindestrich kann verwendet werden, um einen **gemeinsamen Teil mehrerer Wörter** einzusparen.

Kollegen und Kolleginnen → *Kollegen/-innen*
Wohnzimmer und Schlafzimmer → *Wohn- und Schlafzimmer*
saftlos und kraftlos → *saft- und kraftlos*
beladen und entladen → *be- und entladen*

Zusammengesetzte Nomen können Sie mit Bindestrich schreiben, wenn Sie einzelne Bestandteile hervorheben oder **Missverständnisse vermeiden** wollen.

Lautbuchstabenzuordnung → *Laut-Buchstaben-Zuordnung*
Nationalparkhaus → *Nationalpark-Haus*
Spielende → *Spiel-Ende*

Aber bitte wenden Sie diese Möglichkeiten sparsam an. Denken Sie daran, dass die Zusammenschreibung der Normalfall ist.
▶ *Zusammengesetzte Nomen, S. 58 f.*

Bindestrich bei drei gleichen Buchstaben

Wenn bei zusammengesetzten Wörtern drei gleiche Buchstaben aufeinandertreffen, dürfen Sie einen Bindestrich dazwischensetzen ▶ *siehe auch S. 42*:
Teeei → *Tee-Ei* *Schritttempo* → *Schritt-Tempo*

Auch zusammengesetzte Adjektive können mit Bindestrich geschrieben werden.

römisch-katholisch *grün-weiß-rot*

Ein Bindestrich wird außerdem in folgenden Fällen gesetzt:

Ziffern + Wort ▶ *siehe auch S. 179*	100-prozentig ein 5-Pfünder	der 18-Jährige eine 6-stellige Zahl
Einzelbuchstabe + Wort	E-Mail, Fugen-s,	T-Shirt, X-Beine
Abkürzung + Wort	Kfz-Papiere ARD-Programm	km-Zahl SMS-Nachricht

! Bei Verbindungen aus Ziffern mit reinen Suffixen, die keine eigenständigen Wörter sind, steht kein Bindestrich:
*10%**ig**, ein 16**tel**, die 68**er***

! Auch Aneinanderreihungen von Wörtern zu **Wortgruppen** werden durch Bindestriche verbunden. Das gilt auch, wenn einzelne Buchstaben oder Ziffern oder Abkürzungen Bestandteile dieser Aneinanderreihung sind:

Vitamin-A-haltig, Make-up-Koffer, Kopf-an-Kopf-Rennen, 5-Euro-Schein, nur ein Entweder-oder, 3-Zimmer-Wohnung, zum Aus-der-Haut-Fahren, Do-it-yourself-Anleitung, DIN-A4-Format

Anführungszeichen

Anführungszeichen umschließen **direkte Rede** und **wörtliche Zitate.** Sie kommen immer paarweise vor. Die Anführungszeichen am Beginn der direkten Rede oder des Zitats stehen unten, die Anführungszeichen am Ende stehen oben.

Er sagte: „Heute gehen wir aus."
Goethe schrieb: „Edel sei der Mensch, hilfreich und gut."

Auch **Buch- und Filmtitel, Überschriften, Namen von Zeitungen** und **Zeitschriften** werden in Anführungszeichen gesetzt:

Im Theater werden „Die Räuber" aufgeführt.
Hast du den Artikel im „Spiegel" gelesen?

Durch Anführungszeichen können **einzelne Wörter besonders hervorgehoben** werden.

Das Wort „gründlich" ist hier fehl am Platz.
Das Thema „neue Rechtschreibung" wird häufig diskutiert.

Wenn innerhalb der Anführungszeichen noch einmal zitiert wird, verwenden Sie **einfache Anführungszeichen.**

Rosi sagte: „Ich will ‚Vom Winde verweht' anschauen."

Die Schlusszeichen *Punkt, Frage-* und *Ausrufezeichen* stehen vor den abschließenden Anführungszeichen, wenn sie unmittelbar zur direkten Rede oder zum Zitat gehören. Ein zusätzlicher Punkt am Ende des Gesamtsatzes ist nicht erforderlich.

Max fragte: „Wie geht es dir?“
Sie riefen: „Kommt sofort her!“
Meine Mutter sagt gerade: „Seit einer Woche regnet es.“

! Wenn der Begleitsatz nach der direkten Rede oder nach dem Zitat weitergeführt wird,

- müssen Sie nach dem abschließenden Anführungszeichen ein Komma setzen, auch wenn bereits ein Ausrufezeichen oder ein Fragezeichen vor dem Anführungszeichen steht:
  „Was kostet das Fahrrad?“, wollte mein kleiner Bruder wissen.
- dürfen Sie vor die abschließenden Anführungszeichen keinen Punkt setzen:
  „Es kostet 278 Euro“, antwortete ich.

Ein in die direkte Rede eingeschobener Begleitsatz wird durch Kommas umschlossen.

„Am Wochenende“, versprach er, „machen wir eine Fahrradtour.“

Anführungszeichen sehen nicht immer gleich aus

In vielen Büchern, vor allem in Romanen, werden heute aus gestalterischen Gründen statt der Anführungszeichen andere Zeichen verwendet, z. B. Gedankenstriche. Bei Zitaten verzichtet man häufig auf Anführungszeichen und setzt das zitierte Wort in Schrägschrift.

In der englischen Sprache stehen die Anführungszeichen immer oben: *“Hello!”*. Auch im Französischen sehen Anführungszeichen anders aus: *«Bonjour !»*

Der Apostroph

Der Apostroph zeigt immer an, dass **ein oder mehrere Buchstaben ausgelassen** werden. Deshalb wird er auch *Auslassungszeichen* genannt.

Der Apostroph wird in folgenden Fällen benutzt:

- wenn **Umgangssprache** nachgeahmt werden soll:
  Für einen Apfel und ein Ei. → *Für'n Appel und'n Ei.*
  Es ist mir egal. → *'s ist mir egal.*

- bei dichterischer Sprache:
  Die ew'ge Liebe, sie rauscht' dahin.

- wenn ein Eigenname auf ***s, ss, ß, tz, z*** oder ***x*** endet.
  Hier ersetzt der Apostroph das Genitiv-*s*.
  Lutz' Freunde, Grass' Romane, Marx' Bücher

! Bei Verschmelzungen von **Präposition + Artikel** steht kein Apostroph, denn hier sind die beiden Wörter zu einem neuen Wort verschmolzen:
ins (= *in das*); ***fürs*** (= *für das*); ***ans*** (= *an das*) ▶ *S. 183*

> Sie müssen keinen Apostroph setzen, wenn Sie ein unbetontes *-e* am Wortende von Nomen oder Verben weglassen.

Über allen Wipfeln ist ***Ruh*** (*statt: Ruhe*).
Ich ***geh*** (statt: *gehe*) *noch schnell zum Kiosk.*

! Bei vielen Nomen wird im zweiten Fall (wessen?) ein *-s* als Endung angehängt. Hier darf kein Apostroph gesetzt werden, denn es wird ja kein Buchstabe ausgelassen.
*Mutte**rs** Auto, das Zimmer ihres Brude**rs***
Nur bei Vornamen, die im Genitiv stehen, dürfen Sie einen Apostroph setzen, obwohl gar kein Buchstabe ausgelassen wird:

Regel	auch richtig
Petras Blumenladen	Petra's Blumenladen
Luigis Pizzeria	Luigi's Pizzeria

Besser ist es jedoch, wenn Sie ohne Apostroph schreiben.

Klammern

Runde Klammern

Runde Klammern kommen immer paarweise vor. Sie können statt Kommas oder Gedankenstrichen für erklärende Zusätze benutzt werden.

Heute (man glaubt es kaum) ist endlich schönes Wetter.
In New London (Connecticut) gibt es ein College.

Auch ganze Sätze können durch Klammern statt durch Kommas oder Gedankenstriche eingefügt werden.

! Auch wenn der Zusatz in Klammern ein vollständiger Satz ist, wird das erste Wort trotzdem nicht großgeschrieben, und am Ende des Satzes in Klammern steht kein Punkt:
*Der junge Mann (**er** war ihr schon durch ein anderes Zusammentreffen bekannt) winkte zu ihr herüber.*
Wenn jedoch ein **Ausrufe- oder Fragezeichen** zu dem eingeklammerten Zusatz gehört, steht es vor der abschließenden Klammer:
Er änderte seine Meinung erneut (wer hätte das gedacht?).

Nach der zweiten Klammer folgt ein **Komma**, wenn dies auch bei Fehlen des eingeklammerten Zusatzes stehen müsste:

Er ging nach Hause (das stand fest), denn es war schon spät.

Wenn ein Zusatz in Klammern unmittelbar zu einem Satz gehört, steht der abschließende **Punkt nach der abschließenden Klammer:**
Ich sage es dir jetzt noch ein letztes Mal (wiederholt habe ich es schon oft genug).

Der Zusatz in Klammern steht **nach dem Punkt**, wenn es sich um eine zusätzliche Information handelt, die nicht unmittelbar mit dem letzten Satz zusammenhängt. Dann wird das erste Wort in der Klammer großgeschrieben:

Die Nordsee hat mir immer sehr gut gefallen. (Wir haben dort zuletzt vor zwei Jahren Urlaub gemacht.)

Eckige Klammern

Neben den runden Klammern gibt es auch **eckige Klammern.** Sie werden verwendet, wenn etwas, was bereits in runden Klammern steht, noch weiter erläutert wird:

Der Ort Paris (Kentucky [USA]) ist nur wenigen bekannt.

Eckige Klammern werden auch, besonders in wissenschaftlichen Texten, dazu benutzt, eigene Anmerkungen zu Zitaten zu kennzeichnen.

Professor Mitschig schreibt: „Dieses Ereignis [gemeint ist seine Beförderung] brachte viel Unruhe."

Auslassungspunkte

Die drei Punkte **...** in Texten nennt man *Auslassungspunkte*, weil sie anzeigen, dass etwas ausgelassen wird.

Stehen die Auslassungspunkte am Satzende, so ist kein zusätzlicher Schlusspunkt nötig. Frage- und Ausrufezeichen werden aber gesetzt.

Wer andern eine Grube gräbt ... *So eine Sch ...!*
„Das Widerrufsrecht ... kann ... durch ein uneingeschränktes Rückgaberecht ersetzt werden."

Der Schrägstrich

Der Schrägstrich zeigt an, dass Wörter oder Zahlen zusammenhängen oder austauschbar sind.

Im Zusammenhang mit Zahlen wird der Schrägstrich häufig im Sinne von ***pro*** oder ***je*** verwendet und kann den mathematischen **Bruchstrich** darstellen.

Auf Landstraßen darf man nicht schneller als 100 km/h fahren. (100 Kilometer pro Stunde)
Den Kredit muss er mit 6 1/2 % Zinsen zurückzahlen. (sechseinhalb Prozent)

Bei Wörtern oder Wortteilen zeigt der Schrägstrich **mehrere Möglichkeiten** an. Er kann je nach Zusammenhang die Bedeutung von ***oder*** oder ***und*** erhalten.

Ich bestätige / Wir bestätigen, dass mein / unser Kind an der Klassenfahrt teilnehmen darf.
Der Chef begrüßte alle Mitarbeiter/-innen sehr herzlich.

Der Schrägstrich wird auch häufig zur Zusammenfassung aufeinanderfolgender Jahreszahlen oder Monatsnamen verwendet:

Der Jahreswechsel 1999/2000 wurde mit besonders großer Spannung erwartet.
Die Sommerferien liegen meist im Juli/August.

Außerdem wird der Schrägstrich häufig zur Gliederung von Akten- oder Diktatzeichen benutzt:

Mü / Me Rechn.-Nr. 04 / 999/1   A / II / 56

Schwierige Adjektive

Manche Adjektive können Nomen oder Pronomen an sich binden, die dann in einem bestimmten Kasus stehen müssen. Solche Adjektive regieren den Kasus dieser Wörter.
Es gibt auch Adjektive, die gemeinsam mit einer Präposition auftreten. Dann bestimmt die Präposition den Kasus des davon abhängenden Wortes. Die folgende Übersicht zeigt einige Adjektive, bei denen häufig Zweifel bestehen, welchen Fall sie regieren oder mit welcher Präposition sie auftreten.

abgeneigt sein + Dativ	*Ich wäre einem Gläschen Rotwein nicht abgeneigt.*
aufgeschlossen sein für + Akkusativ oder **gegenüber** + Dativ	*Er ist stets aufgeschlossen für neue Themen / gegenüber neuen Themen.*
bar + Genitiv	*Bar jeglicher Vernunft verspielte er sein ganzes Vermögen.*
sich bewusst sein / werden + Genitiv	*Konrad war / wurde sich seines Fehlers durchaus bewusst, aber er würde ihn nie zugeben.*
eingedenk + Genitiv	*Eingedenk unseres letzten Misserfolgs sollten wir dieses Mal genauer planen.*
sich einig sein / werden in + Dativ oder **über** + Akkusativ	*In diesem Punkt / Über diesen Punkt waren sie sich völlig einig.*
empfindlich sein gegen + Akkusativ	*Helle Haut ist sehr empfindlich gegen Sonneneinstrahlung.*
entsetzt sein von + Dativ oder **über** + Akkusativ	*Frau Müller ist völlig entsetzt vom Verhalten ihrer Tochter.* *Alle waren entsetzt über seinen Auftritt bei der Versammlung.*
froh sein über (oder **um**) + Akkusativ	*Ich bin sehr froh über (um) Ihre Entscheidung.*

gewahr werden + Genitiv	*Er wurde seiner desolaten Situation gar nicht gewahr.*
gierig sein nach + Dativ	*Musst du immer so gierig nach Geld sein?*
kundig sein + Genitiv	*Er ist der Regeln nicht kundig.*
leid sein + Akkusativ	*Ich bin den ständigen Stress leid.*
mächtig sein + Genitiv	*Er war der Sprache nicht mächtig.*
müde sein + Genitiv oder **müde sein / werden von** + Dativ	*Herr Müller war des ewigen Streitens müde geworden.* *Man kann müde werden von harter Gartenarbeit.*
neidisch sein auf + Akkusativ	*Ich bin ja so neidisch auf deine neuen Schuhe!*
schuldig sein, sich schuldig machen + Genitiv	*Er ist des Verrats schuldig. Sie hat sich des Betrugs schuldig gemacht.*
sich sicher sein + Genitiv	*Ich bin mir dieser Sache völlig sicher.*
stolz sein auf + Akkusativ	*Frau Meier ist sehr stolz auf ihre Enkelin.*
süchtig sein / werden nach + Dativ	*Nicht wenige Menschen sind süchtig nach Süßigkeiten.*
überdrüssig sein oder werden + Genitiv oder Akkusativ	*Er ist dieser Sache / diese Sache längst überdrüssig geworden.*
würdig sein + Genitiv	*Schon die Teilnahme an einem Marathonlauf ist eines Beifalls würdig.*
wütend sein / werden auf oder **über** + Akkusativ	*Gabi war neulich ziemlich wütend auf ihren Freund.* *Ich wurde wütend über den miesen Service.*
zufrieden sein mit + Dativ	*Wir sind sehr zufrieden mit dem Verhandlungsergebnis.*

Schreibung schwieriger Wörter

Die folgende Liste enthält Wörter und Wortverbindungen nach den seit dem 1. August 2006 geltenden Rechtschreibregeln. Sie kann allerdings kein Wörterbuch ersetzen, sondern beschränkt sich auf Wörter, die häufig in Wörterbüchern nachgeschlagen werden, weil ihre Schreibung schwierig ist.

Bei vielen Wörtern ist hinter dem Eintrag die Seitenzahl angegeben, wo Sie die dazugehörige Rechtschreibregel nachlesen können, z. B.:

Abstand nehmen 160 f.

Steht die Seitenangabe in Klammern (75), handelt es sich nicht um eine Rechtschreibregel, sondern um einen Verweis auf die Seite, wo das Stichwort behandelt wird.

Bei manchen Wörtern oder Wortverbindungen sind zwei oder noch mehr Schreibweisen möglich. Dann werden die verschiedenen Möglichkeiten durch einen Schrägstrich mit einem Leerschritt davor und dahinter angezeigt, z. B.:

außerstand / außer Stand setzen 186

Manchmal verweist eine kleine Zahl im Kreis ① hinter der Seitenzahl auf eine bestimmte Regelnummer auf der betreffenden Seite.

Manchmal sind mehrere Beispielwörter hintereinander angegeben, getrennt durch einen Schrägstrich. Der gleich bleibende Wortteil wird nicht wiederholt z. B.:

allein erziehen / sitzen / stehen 161

Wenn es sich um Komposita (zusammengesetzte Wörter) handelt, bei denen Zusammenschreibung erfolgt, stehen die Beispiele ohne Leerschritt vor und hinter dem Schrägstrich, z. B.:

bereithalten/legen/liegen/stehen/stellen …

Auslassungspunkte (…) zeigen an, dass es noch mehr zusammengesetzte Wörter mit demselben Bestimmungswort geben kann, die nach derselben Weise geschrieben werden.

Bei Wortverbindungen und Zusammensetzungen, bei denen man von der Wortbetonung die richtige Schreibung ableiten kann, sind die Vokale der Silben, die den Hauptakzent tragen, unterstrichen, z. B.:

aneinander denken / glauben … 163

Wörter zu den Themen *Farben, Sprachen, Tageszeiten, Wochentagen* und *Zahlen* werden stellvertretend ausführlich unter den folgenden Stichwörtern abgehandelt:

Farben Schauen Sie unter dem Wort *blau* nach.
Sprachen Schauen Sie unter dem Wort *Deutsch* nach.
Tageszeiten Schauen Sie unter dem Wort *Abend* nach.
Wochentage Schauen Sie unter dem Wort *Dienstag* nach.
Zahlen Schauen Sie unter dem Wort *acht* nach.

a / A

Abend: eines Abends; am Abend; heute Abend
abends: dienstags abends, dienstagabends
abhandenkommen
Abscheu erregendes / abscheuerregendes Verhalten 106 f.
abseitssitzen/stehen ... 166 f.
Abstand nehmen 160 f.
abwärtsgehen/fahren ... 166 f.
Accessoire
ach: mit Ach und Krach 57 f.
acht (als Ziffer bzw. Zahlwort): um acht (Uhr); achtseitig / 8-seitig, achtprozentig / 8-prozentig / 8%ig, achtjährig / 8-jährig, achtmal / 8-mal, Achtzylinder / 8-Zylinder 179, 282
Acht (Aufmerksamkeit): Acht geben / achtgeben 160 f.; **aber:** allergrößte Acht geben, besonders achtgeben 160 f.; Acht haben / achthaben 160 f.; sich in Acht nehmen; außer Acht lassen
achte: das achte Mal / das 8. Mal; der Achte / der 8. 174 f.
achtel (Bruchzahl): als Mengenangabe: ein achtel Liter 175 f.; als Maßeinheit: der Achtelliter 175 f.
achtfach / 8fach / 8-fach 179, 282; das Achtfache / 8fache / 8-Fache 57 f., 179, 282
achtzig: achtzig (Jahre alt) werden, mit achtzig (Jahren, Kilometer pro Stunde); die Achtzigerjahre / achtziger Jahre / 80er Jahre
Adresse
A-Dur 282
ähnlich: und Ähnliches 57 f.
ähnlich sehen (eine ähnliche Meinung über etwas haben) 161 f. ①; **aber:** ähnlichsehen (typisch sein für jemanden) 161 f. ②
Akustik
Albtraum / Alptraum
allein erziehen / sitzen / stehen ... 161 ①
allein erziehende / alleinerziehende Mütter 100 ⑤
alleinstehen (ohne Partner sein) 161 f. ②; alleinstehende Senioren 100 ⑤
alles: mein Ein und Alles 57 f., alles Gute 57 f., 89
allgemein: im Allgemeinen 57 f., 89
allgemein bildend / allgemeinbildend 100 ⑤
allgemein gültig / allgemeingültig 101 ⑥

allzu früh / schnell / sehr ...
alt: das Alte, Alt und Jung 57 f., 89
altbekannt 100 ④
andere: der eine und der andere 83, 85
anders denken / handeln / machen ... 166 f.
andersdenkend / anders denkend ... 166 f.
aneinander denken / glauben ... 166 f.
aneinandergeraten/stoßen ... 166 f.
Angst haben 160 f.
angst und bange sein 56
angsterfüllt 99 ①
anhand + Genitiv: anhand des Stadtplans
anheimfallen/stellen
anstatt (Präposition) + Genitiv (182)
anstelle / an Stelle (Präposition) + Genitiv (182), 186
Apartment, Appartement
apathisch
Aperitif
Appetit
arg: im Argen liegen 57 f., 89; arg gernhaben (sehr gernhaben)
arm: Arm und Reich
asozial
Assymetrie
Atmosphäre
aufeinander aufpassen / hören ... 166 f.
aufeinanderstapeln/treffen ... 166 f.
aufgrund / auf Grund + Genitiv 186
aufrecht gehen / sitzen ... 161 f. ①
aufrechterhalten 161 f. ②
Aufsehen erregen 160 f.
Aufsehen erregende / aufsehenerregende Vorfälle; **aber:** großes Aufsehen erregende, besonders aufsehenerregende, aufsehenerregendere Vorfälle 106
aufseiten / auf Seiten 186
aufwändig / aufwendig
aufwärtsfahren/streben ... 166 f.
aufwendig / aufwändig
Au-pair-Mädchen
aus: das Aus, im Aus 57 f.
auseinandergehen/setzen ... 166 f.
ausschlaggebend 99 ①; **aber:** den Ausschlag gebend; Ausschlaggebendes
äußerst: aufs äußerste / Äußerste
außerstand / außer Stand setzen 186
außerstande / außer Stande sein 186
auswendig lernen / können ...

b / B

Bändel
Bahn fahren 160 f.
bange: bange sein 56, 110
Bange: jemandem Bange machen 56
Bankrott machen 160 f.
bankrott werden / sein 161 f. ①, 110
bankrottgehen 161 f. ②
bar: in bar, gegen bar
barfuß gehen / laufen
Bazar / Basar
behände
beide: die beiden (die zwei)
beieinander aushalten ... 166 f.
beieinanderbleiben/sitzen ... 166 f.
beileibe nicht (ganz und gar nicht)
beisammen sein 110
beisammenstehen ... 166 f.
beiseitelegen/schieben/treten ... 166 f.

bekannt geben / bekanntgeben, bekannt machen / bekanntmachen, bekannt werden / bekanntwerden 161 f. ②
bekannt sein 110
bereit erklären / bereiterklären (sich); bereit machen / bereitmachen
bereit sein 110
bereitfinden (sich)
bereithalten/legen/liegen/stehen/stellen ...
bergab fahren / gehen ...
bergabwärts fahren / gehen ...
Besorgnis erregende / besorgniserregende Zustände; **aber:** große Besorgnis erregende, äußerst besorgniserregende, besorgniserregendere Zustände 106 f.
besser gehen (zu Fuß); **aber:** besser gehen / bessergehen (z. B. gesundheitlich)
besser verdienende / besserverdienende Mitarbeiter 100 ⑤
besser wissen 161 f. ①
besserstellen (sozial verbessern); bessergestellt 161 f. ②
beste: das Beste 57 f., 89; am besten 98
Betracht: in Betracht kommen
bewusst machen (absichtlich): *Er hat es ganz bewusst gemacht.* 161 f. ①; **aber:** bewusst machen / bewusstmachen (klar): *Das muss sie ihm bewusstmachen.* 161 f. ③
bewusst werden / bewusstwerden 161 f. ②
bewusstlos schlagen 161 f. ①
Bezug: mit / in Bezug auf
Billard
Biskuit
bisschen: ein (kleines) bisschen jung / viel ...
blank putzen / blankputzen ... 161 f. ③
blank liegen / blankliegen (Nerven) 161 f. ②
blau: Fahrt ins Blaue 57 f., 89, in Blau, blau in blau, der blaue / Blaue Brief
blau färben / blaufärben ... 161 f. ③
blau gestreift / blaugestreift 100 ⑤
blau sein 110
blauäugig 100 ②
blaugrau 100 ③
bläulich grün 100 ⑦
bleiben lassen (jemanden an einem Ort): *Wir können sie noch zwei Tage dort bleiben lassen.* 160; **aber:** bleiben lassen / bleibenlassen (unterlassen): *Das solltest du bleiben lassen / bleibenlassen.* 160
blendend weiß 100 ⑧
blind verstehen / vertrauen 161 f. ①
blond gefärbt / blondgefärbt 100 ⑤
bloß (nur): *Er will bloß spielen.*
bloß liegen (unbedeckt) 161 f. ①; **aber:** bloß liegen / bloßliegen (Nerven) 161 f. ②
bloßstellen: *Er hat sie vor allen anderen bloßgestellt.* 161 f. ②
Bluejeans 60
Bodybuilding / suit 60
böse: jenseits von Gut und Böse
Bouquet / Bukett
Boutique / Butike
brach liegen 161 f. ①
brach liegende / brachliegende Felder 100 ⑤

Braus: in Saus und Braus
Bravo / bravo rufen
brechen: auf Biegen und Brechen
Bredouille
breit machen / breitmachen (z. B. einen Tisch) 161 f. ③; **aber:** breitmachen (sich) (sich aufplustern) 161 f. ②
breit schlagen / breitschlagen (einen Nagel); **aber:** breitschlagen (überreden): *Er ließ sich breitschlagen.* 161 f. ②
Brillant, brillant, Brillanz
bruchrechnen
Brust schwimmen / brustschwimmen; **aber:** ich schwimme Brust 160 f.
Büfett; österr., schweiz.: Buffet
Bukett / Bouquet
Bulette
bunt färben / buntfärben 161 f. ③
bunt gestreift / buntgestreift 100 ⑤

c/C

Cabrio(let) / Kabrio(lett)
Cappuccino
CD-Player / -Spieler
charmant / scharmant
Charme / Scharm
Checkliste
checken
Chewinggum 59
Chianti
chic (nur undekliniert) / schick
Chicorée / Schikoree
ciao / tschau
circa / zirka
Clan / Klan
Clique
Club / Klub
Cocktailparty 59
Collier / Kollier
Come-back / Comeback
Compact Disc / Compact Disk
Confiserie / Konfiserie
contra / kontra
Cord / Kord
Corned Beef / Cornedbeef
Count-down / Countdown
Coupé / Kupee
Coupon / Kupon
Cousin
Cousine / Kusine
Creme / Krem / Kreme
Crevette / Krevette

d/D

da bleiben (dort bleiben) 166 f.; **aber:** dableiben (hierbleiben) ... 166 f.
da sein 110
dabei sein 110
dabei sitzen ... (bei der genannten Tätigkeit sitzen) 166 f.; **aber:** dabeisitzen (bei den anderen) 166 f.
Dasein (Leben)
dafür halten (für jemanden, für etwas halten)
dafür sein 110
Dafürhalten: nach meinem Dafürhalten
dagegen sein 110
dagegenhalten 166 f.
daheim ausruhen 166 f.
daheimbleiben/sitzen 166 f.
daheim sein 110
daher kommen, dass (aus einem genannten Grund) 166 f.; **aber:** daherkommen 166 f.
dahin gehen (an einen Ort); **aber:** dahingehen (vergehen) 166 f.
dahin sein (fort sein / kaputt sein)110

dahinter anstellen (sich) 166 f.

dahinterkommen (entdecken): *Sie sind dahintergekommen* (hinter das Geheimnis). 166 f.

dahinterstehen: *Sie ist voll dahintergestanden* (hinter der Entscheidung). 166 f.

daneben stehen (neben etwas oder jemandem): *Du darfst gern daneben stehen.* 166 f.

danebenbenehmen (sich): *Er hat sich danebenbenommen.* 166 f.

danebengehen (misslingen): Das ist danebengegangen. 166 f.

danebenliegen (sich irren): *Ich habe völlig danebengelegen.* 166 f.

dank + Genitiv (Präposition) 56, 182

Dank sagen: ich sage Dank

danksagen: ich danksage

d(a)ran glauben 166 f.

d(a)rangehen setzen/stellen ...: *Er wird alles daransetzen.* 166 f.

d(a)rauf eingehen / folgen ... 166 f.

d(a)rauflegen/setzen ... 166 f.

d(a)raus trinken 166 f.

d(a)rin wohnen ...166 f.

d(a)rinsitzen/stehen ... 166 f.

Darlehen / Darlehn

da(r)niederliegen 166 f.

d(a)rüber reden / schweigen ... 166 f.

d(a)rüberfahren/stehen ... 166 f.

darüber hinaus

darüber hinausgehende / darüberhinausgehende Überlegungen

d(a)rum bitten

d(a)rumwickeln ... 166 f.

d(a)runter leiden 166 f.

d(a)runtersetzen/stellen ... 166 f.

dasselbe

davon kommen (Ursache) 166 f.: *Es kann davon kommen, dass ...;* **aber:** davonfahren/kommen ... 166 f.

davorsetzen/stellen ... 166 f.

dazu bringen / sagen / schweigen ...: *Du musst etwas dazu sagen.* 166 f.; **aber:** dazugehören/tun ...: *Du musst etwas Mehl dazutun.* 166 f.

dazwischen (in der Zwischenzeit): *Wir können dazwischen spielen.* 166 f.; **aber:** dazwischenfahren/gehen/liegen/rufen ...: *Bei raufenden Hunden nicht dazwischengehen!* 166 f.

Debüt

dein (69): Mein und Dein nicht unterscheiden; die Deinen / deinen (Familie)

deinetwegen, deinetwillen (182)

Dekolleté / Dekolletee

Delfin / Delphin schwimmen, delfin/delphinschwimmen; **aber:** ich schwimme Delfin / Delphin 160 f.

demgegenüber

demgemäß

derselbe

des Weiteren

detailliert

deutlich machen / sprechen ... 161 f. ①

Deutsch: Deutsch / deutsch sprechen (in deutscher Sprache sprechen); Deutsch sprechende / deutschsprechende Touristen; deutsch unterrichten (in deutscher Sprache unterrichten); Deutsch unterrichten (das Fach Deutsch unterrichten); ein gut verständliches Deutsch, das Deut-

sche, im Deutschen; in Deutsch, auf (gut) Deutsch; sie spricht Deutsch / deutsch
Diarrhö
Diät halten / leben 160 f.
dicht schließen 161 f. ①
dichthalten (nichts verraten) 161 f. ②
dicht besiedelt / dichtbesiedelt 100 ⑤
dick: durch dick und dünn
dick auftragen 161 f. ①
dick machen / dickmachen 161 f. ③
Dienstag: am Dienstag, eines Dienstags
Dienstagabend: am Dienstagabend; jeden Dienstagabend; eines Dienstagabends
dienstagabends
dienstags: dienstags abends
dieselbe
diesmal
dingfest machen
dinieren
Disco / Disko
doppelt sehen (fehlsichtig sein) 161 f. ①; **aber:** doppeltsehen (betrunken sein) 161 f. ②
doppelt wirken ... 161 f. ①
doppelt so viel
dort sein 110
dort wohnen ... 166 f.
dortbleiben 166 f.
dorther, von dorther
dorthinab
dorthinauf
dran sein 110
drauflosgehen/reden ... 166 f.
drausbringen (verwirren) 166 f.
drei viertel acht (Uhrzeit) 175 f.
drei Viertel des Kuchens 175 f.
dreiviertel Stunden 175 f.
Dreiviertelliterflasche
Dreiviertelstunde 175 f.
Dreizimmerwohnung / 3-Zimmer-Wohnung
du: das Du anbieten
dummdreist 100 ③
Dunkel: im Dunkeln tappen 57 f., 89
dunkel färben / dunkelfärben 161 f. ③
dunkel gefärbt / dunkelgefärbt 100 ⑤
dunkelblau 100 ④
dünn besiedelt / dünnbesiedelt 100 ⑤
dünn machen (sich) (wenig Platz in Anspruch nehmen) 161 f. ①; **aber:** dünnmachen (sich) (weglaufen) 161 f. ②
dünn schneiden / dünnschneiden 161 f. ③
Durcheinander: das Durcheinander 57 f.
durcheinanderbringen/reden ... 166 f.
durstlöschend 99 ①
Duty-free-Shop
Dutzende / dutzende 173

e / E

eben machen / ebenmachen (glätten) 161 f. ③
ebenda ...
ebenso gut / schnell ...
Effeff: aus dem Effeff
Ehre: ihm zu Ehren
ehrlich gesagt / gemeint ...
eigen: sich zu eigen machen
Eigen: das Eigene, etwas Eigenes, etwas sein Eigen nennen
Eigenbrötelei
ein: mein Ein und Alles 57 f.

einfach: am einfachsten 95; es ist das Einfachste 57 f., 89
einhergehen mit 166 f.
einig werden 166 f.
einig sein 110
einige, einiges 178
einiggehen 166 f.
Einmaleins
einzeln stehen ...
Einzelne: als Einzelner, jeder Einzelne, im Einzelnen 178
einzig; ein einziger Grund; der Einzige, als Einziger
eislaufen 160 f.
Ekel erregende / ekelerregende Gerüche 106
elend: Mir ist elend.
Elf (z. B. Fußballmannschaft) 169
Ellbogen / Ellenbogen
E-Mail (elektronische Post): eine E-Mail schicken
Email / Emaille (Metallüberzug)
emporragen 166 f.
Ende: Ende Januar, zu Ende, ein Mann Ende fünfzig
endgültig
eng verbinden 161 f. ①
eng anliegende / enganliegende Hosen 100 ⑤
eng verwandt / engverwandt ... 100 ⑤
enteisen (von Eis befreien); enteist
enteisenen, enteisent (Eisen entziehen)
entfernt: nicht im Entferntesten 57 f., 89
entfernt verwandt
entgegenkommen/gehen ... 166 f.
Entgelt
entlanggehen ... 166 f.
entzwei sein 110
entzweibrechen/gehen 166 f.
ernst meinen / nehmen 161 f. ①
ernst gemeint / ernstgemeint 100 ⑤
ernst zu nehmend / ernstzunehmend
ernst sein 110
Ernst: Ernst machen 160 f.; es ist mir Ernst damit.
erst mal
erste: der Erste, fürs Erste, als Erstes, immer am Ersten (des Monats); die Erste Hilfe 171
erstere; der Erstere, Ersteres
erwidern
essenziell / essentiell
etwas: ein gewisses Etwas 57 f.
Etymologie
euer (69 f.): die Euren / euren
Eure: das Eure / eure
euretwegen, euretwillen (182)
existentiell / existenziell
extrafein/hart ... 100 ④

f / F

fahren: Auto / Rad / Bahn ... fahren 160 f.
fahren lassen (jdn. mit dem Auto) 160; **aber:** fahren lassen / fahrenlassen (die Hoffnung) 160
fahren lernen 160
Fahrrad fahren 160
fallen lassen (die Tasse) 160; **aber:** fallen lassen / fallenlassen (nicht mehr unterstützen) 160
falsch schreiben 161 f. ①
falsch spielen (z. B. Musik) 161 f. ①; **aber:** falschspielen (schummeln) 161 f. ②
falsch liegen (im Bett) 161 f. ①; **aber:** falschliegen (sich irren) 161 f. ②
Fast Food / Fastfood

Fastnacht / Fasnacht
Feed-back / Feedback
Fehl: ohne Fehl (und Tadel)
fehlgehen/schlagen
fein machen (etwas gut machen): *Das hast du fein gemacht.* 161 f. ①; **aber:** fein machen / feinmachen (sich) 161 f. ②
fein mahlen / feinmahlen ... 161 f. ③; fein gemahlen / feingemahlen ... 100 ⑤
feind: jemandem feind bleiben / sein / werden
Feind: jemandes Feind bleiben / sein / werden
fernbleiben/halten/liegen/ sehen ... 161 f. ②
fertig bringen / fertigbringen (eine Arbeit) 161 f. ②; fertig gebracht / fertiggebracht 100 ⑤; **aber:** fertigbringen (übers Herz bringen) 161 f. ②; fertiggebracht 100 ⑤
fertig bekommen / fertigbekommen (eine Arbeit) 161 f. ②
fertig machen / fertigmachen (etwas) 161 f. ③; **aber:** fertigmachen (jemanden quälen) 161 f. ②
fertig sein 110
fertig stellen / fertigstellen (eine Arbeit) 161 f. ②
fest anbinden / anstellen / verschrauben ... 161 f. ①
fest angestellt / festangestellt ... 100 ⑤
fest stehen (auf sicherem Boden) 161 f. ①; fest stehend (sicher stehend) 100 ⑤; **aber:** feststehen (unabänderlich sein) 161 f. ②; eine feststehende Meinung
festkleben/halten/nehmen/ schrauben ...
fett drucken 161 f. ①; fett gedruckt / fettgedruckt 100 ⑤
feuchtfröhlich 100 ③
feuchtwarm 100 ③
Fingerbreit: einen Fingerbreit größer, drei Finger breit sein; keinen Fingerbreit / Finger breit nachgeben (beharrlich sein)
flach klopfen / flachklopfen ... 161 f. ③
flach liegen (waagerecht liegen) 161 f. ①; **aber:** flachliegen (krank sein) 161 f. ②
flachfallen (ausfallen, wegfallen) 161 f. ②
Fleisch fressende / fleischfressende Pflanzen 106 f.
flott gehen (schnell gehen) 161 f. ①
flott machen (sich beeilen) 161 f. ②
flottbekommen/machen (Schiff) 161 f. ②
flüssig lesen / schreiben 161 f. ①
flüssig machen / flüssigmachen (verflüssigen) 161 f. ③; **aber:** flüssigmachen (Geld) 161 f. ②
Folge leisten 160 f.
folgend: das Folgende, Folgendes, im Folgenden 57 f.
Fond (Rücksitz)
Fonds (Geldanlage, Geldmittel)
fort sein 110
fortbleiben/dauern ... 166 f.
Frage: in Frage / infrage stellen 186
frei bekommen / freibekommen 161 f. ②
frei haben / freihaben (Urlaub haben) 161 f. ②
frei halten (Rede) 161 f. ①

frei legen / freilegen (Wurzeln) 161 f. ③
frei machen / freimachen (Weg) 161 f. ③; **aber:** freimachen (Brief frankieren) 161 f. ②
frei nehmen / freinehmen (Urlaub nehmen) 161 f. ②
frei sprechen (ohne Hemmungen, ohne abzulesen) 161 f. ①; **aber:** freisprechen (von der Anklage befreien) 161 f. ②
frei stehen (Haus) 161 f. ①; **aber:** freistehen (jmds. Entscheidung überlassen sein) 161 f. ②
Freie: im Freien sitzen 57 f., 89
frisch backen / halten ... 161 f. ①
frisch gebackenes / frischgebackenes (Brot) 100 ⑤; **aber:** ein frischgebackenes Ehepaar 100 ⑤
frittieren
Frotté / Frottee
früh: am Montag früh, von früh auf, von früh bis spät
früh verstorben / frühverstorben 100 ⑤
frühmorgens
Fünfkampf
für: das Für und Wider 57 f.
Furcht einflößen 160 f.
Furcht einflößende / furchteinflößende Worte 106 f.; **aber:** große Furcht einflößende, äußerst furchteinflößende, noch furchteinflößendere Worte 106 f.
füreinander einstehen 166 f.
fürliebnehmen
Fuß: Fuß fassen 160 f.; zu Fuß gehen

g / G

Ganze: das Ganze, aufs Ganze gehen, ums Ganze gehen, als Ganzes, im Ganzen, im Großen und Ganzen 57 f., 89
gar: gar kein, gar nicht, gar nichts, gar sehr, gar wohl
gar kochen / garkochen 161 f. ③
Gefahr laufen / bringen ... 160
Gefahr bringende / gefahrbringende Veränderungen, **aber:** große Gefahr bringende, äußerst gefahrbringende Veränderungen 106 f.
gefangen nehmen / setzen 107; gefangen genommen / gefangengenommen ...
gegeneinander antreten ... 166 f.
gegeneinanderprallen ... 166 f.
gegenüber aufstellen ... 166 f.
gegenüberstellen ... 166 f.
geheim bleiben / halten ... 161 f. ①
Geheime: im Geheimen 57 f., 89
geheimtun (geheimnisvoll tun) 161 f. ②
gehen lassen (jemanden) 160; **aber:** gehen lassen / gehenlassen (sich) 160
gelten lassen 160
genau arbeiten / nehmen ... 161 f. ①
genau genommen / genaugenommen; genau unterrichtet / genauunterrichtet 100 ⑤
Genaue: des Genaueren 57 f., 89, aufs genaueste / Genaueste
genauso gut / lang / wenig ...
gerade biegen / geradebiegen (z. B. einen Draht) 161 f. ③; **aber:** geradebiegen (klären) 161 f. ②

gerade (aufrecht) halten / hinlegen / sitzen ... 161 f. ①
gerade stehen (aufrecht); **aber:** geradestehen (für etwas aufkommen) 161 f. ②
gerade stellen / geradestellen 161 f. ③
geradewegs
geradeso (gut ...)
gering achten / geringachten 161 f. ②
gering schätzen / geringschätzen 161 f. ②
Geringste: nicht das Geringste, nicht im Geringsten 57 f., 89
gern(e) sehen (gerne anschauen)
gern gesehen (gerne angeschaut); gern gesehene / gerngesehene Gäste
gernhaben (mögen) 161 f. ②
gestern Abend
gesund bleiben 161 f. ①
gesund machen / gesundmachen; gesund pflegen / gesundpflegen 161 f. ③
gesund sein 110
gesundbeten/schreiben/schrumpfen/stoßen 161 f. ②
getrennt lebend / getrenntlebend, getrennt geschrieben / getrenntgeschrieben 100 ⑤
Gewähr leisten / gewährleisten 161
Gewinn bringende / gewinnbringende Aktien; **aber:** großen Gewinn bringende, äußerst gewinnbringende, (noch) gewinnbringendere Aktien 106 f.
glatt ablaufen 161 f. ①
glatt ziehen / glattziehen (das Laken) 161 f. ③
glattgehen (gelingen) 161 f. ②
gleich: gleich alt / groß / gut ...
gleich geartet / gleichgeartet;
gleich (sofort) kommen: *Er wird gleich kommen.* 166 f.; **aber:** gleichkommen (gleichen, entsprechen) 161 f. ②
gleich lauten 161 f. ①; gleich lautend / gleichlautend
Gleiche: Gleiches mit Gleichem vergelten, ein Gleiches tun, 57 f., 89
gleichmachen/setzen/tun/ziehen 161 f. ②
glühend heiß 101 ⑧
Gott: Gott sei Dank
gram sein 56, 110
Gräuel (zu Grauen): *Es ist mir ein Gräuel.* Gräuelmärchen 22 f.
grau: graublau 100 ③; grau in grau
Grauen erregende / grauenerregende Bilder; **aber:** großes Grauen erregende, äußerst grauenerregende, (noch) grauenerregendere Bilder 106 f.
grob fahrlässig
grob mahlen / grobmahlen 161 f. ③
groß anlegen (großzügig gestalten) 161 f. ①
groß herauskommen 161 f. ①
groß schreiben (in großer Schrift schreiben) 161 f. ①; **aber:** großschreiben (mit großem Anfangsbuchstaben; besonders schätzen) 161 f. ②; großgeschrieben (mit großem Anfangsbuchstaben geschrieben; wichtig genommen) 100 ⑤
Große: im großen Ganzen; im Großen und Ganzen, Groß und Klein 57 f., 89
großziehen (aufwachsen lassen) 161 f. ②

Grund: im Grunde, auf Grund / aufgrund, zu Grunde / zugrunde gehen 186

Gunst: zu Gunsten / zugunsten; zu seinen Gunsten 186

gut bezahlte / gutbezahlte Arbeit; gut gelaunte / gutgelaunte Menschen; gut unterrichtete / gutunterrichtete Kreise … 100 ⑤

gut gehen (in Schuhen) 161 f. ①; **aber:** gut gehen / gutgehen (gesundheitlich) 161 ②

gut meinen … 161 f. ①

gut schreiben (stilvoll schreiben); **aber:** gutschreiben (auf dem Konto) 161 f. ②

gut sein 110

gutgesinnt

guthaben (zu fordern haben) 161 f. ②

gutheißen (Unrecht) 161 f. ②

gutmachen (Geld) 161 f. ②

Gute: alles Gute, des Guten zu viel tun, 57 f., 89; jemandem Guten / guten Tag sagen

h / H

haften bleiben (z. B. Klebstoff) 160; **aber:** haften bleiben / haftenbleiben (im Gedächtnis bleiben) 160

halb: etwas Halbes, ein Halbes, eine Halbe trinken 57 f., 89; um halb acht

halb totschlagen / vollmachen

halb angezogen / halbangezogen, halb verdaut / halbverdaut 100 ⑤

halb blind / halbblind, halb offen / halboffen, 100 ⑥

halbamtlich/dunkel/hoch/lang/rund/trocken 100 ④

halbmast: (auf) halbmast setzen

Halt rufen, Halt finden 160 f.

haltmachen / Halt machen 160 f.

Hämorrhoiden / Hämorriden

Hand: zu Händen, zuhanden, anhand (von; dessen/deren …)

Handvoll: eine/ zwei … Handvoll / Hand voll; zwei Hand voll Nüsse

Handel treiben 160 f.; Handel treibend / handeltreibend 106 f.

Handicap / Handikap

hängen lassen (Bild, Ohren) 160; **aber:** hängen lassen / hängenlassen (im Stich lassen; sich gehen lassen) 160

hart arbeiten 161 f. ①

hart gekocht / hartgekocht 100 ⑤

hart kochen / hartkochen 161 f. ③

Hause: nach Hause / nachhause; zu Hause / zuhause; von zu Hause

Haus halten (ich halte Haus) / haushalten (ich haushalte)

Haxe / Hachse

heilig sein 110

heiligsprechen 161 f. ②

heimbringen/fahren/gehen/suchen/zahlen 166 f.

heimlich tun (etwas heimlich tun) 161 f. ①; **aber:** heimlichtun (geheimnisvoll tun) 161 f. ②

heiß begehren 161 f. ①; heiß begehrt / heißbegehrt 100 ⑤

heiß machen / heißmachen (z. B. Essen) 161 f. ③; **aber:** heißmachen: *Ich werde dir die Hölle heißmachen.* 161 f. ②

hell strahlen 161 f. ①; hell strahlend / hellstrahlend 100 ①

hellblau/licht/wach … 100 ④

hellsehen 161 f. ②

herabfallen … 166 f.

heranfahren … 166 f.

heraufgehen ... 166 f.
herausfinden ... 166 f.
herbeieilen ... 166 f.
hereinholen ... 166 f.
herüberwinken ... 166 f.
herumlaufen ... 166 f.
herunterfallen ... 166 f.
hervorbrechen ... 166 f.
herzallerliebst
herzerfrischend 99 ①
herzlich: auf das / aufs herzlichste / Herzlichste
heute: heute Morgen ...
heutzutage
hier arbeiten / wohnen ... 163
hier sein 110
hierbleiben 166 f.
hierzulande / hier zu Lande
Hilfe: zu Hilfe kommen
Hilfe suchen 160 f.
Hilfe suchende / hilfesuchende Bürger; **aber:** schnelle Hilfe suchende Bürger 106
hin: hin und her gehen; das Hin und Her 57 f.
hinabgehen ... 166 f.
hinaufziehen ... 166 f.
hinausschieben ... 166 f.
hindurchzwängen ... 166 f.
hineinbringen ... 166 f.
Hinsicht: in Hinsicht auf
hintanstellen ... 166 f.
hintereinander hergehen 166 f.
hintereinanderlegen ... 166 f.
hinterher sein 110
hinterherhinken ... 166 f.
hinübergehen ... 166 f.
hinunterblicken ... 166 f.
hinwegfegen ... 166 f.
hinzukommen/rechnen ... 166 f.
hoch achten / hochachten (jemanden sehr schätzen)
hoch anrechnen / besteuern ... 161 f. ①
hoch aufgeschossen / hochaufgeschossen; hoch industrialisiert / hochindustrialisiert; hoch verschuldet / hochverschuldet ... 100 ⑤
hoch fliegen (in der Höhe) 161 f. ①; **aber:** hochfliegen (hinauf, in die Höhe fliegen)
hochaktuell/berühmt/empfindlich/geboren/giftig ... 100 ④
hochbeinig/mütig ... 100 ②
hochdrehen (die Heizung) 161 f. ②
hochbringen 161 f. ②
hochfahren (aus dem Schlaf) 161 f. ②
hochziehen, hocharbeiten (sich), hochnehmen (necken, foppen), hochstapeln, hochzüchten 161 f. ②
höchst selten
höchstrichterlich/wahrscheinlich 100 ④
höhergruppieren/stufen 161 f. ②
hopsgehen/nehmen 166 f.
Hot Dog / Hotdog
huckepack nehmen/tragen 166 f.
hundert: hunderte / Hunderte; hundertfach / 100fach 175; das Hundertfache 57 f.; hundertprozentig / 100-prozentig / 100%ig 175
Hundertmeterlauf / Hundert-Meter-Lauf / 100-Meter-Lauf, 100-m-Lauf 175
hundertste: der Hundertste, vom Hundertsten ins Tausendste kommen 57 f., 174 f.
hundertstel Sekunde / Hundertstelsekunde / 100stel-Sekunde 175
hurra: hurra / Hurra schreien

i/I

ihr (Personalpronomen) (66)
ihr (Possessivpronomen) (68): Ihr / Ihre (höfliche Anrede) 72; die Ihren / die ihren (Familie)
ihretwegen; ihretwillen (182)
Ihretwegen, Ihretwillen (höfliche Anrede) (182)
imstande / im Stande sein 182
in Anbetracht + Genitiv
in Bezug auf / zu + Akkusativ
ineinander übergehen ... 166 f.
ineinanderfügen/greifen ... 166 f.
infolgedessen
infrage / in Frage stellen ... 182
innehaben/halten
insofern, insoweit
instandsetzen / in Stand setzen 186; instandgesetzt / in Stand gesetzt
intakt bleiben 161 f. ①
inwiefern
irgend so ein, irgend so etwas
irgendein, irgendetwas, irgendjemand (83 f.)
irgendwann/wie/wo/wohin
irr(e) sein 110
irreführen/leiten/werden 160 f.
irregeführt (werden)
i-Tüpfelchen

j/J

ja: Ja sagen / ja sagen; mit Ja stimmen; na ja!
Jacht / Yacht
Jahr: mehrere Jahre lang
jahrelang
jeder, jedermann (83)
jederzeit
Jenseits: im Jenseits 57 f.
Joghurt / Jogurt
jung: Jung und Alt 89
jung heiraten 161 f. ①
jung verheiratet / jungverheiratet (bereits in jungen Jahren); **aber:** jungverheiratet (seit kurzer Zeit verheiratet)

k/K

Känguru
kahl bleiben 161 f. ①
kahl fressen / kahlfressen ... 161 f. ③
kalt: auf kalt und warm reagieren; der Kalte Krieg (zwischen Ost und West) 55
kalt bleiben (Wetter, Speisen) 161 f. ①; **aber:** kaltbleiben (emotionslos bleiben) 161 f. ②
kalt gepresst / kaltgepresst ... 100 ⑤
kalt lächeln 161 f. ①
kalt stellen / kaltstellen (Getränke) 161 f. ③; **aber:** kaltstellen (politisch) ausschalten) 161 f. ②
kaltlassen (emotional nicht berühren) 161 f. ②
kaltmachen (umbringen) 161 f. ②
kaputt machen / kaputtmachen, **aber:** kaputtmachen (sich) (sich überanstrengen) 161 f. ①
kaputtgehen 161 f. ②
kaputtlachen (sich) 161 f. ②
Kapuze
Karamell
kariert
Karussell
Kauf: in Kauf nehmen
Keepsmiling
kehrtmachen
kennen lernen / kennenlernen 160
Ketchup / Ketschup
klar: (sich) im Klaren sein 57 f., 89

klar denken 161 f. ①
klar sehen (gut sehen) 161 f. ①; **aber:** klarsehen (begreifen) 161 f. ②
klar werden / klarwerden 161 f. ②
klarlegen 161 f. ②
klarmachen (sich etwas, ein Schiff) 161 f. ②
klarstellen 161 f. ②
klein: im Kleinen, bis ins Kleinste, Groß und Klein 57 f., 89; von klein auf; der kleine Mann
klein beigeben 161 f. ①
klein gemustert / kleingemustert; klein geschnitten / kleingeschnitten ... 100 ⑤
klein schneiden / kleinschneiden ... 161 f. ③
klein schreiben (in kleiner Schrift schreiben) 161 f. ①; **aber:** kleinschreiben (mit kleinem Anfangsbuchstaben schreiben; nicht wichtig nehmen) 161 f. ②
kleinreden (als unwichtig darstellen) 161 f. ②
klipp: klipp und klar
Klipp / Clip
knapphalten (jmdn.) 161 f. ②
Know-how / Knowhow
k.o. schlagen
K.-o.-Schlag
kochend heiß 100 ⑧
Kommunikee / Kommuniqué
kopfüber
kopfrechnen; kopfstehen 160 f.
Krach: mit Ach und Krach
Krach machen / schlagen 160 f.
Kraft: in Kraft / außer Kraft setzen
kraft: kraft seines Amtes 56
Kraft raubend / kraftraubend 106 f.
Kräfte schonend / kräfteschonend
kräftezehrend 99 ①
krampfstillend 99 ①; **aber:** den Krampf stillend
krank sein 110
krankärgern (sich) 161 f. ②
krank machen / krankmachen (Gifte machen krank) 161 f. ③; **aber:** krankmachen (vorgeben, krank zu sein, jdn. aufregen) 161 f. ②
kranklachen (sich) 161 f. ②
krankmelden/schreiben 161 f. ②
kreuz: kreuz und quer
Kreuz: die Beine über Kreuz schlagen; mit jdm. über Kreuz sein
kritisch denken 161 f. ①
kritisch sein 110
krumm machen / krummmachen (den Finger) 161 f. ②
krumm sitzen 161 f. ①
krummlachen (sich) 161 f. ②
krummlegen (sich) (sich sehr abmühen) 161 f. ②
krummnehmen 161 f. ②
kürzer: den Kürzeren ziehen
kürzertreten (sich einschränken) 161 f. ②
kundgeben/tun
kurz: über kurz oder lang; binnen / seit / vor kurzem / Kurzem
kurz arbeiten (für kurze Zeit arbeiten) 161 f. ①; **aber:** kurzarbeiten (mit verringerter Arbeitszeit wegen Auftragsmangels) 161 f. ②
kurz ausruhen 161 f. ①
kurz machen / kurzmachen (kürzen) 161 f. ②; **aber:** kurz machen (schnell erledigen) 161 f. ①
kurz schneiden / kurzschneiden (z. B. Haare) 161 f. ③
kurzfassen (sich) (schnell erzählen) 161 f. ②

kurzschließen (elektrischen Strom) 161 f. ②

l / L

länger: seit längerem / seit Längerem
lästig fallen / lästigfallen 161 f. ②
lästig werden 161 f. ①
Lager
lahmlegen (zum Stillstand bringen) 161 f. ②
Land: hier zu Lande / hierzulande
landab/auf/aus/ein
landeinwärts fahren
lang: über kurz oder lang; seit langem / seit Langem
lang ausrollen 161 f. ①
lang gestreckt / langgestreckt 100 ⑤
lang ziehen / langziehen 161 f. ③
Last: zu Lasten / zulasten
laufen: Gefahr laufen 106 f.; auf dem Laufenden sein 57 f., auf und davon laufen, zum Davonlaufen
laut diesem Bericht 56
Lay-out / Layout
leck schlagen / leckschlagen 161 f. ②
leer ausgehen 161 f. ①
leer essen / leeressen (den Teller) 161 f. ③
leer stehen (Gebäude) 161 f. ①; leer stehende / leerstehende Häuser 100 ⑤
Leere: ins Leere starren / laufen 57 f., 89
leerlaufen 161 f. ②
leicht lernen 161 f.[1]
leicht verdaulich / leichtverdaulich 100 ⑥
leicht verletzt / leichtverletzt 100 ⑤
leichtfallen 161 f. ②
leichtfertig/füßig/gläubig
leichtnehmen 161 f. ②
Leid: zu Leide / zuleide tun
leid sein (das ist mir leid) 110
leidtragend 99 ①
leidtun (es tut mir leid) 160 f.
Letzt: zu guter Letzt
Letzte: das Letzte, bis zum Letzten (gehen ...), bis ins Letzte, sein Letztes geben 57 f., 89; der letzte / Letzte Wille
letztere: das Letztere, Letzteres
leuchtend rot 100 ①
lieb haben / liebhaben 161
liebäugeln; liebkosen
liegen bleiben (im Bett) 160
liegen lassen (z. B. den Schirm) 160; **aber:** liegen lassen / liegenlassen (jemanden links liegen lassen / liegenlassen) 160
linke: auf der Linken, zur Linken
links: nach links, gegen links, etwas mit links erledigen
links abbiegen / stehen ... 166 f.
links abbiegend / linksabbiegend
linksherum
locker machen / lockermachen (z. B. einen Knoten) 161 f. ③; **aber:** lockermachen (etwas hergeben) 161 f. ②
locker sagen / sitzen ... 161 f. ①
lockerlassen (nachgeben) 161 f. ②
Long Drink / Longdrink

m / M

madigmachen 161 f. ②
Majonäse / Mayonnaise
Make-up

Makkaroni
Mal: das erste Mal, zum ersten Mal; aber einmal/achtmal …; bei besonderer Betonung: ein Mal / acht Mal …; dieses Mal, **aber:** diesmal; dieses eine Mal; keinmal (bei besonderer Betonung: kein Mal); manches Mal, viele Mal(e); von Mal zu Mal
mancher (84 f.)
manchmal, manches Mal
Marathon laufen / marathonlaufen; **aber:** Er läuft Marathon. 160 f.
Maschine schreiben 160 f.
maschinschreiben (österr.)
Maß nehmen 160 f.
Maß halten / maßhalten 160 f.
maßgebend
massivwerden (streng, nachdrücklich werden) 161 f. ②
maßregeln 160 f.
Matratze
matt setzen / mattsetzen (beim Schach) 161 f. ②; **aber:** mattsetzen (handlungsunfähig machen) 161 f. ②
Medaille
mehrfach: etwas mehrfach sagen; das Mehrfache, um das Mehrfache größer
mehrmals
mein (69): Mein und Dein (nicht) unterscheiden 57 f., das Meine, die Meinen, meinen (Familie)
meist: am meisten
meiste: das meiste, die meisten, bei besonderer Betonung: das Meiste, die Meisten
meistbietend 100 ②
menschenmöglich: das / alles Menschenmögliche tun
Mesmer, Mesner, Messner
Metall verarbeitend / metallverarbeitend 106 f.
miesmachen (herabsetzen) 161 f. ②
minder: mehr oder minder
minderbemittelt 100 ②
mindest: das Mindeste / mindeste; (nicht) im Mindesten / mindesten
minutiös / minuziös
mit ansehen / aufräumen … 186
mit berücksichtigen / mitberücksichtigen … 186
mitarbeiten/fahren/gehen … 186
miteinander auskommen / gehen … 166 f.
mithilfe / mit Hilfe 186
Mittag: zu Mittag essen
Mitte: Mitte Januar …
mitten: mitten im Raum
Mob (Pöbel)
möglich: alles Mögliche, sein Möglichstes tun 57 f., 89
möglich machen 161 f. ①
monatelang; **aber:** mehrere Monate lang
Mopp (Staubbesen)
Morast (Schlamm)
morgendlich
Müesli (schweiz.) / Müsli
Mundvoll: ein/zwei … Mund voll / Mundvoll Wein; **aber:** Ich habe gerade den Mund voll.
mundtot machen
Müsli / Müesli (schweiz.)
müßiggehen 161 f. ②
Mut: zu Mute / zumute sein 186

n / N

nach: nach wie vor
nachahmen/rücken/sehen … 186
nacheinander kommen … 166 f.

nachgewiesenermaßen
nachhause / nach Hause
Nachhinein: im Nachhinein
nächst: am nächsten kommen / sein
Nächst: der Nächste, als Nächstes, liebe deinen Nächsten; der Nächste, bitte! 57 f., 89
Nächstbeste: der Nächstbeste
Nacht: bei Nacht, heute Nacht
näher kommen 161 f. ①; **aber:** näherkommen (sich) 161 f. ②
näher rücken (Termin)
näher treten (näher herankommen) 161 f. ①; **aber:** nähertreten (sich) 161 f. ②
näher liegen (ein Ort) 161 f. ①; **aber:** näherliegen (Thema) 161 f. ②
nämlich
nah: von nah (und fern); von nahem / von Nahem
nahe gelegen / nahegelegen 100 ⑤
nahe liegend / naheliegend 100 ⑤
nahe wohnen 161 f. ①
nahebringen (etwas), nahekommen (einem Thema, sich), nahetreten (jemandem) 161 f. ②, **aber:** jemandem zu nahe treten
nass wischen 161 f. ①
nass schwitzen / nassschwitzen … 161 f. ③
nebeneinander hinaufsteigen … 166 f.
nebeneinanderlegen … 166 f.
nebenher erledigen … 166 f.
nebenherfahren … 166 f.
nebenstehend: nebenstehende Erläuterungen; das Nebenstehende, Nebenstehendes 57 f.
nein: mit Nein stimmen, Nein / nein sagen
Netiquette / Netikette
neu: von Neuem / neuem, seit neuestem / Neuestem; aufs Neue 57 f., 89; das Neue Testament
neuartig 100 ②
neuwertig 100 ②
neu eröffnen … 161 f. ①
neu eröffnet / neueröffnet … 100 ⑤
nicht: nicht leitend / nichtleitend, nicht öffentlich / nichtöffentlich … 169 f.
Nichtmitglied; Nichtraucher
nichts: nichts sagen / tun …
nichts sagend / nichtssagend
Nichts: vor dem Nichts stehen 57 f., 85
nichtsdestominder/destoweniger
niedrig gesinnt / niedriggesinnt … 100 ⑤
niedrig hängen (Bilder) 161 f. ①; **aber:** niedrighängen (ein Problem) 161 f. ②
niedrig halten 161 f. ①
niedriger hängen (Bilder) 161 f. ①; **aber:** niedrigerhängen (eine Angelegenheit) 161 f. ②
niemand 83; niemand ander(e)s); ein Niemand
niesen
noch mal / nochmal, nochmals
Nötigste: das Nötigste: *Es fehlte am Nötigsten.*
nonstop fliegen
Nonstopflug / Nonstop-Flug
Not: zur Not, in Not sein
Not leiden / lindern … 160 f.
Not leidend / notleidend, **aber:** große Not leidend, äußerst notleidend 106 f.
notlanden 160 f.

nottun 160 f.
null: gleich null sein; durch null teilen, eins zu null, null Komma fünf, in null Komma nichts, auf null stehen, unter null sinken
Null: eine Null sein 57 f.
nummerieren
nutz / nütze: (zu nichts) nutz / nütze sein
Nutz / Nutzen: von Nutzen (sein); sich etwas zu Nutze / zunutze machen 186

o / O

o je! o wie schön! o weh ...
O-Beine; o-beinig / O-beinig
oben stehen ...; oben stehend / obenstehend 166 f.
offen aussprechen 161 f. ①
offen bleiben: *Die Tür muss offen bleiben.* 161 f. ①; **aber:** offenbleiben (Entscheidung) 161 f. ②
offen geblieben / offengeblieben (Tür) 100 ⑤; **aber:** offengeblieben: *Die Entscheidung ist offengeblieben.* 100 ②;
offen gesagt / gestanden
offen stehen (Tür) 161 f. ①; **aber:** offenstehen (Rechnung, Entscheidung) 161 f. ②
offenhalten (sich) (eine Entscheidung) 161 f. ②
offenlegen (aufdecken) 161 f. ②
Offset(druck)
öfter: öfters, des Öfteren
ohneeinander auskommen ...
ohneweiters (österr.)
Open Air; Open-Air-Festival
Open End; Open-End-Diskussion
original, originell
Outfit/put
outen
Overheadprojektor

p / P

paar: ein paar (einige) Bonbons
Paar: ein Paar Schuhe ... 86
Pappmaché / Pappmaschee
parallel laufen 161 f. ①; parallel laufend / parallellaufend 100 ⑤
Park-and-ride-System
passé / passee sein
Pinnwand
piekfein 100 ④
Platitude / Plattitüde
platt drücken / plattdrücken ... (Nase, Teig) 161 f. ③ **aber:** plattmachen (zerstören) 161 f. ②
Platz finden / machen ... 160 f.
platzen lassen (einen Ballon) 160; **aber:** platzen lassen / platzenlassen (Veranstaltung) 160
platzieren
Play-off-Runde / Playoffrunde / Playoff-Runde
Pleite machen 160 f.
pleite sein 110
pleitegehen 161 f. ②

Pommes frites
Portemonnaie / Portmonee
Potential / Potenzial
potentiell / potenziell
präferentiell / präferenziell
Präferenz
Praliné / Pralinee
preisgeben 160
Private Banking 60
pro Kopf; Pro-Kopf-Verbrauch
Probe fahren 160 f.
Prozedere / Procedere

Public Relations
publik machen / publikmachen 161 f. ②
puschen / pushen
pusseln (herumbasteln)
puzzeln (zu Puzzle)

qu / Qu

quer legen (etwas; sich ins Bett) 161 f. ①; **aber:** querlegen (sich) (sich widersetzen) 161 f. ②
quer stellen (Schrank) 161 f. ①; **aber:** querstellen (sich) (sich weigern) 161 f. ②
querfeldein laufen
quergehen (misslingen) 161 f. ②
querschießen (stören, behindern) 161 f. ②

r / R

Rad fahren / schlagen 160 f.
Rad fahrend / radfahrend ... 106 f.
Rand: zu Rande / zurande kommen 186
rarmachen (sich) 161 f. ②
Rat suchen 160 f.; Rat suchend / ratsuchend; **aber:** guten Rat suchend 106 f.
rationell
rau; rauhaarig; Rauheit
recht: sich recht verhalten
Recht: Recht / recht haben / behalten / bekommen / geben; das Rechte tun, nach dem Rechten sehen 57 f., 89; Recht sprechen 160 f.; mit Recht, zu Recht bestraft werden
recht sein 56 f., 110
recht werden 56 f.
rechte: auf der Rechten, zur Rechten 57 f., 89
rechts: nach rechts, gegen rechts
rechts abbiegen / fahren ... 166 f.
rechts abbiegend / rechtsabbiegend, rechts fahrend / rechtsfahrend ... 166 f.
reich schmücken ... 161 f. ①
reich geschmückt / reichgeschmückt ... 100 ⑤
rein erhalten / halten ... 161 f. ①
rein machen / reinmachen (sauber machen) 161 f. ③
rein waschen / reinwaschen (Wäsche) 161 f. ③; **aber:** reinwaschen (Gewissen) 161 f. ②
Reine: ins Reine kommen (mit jemandem) 57 f., 89
reinemachen
reinschreiben (hineinschreiben)
Reißaus nehmen
Rendezvous / Rendez-vous (schweiz.)
Reparatur
Rhetorik
Rhythmus
richtig: das Richtige ... 57 f., 89
richtig gehen (z. B. Uhr) 161 f. ①; richtig gehend / richtiggehend 100 ⑤
richtig machen / schreiben ... 161 f. ①
richtig stellen / richtigstellen (Uhrzeiger) 161 f. ③; **aber:** richtigstellen (einen Sachverhalt berichtigen) 161 f. ②
richtigliegen (mit seiner Vermutung) 161 f. ②
Rock and Roll / Rock 'n' Roll
Rohheit
Rommé / Rommee / Rummy
rot glühend / rotglühend 100 ⑤
rotsehen (wütend werden) 161 f. ②
Roulett / Roulette

Rückgrat
rückwärts einparken 166 f.
rückwärtsfallen/gehen ... 166 f.
rückwärtsfallend ... 166 f.
ruhen lassen (Person; Tote) 160; **aber:** ruhen lassen / ruhenlassen (Streit, die Arbeit) 160
ruhig bleiben ... 161 f. ①
ruhig stellen / ruhigstellen (Gelenk) 161 f. ③; **aber:** ruhigstellen (jemanden) 161 f. ②
rundmachen (jemanden aufregen) 161 f. ②
rund sein 110
rundheraus; rundumher
runderneuern 161 f. ②
rundfragen 161 f. ②
rundgehen 161 f. ②

s / S

Satire
satt essen (sich) 161 f. ①
satt machen / sattmachen 161 f. ③
satt werden 161 f. ①
sattgrün 100 ④
satthaben (etwas) 161 f. ②
sattsehen (sich) ... 161 f. ②
sauber halten 161 f. ①
sauber machen / saubermachen 161 f. ③
Saus: in Saus und Braus (leben)
schade sein (es ist schade) 110
Schaden: Schaden nehmen 160 f.; zu Schaden kommen
schadlos halten (sich)
Schande: zu Schanden / zuschanden machen / werden 186
Schänke / Schenke
scharf schießen 161 f. ①
scharf machen / scharfmachen (Messer, Essen) 161 f. ③; **aber:** scharfmachen (Hund) 161 f. ②
Scharm / Charme
schaurig-schön 282
Scheck / Check / Cheque (schweiz.)
scheu werden 161 f. ①
scheu machen / scheumachen (Pferde) 161 f. ③
Schi / Ski laufen 160 f.
schick / chic (nur undekliniert)
schief anschauen / gehen / sitzen ... 161 f. ①
schief gewickelt / schiefgewickelt (Verband) ... 100 ⑤; **aber:** schiefgewickelt sein (sich irren) 100 f. ⑤
schiefgehen (misslingen) 161 f. ②
schieflachen (sich) 161 f. ②
schiefliegen (im Irrtum sein) 161 f. ②
Schikoree / Chicorée
Schlange stehen 160 f.
schlank machen / schlankmachen (Diät) 161 f. ③
schlappmachen 161 f. ②
schlecht gehen (in Schuhen) ... 161 f. ①; **aber:** schlecht gehen / schlechtgehen (gesundheitlich) 161 f. ②
schlecht gelaunt / schlechtgelaunt ... 100 ⑤
schlecht machen (z. B. eine Arbeit schlecht ausführen) 161 f. ①; **aber:** schlechtmachen (schlecht über jemanden reden) 161 f. ②
schlecht reden (Probleme mit dem Reden haben) 161 f. ①; **aber:** schlechtreden (etwas) 161 f. ②
schlecht stehen (unbequem stehen) 161 f. ①; **aber:** schlechtstehen / schlecht stehen: *Um die Firma muss es schlechtstehen / schlecht stehen.* 161 f. ②

schlimm: zum Schlimmsten kommen, es ist das Schlimmste, auf das / aufs Schlimmste (gefasst sein) 57 f., 89
Schlittschuh laufen 160 f.
schmerzstillend 99 ①
schmerzempfindlich 99 ①
schmutzig grau 101 ⑦
schmutzig machen 161 f. ①
schnell laufen 161 f. ①
Schnelle: auf die Schnelle
schnuppe sein (jdm.) 110
schön machen / schönmachen (etwas, sich) 161 f. ③
schön schreiben (ordentlich schreiben) 161 f. ①; **aber:** schönschreiben (in Schönschrift) 161 f. ②
schön werden 161 f. ①
schönfärben (beschönigen) 161 f. ②
schön reden (deutlich oder stilvoll reden) 161 f. ①; **aber:** schönreden (beschönigen) 161 f. ②
schöntun 161 f. ②
schräg liegen / stehen ... 161 f. ①
schräg stellen / schrägstellen ... (z. B. eine Leiter) 161 f. ③
schrecklich nervös 101 ⑦
schuld sein 56
Schuld geben / haben / tragen 160 f.
Schulden: zu Schulden / zuschulden kommen lassen (sich) 186
schuldigsprechen 161 f. ②
schutzimpfen
schwach bevölkert / schwachbevölkert ... 100 ⑤
schwach werden (in Ohnmacht fallen) 161 f. ①; **aber:** schwachwerden (nachgeben) 161 f. ②
schwachmachen (jemanden zum Nachgeben bringen) 161 f. ②
schwarz: ins Schwarze treffen 57 f., 89; aus Schwarz Weiß machen 57 f., 89; schwarz auf weiß
schwarzärgern (sich) 161 f. ②
schwarzarbeiten 161 f. ②
schwarzmalen (pessimistisch darstellen) 161 f. ②
schwarzsehen (pessimistisch sein, ohne Gebühren fernsehen) 161 f. ②
Schwarzweißfilm / Schwarz-Weiß-Film 282
schwer behindert / schwerbehindert; schwer beschädigt / schwerbeschädigt 100 ⑤
schwer krank / schwerkrank; **aber:** sehr schwer krank 100 ⑥
schwer lernen / stürzen / verletzen ... 161 f. ①
schwer machen / schwermachen (Leben) 161 f. ②
schwer verständlich / schwerverständlich 100 ⑥; **aber:** zu schwer verständlich
schwerfallen (anstrengend sein) 161 f. ②
schwerhörig/mütig ... 100 ②
schwernehmen (etwas) 161 f. ②
schwerreich 100 ④
schwertun (sich mit etwas) 161 f. ②
Schwerverletzter / schwer Verletzter
Sciencefiction / Science-Fiction
Secondhandshop
seiltanzen
sein lassen / seinlassen 160
Seite: auf Seiten / aufseiten, von Seiten / vonseiten 186
seitwärtstreten ... 166 f.
sekundenlang 99 ①
selbst backen / machen ...

selbst gebackenes / selbstgebackenes Brot ...
selbständig / selbstständig
selig lächeln / werden ... 161 f. ①
selig machen / seligmachen (jmdn.) 161 f. ②
selig sein 110
senkrecht stehen 161 f. ①
separat
sequentiell / sequenziell
Sexappeal / Sex-Appeal
Shoppingcenter / Shopping-Center
Showmaster
Shrimp / Schrimp
sicher gehen (ohne zu stolpern) 161 f. ①; **aber:** sichergehen (Gewissheit haben) 161 f. ②
sicher machen / sichermachen 161 f. ②
sicherstellen (sichern, feststellen; in polizeilichen Gewahrsam nehmen) 161 f. ②
Sie (höfliche Anrede) 67
Silvester (31. Dezember)
Sinn haben / geben ... 160 f.
Sinn: von Sinnen (sein)
sitzen bleiben (nicht aufstehen) 160; **aber:** sitzen bleiben / sitzenbleiben (nicht versetzt werden) 160
Ski laufen / Schi laufen 160 f.
Small Talk / Smalltalk
so breit / fern / hoch / lang(e) / oft / viel(e) / weit ...
so etwas
so genannt / sogenannt
so was
sobald/fern/lang(e)/oft/viel/weit (Konjunktionen) (190)
sowohl ... als auch (189)
sodass / so dass (189)
Soft Drink / Softdrink 60
Softeis 60
solcher (74, 82)
Soll: sein Soll erfüllen
sonnenbaden 160 f.
sonst jemand / was / wer / wie / wo
sonstiger (178); das Sonstige 57 f., 179
Sorge tragen 160 f.
sowieso
sozusagen
Spagetti / Spaghetti
Spaß (österr. auch: Spass)
spät kommen / werden 161 f. ①
spät geboren / spätgeboren 100 ⑤
spätabends
spazieren gehen 160
Speise, speisen
spielen: Karten / Klavier ... spielen 160 f.
spitz zulaufen 161 f. ①
spitzbekommen/kriegen 161 f. ②
spitze sein: Das ist spitze.
splitter(faser)nackt
sprechen lernen 160
stabil machen 161 f. ①
Stängel
Stand: in Stand / instand (setzen) im Stande / imstande (sein), außer Stand / außerstand (setzen), zu Stande / zustande (bringen, kommen) 186
Standard
standhalten (ich halte stand) 160 f.
stark schütteln / werden ... 161 f. ①
stark besiedelte / starkbesiedelte Gegenden ... 100 ⑤
starkmachen (sich für etwas) 161 f. ②
statt + Genitiv (Präposition) (182)
statt deren, statt dessen (statt des Mannes), statt seiner; statt dass; **aber:** stattdessen; an Eides ... statt

stattfinden/geben ... 160 f.
Staub saugen / staubsaugen 160 f.
staubabweisend 99 ①
stecken lassen (Schlüssel) 160
stecken lassen / steckenlassen (Geld) 160
stehen bleiben / stehenbleiben (Uhr) 160
stehen lassen (das Auto) 160; **aber:** stehen lassen / stehenlassen (nicht länger beachten) 160
steif schlagen / steifschlagen (Sahne) 161 f. ③
steif werden ... 161 f. ①
steifhalten (Ohren) 161 f. ②
Stelldichein
Stelle: an Stelle / anstelle 186
sterben lassen (jemanden) 160; **aber:** sterben lassen / sterbenlassen (Projekt) 160
still bleiben 161 f. ①
still halten (Kopf) 161 f. ①; **aber:** stillhalten (nicht widersprechen, nichts verraten) 161 f. ②
still liegen (ohne Bewegung) 161 f. ①
still sein 110
still sitzen / stillsitzen (konzentriert sein) 161 f. ②
stillgestanden!
stilllegen (außer Betrieb setzen) 161 f. ②
stillschweigen 161 f. ②
stillstehen (außer Betrieb sein) 161 f. ②
stop (auf Verkehrsschildern), **aber:** Stopp! Anhalten!
strafversetzen
strahlend hell ... 101 ⑧
stramm marschieren 161 f. ②
stramm ziehen / strammziehen 161 f. ③
strammstehen 161 f. ②
Strapaze
streitig machen 161 f. ①
streng nehmen / 161 f. ①; streng genommen / strenggenommen 100 ⑤
streng riechen ...161 f. ①
streng sein 110
strenggläubig 100 ④
stromab/abwärts/auf/aufwärts fahren; **aber:** den Strom aufwärts
stundenlang; **aber:** eine Stunde lang
Sturm laufen / läuten 160 f.
substantiell / substanziell
superleicht/schwer ... 100 ④
Swimmingpool 55
sympathisch

t/T

T-Bone-Steak
Tag: eines Tag(e)s; bei Tage, unter Tage; zu Tage / zutage fördern / treten 186
tagaus, tagein
tagelang; **aber:** einige Tage lang
Taille
taubstumm 100 ③
tausend, tausende / Tausende 173
Teamwork
Teenie / Teeny
teilhaben/nehmen 160 f.
Temperatur
Terrasse
Thermometer
Thunfisch / Tunfisch
Teilzeit: (in) Teilzeit (arbeiten)
tief atmen / empfinden ... 161 f. ①
tief empfundene / tiefempfundene Liebe ... 100 ⑤
tiefblau/ernst ... 100 ④

tieffliegen (im Tiefflug fliegen) 161 f. ②
tiefgefrieren/kühlen 161 f. ②; tiefgefroren/gekühlt 100 ④
tiefstapeln 161 f. ②
Tisch: zu Tisch, bei Tisch
todernst/krank ... 100 ④
Top Ten
tot geboren / totgeboren 100 ⑤
tot sein 110
tot stellen (sich) 161 f. ①
tot umfallen 161 f. ①
totfahren/machen/schlagen ...
totlachen (sich) 161 f. ②
totschweigen 161 f. ②
touchieren
tranchieren / transchieren
Travellerscheck
treu bleiben 161 f. ①
treu ergeben / treuergeben 100 ⑤
Trimm-dich-Pfad
trocken rasieren (sich) 161 f. ①
trocken reinigen (im trockenen Zustand reinigen) 161 f. ①
trocken reiben / trockenreiben ... (Gläser) 161 f. ③
trockenlegen (Kind; Land) 161 f. ②
tschau / ciao
tschilpen / schilpen
tschüs / tschüss
T-Shirt
Tunnel, österr. auch Tunell

u / U

U-Bahn; U-Bahn-Station
übel gelaunt / übelgelaunt ... 100 ⑤
übel mitspielen ... 161 f. ①
übel nehmen / übelnehmen ... 161 f. ②
übelwollen 161 f. ②
übereinander lachen / reden 166 f.
übereinanderlegen/schlagen ... 166 f.
überhandnehmen
übermorgen
übrig haben (Geld) ... 161 f. ①
übrig bleiben (als Rest) 161 f. ①; **aber:** übrigbleiben (keine andere Wahl haben) 161 f. ②
übrig haben (Reste) 161 f. ①; **aber:** übrighaben (etwas für jemanden) (jemanden mögen) 161 f. ②
übrig sein 110
Übrige 178 f.: das Übrige, alles Übrige, ein Übriges tun, im Übrigen 57 f., 179
übrigens
ultrakurz 100 ④
ultramarinblau 100 ④
umeinander kümmern (sich) 166 f.
umeinanderdrehen (sich) 166 f.
umeinanderlaufen ... 166 f.
umherirren ... 166 f.
umhinkommen/können 166 f.
umso mehr / weniger ...
umständehalber: **aber:** der Umstände halber
unbekannt: eine Anzeige gegen unbekannt; nach unbekannt verzogen
unentgeltlich
ungeachtet dessen
Ungunst: zu Ungunsten / zuungunsten 186
Unheil verkünden / bringen ... 160 f.
Unheil verkündend / unheilverkündend ...; **aber:** nur großes Unheil verkündend, äußerst unheilverkündend 106 f.
uni gefärbt / unigefärbt 100 ⑤

unklar: im Unklaren bleiben / sein 57 f., 89
unrecht sein 56, 110
unrecht / Unrecht behalten / bekommen / geben / haben / tun 56 f.
Unrecht: im Unrecht sein, zu Unrecht 57
unser(e)twegen, uns(e)retwillen (182)
unten bleiben / stehen ... 166 f.
unten stehend / untenstehend 166 f.
unterdessen
untereinander ausmachen / verteilen ... 166 f.
untereinanderschreiben / setzen ... 166 f.

v/V

Varieté / Varietee
Verderb: auf Gedeih und Verderb
verloren geben / verlorengeben 107; verloren gehen / verlorengehen 107
verloren gegeben / verlorengegeben
verloren gegangene / verlorengegangene Koffer
verschüttgehen
Vertrauen erwecken 160 f.; Vertrauen erweckend / vertrauenerweckend; **aber:** großes Vertrauen erweckend, äußerst vertrauenerweckend, (noch) vertrauenerweckender ... 106 f.
viel befahren / vielbefahren
viel lesen / fahren ...
viel gelesen: ein viel gelesenes / vielgelesenes Buch; **aber:** Ich habe viel gelesen.
viele / Viele 178
vieldeutig/fach ... 100 ②
Vielfache: um ein Vielfaches (größer ...) 177
vielmals; aber viele Male
viertel: eine viertel Stunde / Viertelstunde; in drei viertel Stunden / Viertelstunden; um viertel acht, um drei viertel acht; um Viertel vor acht 175 f.
vitaminhaltig 100 ②; **aber:** Vitamin-B-haltig 282
voll: ein Glas voll Wasser; den Mund voll nehmen 161 ①; in die Vollen gehen; aus dem Vollen schöpfen 89
voll arbeiten (in Vollzeit) 161 f. ①
voll automatisiert / vollautomatisiert; voll besetzt / vollbesetzt; voll entwickelt / vollentwickelt ... 100 ⑤
voll beschäftigt (konzentriert bei der Arbeit); **aber:** vollbeschäftigt (nicht in Teilzeit oder Kurzarbeit) 100 ⑤
voll füllen / vollfüllen, voll laden / vollladen, voll laufen / volllaufen, voll tanken / voll tanken ... 161 f. ③
voll sein 110
vollautomatisch 100 ④
vollbringen/enden ...
vollessen (sich) 161 f. ③
volljährig 100 ②
vollstrecken; vollziehen ...
vollwertig 100 ②
voneinander abschreiben / lernen 166 f.
voneinandergehen ... 166 f.
vonnöten sein
vonseiten / von Seiten 186
vonstattengehen
vor allem
vorangehen ... 166 f.

vorangehend 166 f.
Vorangehende: Vorangehende, Vorangehendes, im Vorangehenden
voraus: im Voraus 57 f.
vorausgehen/sagen ... 163
vorbei sein 110
vorbeifahren/gehen ... 166 f.
voreinander fliehen ... 166 f.
vorher gehen / kommen / machen ... (noch vor dem/den anderen) 166 f.
vorhersagen/sehen ... 166 f.
vorliebnehmen
vornherein: von vorn(e)herein
vornüberbeugen ... 166 f.
vorüber sein 110
vorübergehen ... 166 f.
vorwärtsblicken/gehen ... 166 f.
vorweg sein 110
vorwegnehmen/schicken ... 166 f.

w / W

waag(e)recht stehen ... 161 f. ①
wach bleiben (nicht schlafen) 161 f. ①
wach rütteln / wachrütteln ... 161 f. ③
wach sein 110
wach werden (aufwachen) 161 f. ①; **aber:** wachwerden / wach werden (Erinnerungen) ... 161 f. ②
wachrufen (Erinnerungen) 161 f. ②
Wache halten / schieben 160 f.
währenddessen
Wagen 48
wahr bleiben / werden ... 161 f. ①
wahr machen / wahrmachen ... 161 f. ②
wahr sein 110
wahrnehmen (bemerken) 161 f. ②
wahrsagen (prophezeien) 161 f. ②
warm anziehen (sich) 161 f. ①
warm laufen (Motor; Sportler) 161 f. ①
warm machen / warmmachen (Essen) 161 f. ③; **aber:** warm machen (sich) 161 f. ①
warm stellen / warmstellen 161 f. ③
warmhalten (sich jemanden) 161 f. ②
warmwerden / warm werden (mit jemandem) 161 f. ②
Wasser trinken 160 f.
Wasser abweisend / wasserabweisend; **aber:** besonders wasserabweisend 106 f.
Weg: etwas zu Wege / zuwege bringen 182
wegwerfen 166 f.
weh tun / wehtun 160 f.
weich klopfen / weichklopfen (etwas) 161 f. ③ ; **aber:** weichklopfen (jemanden überreden) 161 f. ②
weich kochen / weichkochen (ein Ei) 161 f. ③ ; **aber:** weichkochen (jemanden zum Nachgeben bringen) 161 f. ②
Weisheit
weismachen; weissagen
weiß blühen 161 f. ①
weiß streichen / weißstreichen; weiß tünchen / weißtünchen ... 161 f. ③
weit gehen 161 f. ①
weit gehend / weitgehend 100 ⑤
weit: das Weite suchen, (sich) ins Weite (verlieren), im/des Weiteren, alles Weitere 89; ohne weiteres / ohne Weiteres

(österr. ohneweiters), von weitem / von Weitem, bei weitem / bei Weitem, bis auf weiteres / bis auf Weiteres
weit gehend / weitgehend; weiter gehende Schritte 100 ⑤; **aber:** weitgehendere Schritte 100 ②
weit reichend / weitreichend; weiter reichende Maßnahmen 100 ⑤; **aber:** weitreichendere Maßnahmen 100 ②
weitergeben/fahren/gehen/reichen ... 166 f.
weitspringen (Sport) 161 f. ②
wenig: ein wenig, wenige, die wenigsten, weniges, das wenige, das wenigste, bei besonderer Betonung auch: Wenige, die Wenigen, das Wenige, das Wenigste 178
wenig befahrene / wenigbefahrene Straßen
wenig fahren / lesen ...
wenig gelesene / weniggelesene Bücher; **aber:** Ich habe wenig gelesen.
Wert legen auf 160 f.
wertschätzen
wetteifern/laufen/machen
Wetttauchen 42
wetterleuchten: es wetterleuchtet, es hat gewetterleuchtet
wichtig nehmen 161 f. ①
wichtig sein 110
wichtigmachen (sich), wichtigtun (sich) 161 f. ②
wider: das Für und Wider
widerspenstig 100 ②
widerspiegeln
widersprechen/streben ...
widerwärtig 100 ②
wie: wie hoch / oft / viel(e) / weit ... (Fragewörter)
wieder aufnehmen / wiederaufnehmen 166 f.
wieder bekommen (erneut bekommen) 166 f.
wieder beleben (Wirtschaft) 166 f.
wieder einstellen / wiedereinstellen 166 f.
wieder eröffnen / wiedereröffnen 166 f.
wieder herstellen (erneut herstellen) 166 f.; **aber:** wiederherstellen (in den alten Zustand bringen) 166 f.
wieder holen (noch einmal holen): *Ich habe den Saft wieder geholt, der so gut schmeckt.* 166 f.; **aber:** wiederholen (zurückholen) 166 f.; wiederholen (den Lernstoff) 166 f.
wieder sehen (nach der Augenoperation) 166 f.; **aber:** wieder sehen / wiedersehen (jemanden erneut treffen): *Ich muss dich unbedingt bald wieder (mal) sehen / wiedersehen.* 166 f.
wieder tun (erneut tun) 166 f.
wiederaufbereiten (Brennelemente); wiederauferstehen 166 f.
wiederbekommen (zurückerhalten) 166 f.
wiederbeleben (jemanden) 166 f.
wiedergrüßen (Gruß erwidern) 166 f.
wiederholen (etwas noch einmal tun) 166 f.
wiederkäuen 166 f.
wiederkehren 166 f.
Wiedersehen: jemandem auf Wiedersehen / Auf Wiedersehen sagen
Wille/Willen: guten Willens sein
womit/nach/von/vor ... (241)

woanders; woandershin
wohl dosierte / wohldosierte Mengen
wohl durchdacht: *Er hat es nicht wohl durchdacht.*; wohl durchdachte / wohldurchdachte Entscheidungen
wohl erzogen / wohlerzogen
wohl ergehen: *Wie wird es ihm jetzt wohl ergehen?*
wohl ergehen / wohlergehen: *Es soll dir wohl ergehen / wohlergehen.* **Aber:** *Wie wird es ihm jetzt wohl ergehen?*
wohlfühlen / wohl fühlen (sich): *Du sollst dich bei uns wohlfühlen / wohl fühlen.* **Aber:** *Wie mag sie sich wohl fühlen?*
wohlbehalten/habend/weislich/gelitten/verdient/wollend
Wort: zu Wort kommen
wund laufen / wundlaufen 161 f. ③
wund liegen / wundliegen 161 f. ③
Wunder: was Wunder; Wunder was
wundernehmen (es nimmt wunder) 160 f.
wurst / wurscht sein

x / X

x-Achse 282
X-Beine 282
x-beinig / X-beinig 282
x-beliebig 282
x-fach 282
x-mal 282
x-te: der x-te Besucher, das x-te Mal, zum x-ten Mal(e) 282

y / Y

y-Achse 282
Yacht / Jacht
Y-Chromosom 282

z / Z

Zähheit
zahlreich: zahlreich vertreten sein; Zahlreiche kamen zum Fest. 57 f., 89
zart berühren 161 f. ①
zart fühlend / zartfühlend; zartfühlender; **aber:** zarter fühlend 100 ⑤
zartrosa 100 ④
Zaziki / Tsatsiki
zeit seines Lebens; **aber:** zeitlebens
Zeit: eine Zeit lang / Zeitlang; zu jeder Zeit; zur Zeit Bachs; **aber:** zurzeit; zu Zeiten großer Armut
Zierrat
zigtausend(e) / Zigtausend(e)
zu: zu hoch / oft / viel(e) / weit; zu Ende, zu Fuß, zu Hause / zuhause bleiben; zu Hilfe (kommen ...); zu Lande und zu Wasser; zu Schaden kommen; zu Zeiten Bachs
zuallererst/letzt/meist
zueinander sprechen 166 f.
zueinander finden / zueinanderfinden 166 f.
zueinander passen / zueinanderpassen 166 f.
zueinander stehen: *Wie sie wohl zueinander stehen?*
zueinanderstehen: *Wir müssen zueinanderstehen.* 166 f.
zufrieden machen 161 f. ①
zufrieden sein 110

zufrieden stellen / zufriedenstellen 161 f. ②
zufriedengeben (sich) 161 f. ②
zufriedenlassen (jemanden) 161 f. ②
zugegebenermaßen
zugrunde / zu Grunde gehen / richten 186
zugunsten / zu Gunsten; **aber:** zu seinen Gunsten
zugutehalten/kommen
Zuhause: das Zuhause
zuhause / zu Hause
zuhinterst
zulasten / zu Lasten 186
zuleide / zu Leide tun 186
zuliebe + Dativ: mir zuliebe (183)
zumal
zumute / zu Mute sein 186
zunichtemachen
zunutze / zu Nutze machen 186
zupass(e)kommen
zurande / zu Rande kommen 186
zurate / zu Rate ziehen 186
zurechtfinden (sich) 166 f.
zurechtmachen/rücken/ziehen 166 f.
zurzeit (im Moment); **aber:** zur Zeit Napoleons
zusammen sein 110
zusammen sitzen (nicht allein) 166 f.; **aber:** zusammensitzen (sich treffen) 166 f.
zusammen tragen (gemeinsam) 166 f.; **aber:** zusammentragen (sammeln) 166 f.
zuschanden / zu Schanden machen 186
zuschulden / zu Schulden kommen lassen 186
zustande / zu Stande bringen / kommen 186
Zustandekommen: das Zustandekommen eines Treffens
zustattenkommen
zutage / zu Tage fördern / treten ... 186
zuteilwerden
zuungunsten / zu Ungunsten 186
zuunterst
zuvorderst
zuvorkommen
zuwege / zu Wege bringen 186
zuweilen (manchmal)
zuwider sein 110
zuwiderhandeln 163
zweifach / 2fach / 2-fach
zweifelsohne
Zweipfünder / 2-Pfünder 282
zweitletzter Tag; als Zweitletzter
zwischenfinanzieren/landen ...

Erklärung der Fachbegriffe

Hier finden Sie Erklärungen zu allen Wörtern und Fachbegriffen, die in diesem Buch vorkommen. In dieser Liste sind außerdem einige Fachbegriffe erklärt, die in diesem Buch nicht auftauchen. Aber Sie begegnen ihnen vielleicht in anderen Büchern.

- Oftmals sind in Schrägschrift auch **Beispiele** angegeben.
- Hinter einem deutschen Fachbegriff wird meistens mit dem Zeichen ▶ auf die lateinische Bezeichnung verwiesen, z. B.:

  Umstandswort ▶ Adverb

  Schlagen Sie dann bitte unter der lateinischen Bezeichnung nach. Sie finden dort weitere Informationen.
- Die rechts angegebenen **Seitenzahlen** führen Sie zu den Seiten in diesem Buch, auf denen Sie weitere Erklärungen nachlesen können. Ein *f.* bzw. ein *ff.* bedeutet, dass Sie auch auf den folgenden Seiten weiterlesen sollten. Wenn eine Seitenzahl fett gedruckt ist, finden Sie dort die wichtigsten Erklärungen.

abänderndes Verb ▶ modifizierendes Verb	
Ablaut Wechsel des Vokals in einem Wortstamm. *b**i**nden, b**a**nd, geb**u**nden; der B**a**um, die B**ä**ume*	41
Ableitung Bildung von Wörtern durch Anhängen von Präfixen und Suffixen und anderen Wortendungen an einen Wortstamm. ***leit** ab**leit**en, Um**leit**ung*	40
Absichtssatz ▶ Finalsatz	
Abstrakta (Singular: Abstraktum) Nomen für gedachte Dinge, die wir nicht mit den Sinnen begreifen können. *Freude, Stille, Weisheit*	44
Adjektiv (Eigenschaftswort, Wiewort) beschreibt, wie etwas beschaffen ist. *schön, klein, bunt*	53, **87 ff.**, 163, 201, 209, 264 f.
Adjektivadverb Adjektiv, das undekliniert als Adverb benutzt wird. *Er lügt **schlecht**.*	96, 163
Adjektivattribut Adjektiv, das als Attribut zu einem Nomen benutzt wird. *der **neue** Mitarbeiter*	96, 209
Adverb (Umstandswort) nicht flektierbare Wortart. Adverbien beschreiben die Umstände einer Handlung oder eines Geschehens. *schon, hier, gern, deshalb*	**163 ff.**, 203, 240 f.

Adverbial (adverbiale Bestimmung, Umstandsbestimmung) ein Satzglied	96, 202 ff., 250 f.
Adverbialattribut (Umstandsbeifügung) das Auto ***auf der Straße***	211
Adverbiale Bestimmung ▶ Adverbial	
Adverbialsatz ersetzt das Satzglied *Adverbial* des Hauptsatzes. *Sie ging fort, **als es noch dunkel war**.*	249 f., 252
adversativ einen Gegensatz ausdrückend. *Es ist nicht sonnig, **sondern** regnerisch.*	189, 190, 238
Adversativsatz Nebensatz, der einen Gegensatz zur Handlung des Hauptsatzes ausdrückt; wird eingeleitet durch die Konjunktionen *während, wohingegen. Ich arbeite Tag und Nacht, **wohingegen du immer nur herumsitzt**.*	237
Akkusativ 4. Fall, Wen-Fall. ***den** Baum, mich*	51
Akkusativobjekt (direktes Objekt, Satzergänzung im 4. Fall) ein Satzglied. *Ich nehme den **roten Mantel**.*	**196 f.**, 243, 249
Aktiv Tatform bei Verben. *er **läuft***	104, 140
Alternativfrage ▶ Wahlfrage	
Anführungszeichen „ " umschließen wörtliche Rede und Zitate. *Er sagte: „Ich freue mich."*	283 f.
Anglizismus Einführung und Benutzung englischer Wörter in der deutschen Sprache. *sich outen, der Event*	60
Anrede *Liebe Tina, sehr geehrte Damen und Herren,*	
Das Komma bei Anreden *Guten Tag, Frau Meier, ...*	270
höfliche Anrede *Sie, Ihnen*	67, 72 f., 130
Apostroph ' Auslassungszeichen. *Mir macht's nichts aus.*	284 f.
Apposition besondere Form der Beifügung. *Frau Meyer, **die neue Nachbarin**, hat einen Goldfisch.*	**211 ff.**, 270
Artikel (Geschlechtswort)	62 ff.
bestimmter Artikel (Definitartikel) *der, die, das*	63 f.
unbestimmter Artikel (Indefinitartikel) *ein, eine*	64
Attribut (Beifügung) Satzgliedteil; ergänzt Satzglieder. *Du kaufst sofort ein **neues** Auto.*	**206 ff.**, 251
Attributsatz Nebensatz, der ein Attribut ersetzt. *Der Zug, **der jetzt fahren müsste**, kommt nicht.*	250 f., 252
Aufforderungssatz Form des Befehlssatzes. *Gehen Sie bitte nach Hause.*	225 ff.

Aufforderungssatz in der indirekten Rede *Sie verlangte, **er solle bleiben**.* 137

Ausklammerung Auflösung einer Satzklammer 256 f.

Auslassungspunkte ... zeigen an, dass Text ausgelassen wurde. 287

Auslassungszeichen ▶ Apostroph

Ausrufesatz *Das ist aber schön!* 231

Ausrufezeichen ! Schlusszeichen bei Befehls- und Ausrufesätzen. *Geh jetzt!* 262

Aussagesatz einfacher Satz, Hauptsatz. *Roland lacht.* 224 f., 232

Aussageweise ▶ Modus

Bedingungssatz ▶ Konditionalsatz

Befehlsform ▶ Imperativ

Befehlssatz Hauptsatzart mit Befehlsform. *Geh weg!* 226 ff.

Begleiter zusammenfassender Begriff für Wortarten, die ein Nomen begleiten können. ***das/ein/dieses/kein/mein/jedes** ... Haus* **49 f.**, 57 f., 69, 73, 81, 83

Begriffswort ▶ Abstrakta

Begründungssatz ▶ Kausalsatz

Beifügung ▶ Attribut

Beistrich ▶ Komma

besitzanzeigendes Fürwort ▶ Possessivpronomen

Bestätigungsfrage *Du fährst erst morgen zurück?* 229

bestimmter Artikel ▶ Artikel

bestimmtes Geschlechtswort ▶ Artikel

Bestimmungswort erster Bestandteil eines zusammengesetzten Wortes, bestimmt das Grundwort näher. ***Hand**schuh, **Blumen**topf, **sonnen**gebräunt* 41 f.

Betonung Bei mehrsilbigen Wörtern wird immer eine Silbe besonders betont. *<u>heu</u>te*. Bei Sätzen werden einzelne Wörter besonders betont. *Er geht morgen <u>fort</u>. Er geht <u>morgen</u> fort.*

Betonung bei Verben mit trennbarem Präfix 38

Beugung ▶ Flexion ▶ Deklination ▶ Konjugation

bezügliches Fürwort ▶ Relativpronomen

bezügliches Umstandswort ▶ Relativadverb

Bezugssatz ▶ Relativsatz

Bezugswort Wort, auf das sich ein anderes Wort bezieht; z. B. haben alle Begleiter, Adjektive, Präpositionen und Relativpronomen Bezugswörter. ***die Frau***, *die ich sah* — 78 ff., 87, 181

Bindestrich - wird als Trennstrich verwendet — 281 ff.

Bindewort ▶ Konjunktion

Bindewortsatz ▶ Konjunktionalsatz

Bruchzahl Zahlwort. *ein Viertel, zwei Drittel* — 175 f.

Buchstabe kleinste Einheit der geschriebenen Sprache

Dativ 3. Fall, Wem-Fall. *dem Nachbarn; mir* — 51

Dativobjekt (indirektes Objekt, Satzergänzung im 3. Fall) *Ich helfe* ***meinem Chef***. — **197**, 243, 249

Definitartikel ▶ Artikel

Deklination (Beugung, Flexion) Veränderung von deklinierbaren Wörtern durch Anhängen von Endungen, um verschiedene Kasus- und Numerusformen zu bilden

Deklination der Adjektive — 90 ff.

Deklination der Artikel — 63 f.

Deklination der Nomen — 51 ff.

Deklination der Pronomen — 66 ff.

Demonstrativpronomen (hinweisendes Fürwort) *dieser, jenes* — 73 ff.

Dialekt Mundart. *Badisch, Berlinerisch, Sächsisch*

Diphthong (Zwielaut). Doppellaut. *äu, eu, ai* — 20

direkte Rede (wörtliche Rede) *Er sagte:* ***„Ich gehe jetzt."*** — 136, 283 f.

direktes Objekt ▶ Akkusativobjekt

Doppelpunkt : steht vor wörtlicher Rede — 279

Drehprobe Hilfsmittel zur Prüfung der Gleichrangigkeit aufgezählter Adjektive — 266

dreiwertige Verben *geben, gestehen, schicken* — 215 f.,

Eigenname Name für Personen, Tiere, Gebäude, Städte, Flüsse, Länder — 44 f.

Groß- und Kleinschreibung bei Eigennamen — 55

Eigenschaftswort ▶ Adjektiv

Einräumungssatz ▶ Konzessivsatz.

einwertige Verben *niesen, faulen, sich ereignen* — 214, 216

Einzahl ▶ Singular

Ellipse bewusste Auslassung von Satzteilen oder -gliedern 232

Empfindungswort ▶ Interjektion

Entscheidungsfrage kann mit *Ja* oder *Nein* beantwortet werden 137, **228**, 246

Ergänzungsfrage W-Frage, Satzgliedfrage, fragt nach einem Satzglied 137, 228 f.

Ersatzprobe Hilfsmittel zur Bestimmung der Satzglieder **205 f.**, 208

erweiterte Grundformgruppe ▶ Infinitivgruppe

erweiterte Infinitivgruppe ▶ Infinitivgruppe

erweiterte Mittelwortgruppe ▶ Partizipialgruppe

erweiterte Partizipialgruppe ▶ Partizipialgruppe

Fall ▶ Kasus

Farbadjektive *rot, beige, blau* 93, 98

feminin (weiblich) ein Genus. *die Tanne* 46, 62 f.

final einen Zweck, eine Absicht kennzeichnend ▶ Finalsatz

Finalsatz (Absichtssatz, Zwecksatz) Nebensatz, der angibt, für welchen Zweck bzw. mit welcher Absicht die Handlung des Hauptsatzes erfolgt; wird eingeleitet durch die Konjunktionen *damit, auf dass, um ... zu. Wir gehen zur Schule,* ***damit*** *wir etwas lernen.* 237, 253

finite Form konjugierte (gebeugte) Form bei Verben

flektiert (gebeugt). Zusammenfassender Begriff für *dekliniert* (bei Nomen und Adjektiven) und *konjugiert* (bei Verben). Gegensatz: *unflektiert*

Flexion (Beugung) Zusammenfassender Begriff für *Deklination* und *Konjugation*. Veränderung von Nomen, Pronomen, Adjektiven (Deklination) und Verben (Konjugation) durch Anhängen verschiedener Endungen. ▶ Deklination ▶ Konjugation

Folgesatz ▶ Konsekutivsatz

Fragefürwort ▶ Interrogativpronomen

Fragepronomen ▶ Interrogativpronomen

Fragesatz *Wer bist du?* 227 ff., 243 f., 247

Fragewort leitet Fragesätze ein. Hierzu gehören Interrogativpronomen und -adverbien. *wer? was? wo?* 81 f., 165, 228

Fragezeichen ? schließt Fragesätze ab 262

Fremdwort Wort, das aus einer anderen Sprache ins Deutsche übernommen wurde und dessen Schreibung und Aussprache weitgehend erhalten sind. *Computer, Facette, Visite*

Füllwort nicht flektierbares Wort, das die innere Haltung des Sprechers zum Ausdruck bringt, z. B. Verwunderung. *Du gehst* ***doch*** *nicht* ***etwa****? Kannst du* ***denn*** *schon lesen?* — 168

Fürwort ▶ Pronomen

Fugenlaut eingeschobener Hilfslaut. *sehen**s**wert, versehen**t**lich, werb**e**wirksam* — 42, 88, 99

Futur I (Zukunft) eine der sechs Zeiten. *ich werde gehen, ich werde spielen* — 128, 132 f., 259 f.

Futur II (vollendete Zukunft) eine der sechs Zeiten. *ich werde gegangen sein, ich werde gespielt haben* — 129, 132 f., 259 f.

Gattungszahlwort *dreierlei* — 177

Gedankenstrich – gliedert einen Satz — 280

Gegensatz ▶ adversativ, Adversativsatz

Gegenwart ▶ Präsens

Gegenstandswort ▶ Nomen

gemischte Deklination Deklination von Nomen und Adjektiven, die Merkmale der starken und der schwachen Deklination besitzt

gemischte Deklination der Nomen — 55, 92

gemischte Deklination der Adjektive — 92

gemischte Konjugation (unregelmäßige Konjugation) Konjugation von Verben, die Merkmale der starken und der schwachen Konjugation besitzt — 118

Genitiv 2. Fall, Wessen-Fall, ***des*** *Bruders, meiner* — 51

Genitivattribut (Beifügung im 2. Fall) *die Frau des* ***Bäckers*** — 210

Genitivobjekt (Satzergänzung im 2. Fall) ein Satzglied. *Ich bin mir* ***der Sache*** *bewusst.* — 197 f., 249

Genus (Geschlecht) grammatisches Geschlecht, das Dingen, Personen, Tieren und Pflanzen in der Grammatik zugewiesen wird. Maskulin (männlich): *der Garten*; feminin (weiblich): *die Blume*; neutral (sächlich): *das Haus* — 46

Genus verbi Verwendungsweise eines Verbs: aktiv oder passiv. *tragen – getragen werden*

Geschlecht ▶ Genus

Geschlechtswort ▶ Artikel	
gleichrangig grammatische Formen auf gleicher sprachlicher Ebene (z. B. gleichrangige Sätze, gleichrangige Adjektive)	265 f., 269, 274
Gleichsetzung ▶ Prädikatsnomen, Prädikatsadjektiv	
Gleichzeitigkeit ein zeitliches Verhältnis der Handlungen in Haupt- und Nebensatz	256 ff.
Gliedsatz Nebensatz, der ein Satzglied ersetzt	248 ff.
Grammatik Lehre von der Sprache	
grammatisches Geschlecht ▶ Genus	
Grundform ▶ Infinitiv	
Grundformgruppe ▶ Infinitivgruppe	
Grundstufe ▶ Positiv	
Grundwort letzter Bestandteil eines zusammengesetzten Wortes, der die Wortart, bei Nomen auch das Geschlecht und den Numerus des zusammengesetzten Wortes (Kompositums) bestimmt. *die Haus**tür**, der Auto**reifen**, sonnen**gebräunt***	41 f.
Grundzahl ▶ Kardinalzahl	
Hauptsatz Aussagesatz. *Ich lese ein Buch.*	224 ff.
Hauptwort ▶ Nomen	
Hilfsverb (Hilfszeitwort) *sein, haben, werden*	**107 ff.**, 125
Hilfszeitwort ▶ Hilfsverb	
hinweisendes Fürwort ▶ Demonstrativpronomen	
Hochdeutsch Standardsprache des Deutschen, wie sie auch an Schulen gelehrt wird	
Höchststufe ▶ Superlativ	
höfliche Anrede höfliche Anrede in der 3. Person. *Sie, Ihr*	67, 72 f., 130
Homonyme Wörter mit identischer Schreibung, aber unterschiedlicher Bedeutung. *das Band – der Band*	46 ff.
Homophone Wörter, die gleich klingen, aber unterschiedlich geschrieben werden. *läute – Leute*	24
Imperativ (Befehlsform) ein Modus des Verbs. *Geh heim!*	130 f.
Imperfekt ▶ Präteritum	
Indefinitartikel ▶ Artikel	

Indefinitpronomen (unbestimmtes Fürwort) *alle, jeder*	83 ff.
Indikativ (Wirklichkeitsform) eine Aussageweise des Verbs. *sie fährt heute*	103, 130
indirekte Rede *Er sagte, sie sei gekommen.*	**136 ff.**, 243 f., 247
indirekter Fragesatz *Sie fragt sich, **wann** er kommt.*	**137**, 243 f., 247
indirektes Objekt ▶ Dativobjekt	
Infinitiv (Grundform) unkonjugierte/unflektierte Form des Verbs. *schreiben, laufen*	103
Infinitivgruppe (Grundformgruppe) zu + Infinitiv + Objekt oder Adverbial als Ersatz für einen Nebensatz	250 ff., 275 ff.
Interjektion (Empfindungswort) unflektierbares Wort, das Empfindungen oder Geräusche beschreibt. *Ach! Aua! Oh! Buh! Jippie! Platsch! Boing! He! Heul! Stöhn! Miau!* Auch Begrüßungswörter gehören dazu. *Hallo! Hi! Ciao!*	43
Interpunktion Zeichensetzung.	261 ff.
Interrogativpronomen (Fragefürwort) *welcher, wer, was?*	81 f.
Intonation Betonung. Das Heben und Senken der Stimme, vor allem bei Sätzen, z. B.: Entscheidungsfrage: Stimme hebt sich zum Satzende. *Gehst du heute mit?* Aussagesatz: Stimme senkt sich. *Er geht heute mit.*	
intransitiv (nicht zielend) ist ein Verb, das kein Akkusativobjekt bei sich haben kann. *ich huste*	114 f.
Irrealis Konjunktiv, Modus der Unwirklichkeit ▶ Konjunktiv	
Iterativzahlen ▶ Wiederholungszahlen	
Kardinalzahl (Grundzahl) *eins, zwei, drei*	171 ff.
Kasus (Fall) Deklinationsform, die Nomen, Adjektive, Pronomen, Artikel und Zahlwörter für die Übernahme einer Aufgabe im Satz annehmen	51
Nominativ (1. Fall) Wer-Fall: *der Mann*	51
Genitiv (1. Fall) Wessen-Fall: *des Mannes*	51
Dativ (1. Fall) Wem-Fall: *dem Mann*	51
Akkusativ (1. Fall) Wen-Fall: *den Mann*	51
Kausaladverbial Adverbiale Bestimmung des Grundes	**203**, 250

Kausalsatz (Begründungssatz) Nebensatz, der die Begründung für die Handlung des Hauptsatzes liefert; wird eingeleitet durch die Konjunktionen ***weil, da***. *Sie hat Stress,* ***da*** *sie bald in Urlaub gehen will.* 236

Klammern ( ) ein Satzzeichenpaar 286 f.

Komma gliederndes Satzzeichen 262 ff.

Komparation ▶ Steigerung

Komparativ (Steigerungsstufe) zweite Stufe der Steigerung des Adjektivs. *größer, weiter, kleiner* 93 ff.

Komparativsatz (Vergleichssatz) Nebensatz, der einen Vergleich zum Inhalt des Hauptsatzes bietet; eingeleitet durch die Konjunktionen *als, als ob, je, desto. Es kam,* ***wie ich es mir gedacht hatte****.* 237, 246 f.

Kompositum (zusammengesetztes Wort) Wort, das aus zwei oder noch mehr Wörtern zusammengesetzt ist. *Glückwunschkarte, Parkhaus, langlebig, untergehen* 41 f., 59

Konditionalsatz (Bedingungssatz, Wenn-Satz) Nebensatz, der eine Bedingung für die Handlung des Hauptsatzes stellt; wird eingeleitet durch die Konjunktionen *wenn, falls.* ***Falls*** *du heute nicht kommen kannst, treffen wir uns morgen.* 236, 245 f.

nicht eingeleitete Konditionalsätze 245 f.

Kongruenz (Übereinstimmung) Übereinstimmung der Wortendungen nach Genus, Numerus, Kasus und/oder Person. *gut****en Mutes****, schön****en Dingen****, ich fahr****e*** 49, 122, 195, 209

Konjugation (Beugung des Verbs) Veränderung des Verbs durch Anhängen verschiedener Endungen, um das Genus verbi (Aktiv oder Passiv), den Modus, die Person, den Numerus und die Zeit (Tempus) festzulegen. 116 ff.

Konjunktion (Bindewort) verbindet Satzglieder, Satzgliedteile und Sätze. *und, oder, weil, wenn* 94, **188 ff.**, 237 f.

Konjunktionaladverb Adverb, das Hauptsätze verbindet. *daher, zuvor, dennoch* 168

Konjunktionalsatz (Bindewortsatz) wird durch unterordnende Konjunktionen eingeleitet. *Ich weiß,* ***dass*** *ich nichts weiß.* 236 f.

Konjunktiv (Möglichkeitsform) ein Modus des Verbs. *Er sagt, er* ***sei*** *krank.* 104, 131 ff.

konkretes Nomen (Gegenstandswort) Namenwort für etwas, das man mit seinen Sinnen wahrnehmen kann. *Stuhl, Zange, Metall* 44

konsekutiv eine Folge beschreibend

Konsekutivsatz (Folgesatz) Nebensatz, der eine Folge der Handlung des Hauptsatzes beschreibt. *Er sprach so laut, **dass ihn alle hörten.*** 237

Konsonant (Mitlaut) *b, c, d, f, g* 21 f.

Kontext Textzusammenhang

Konzessivsatz (Einräumungssatz) Nebensatz, der eine Handlung ausdrückt, die im Widerspruch zur Handlung des Hauptsatzes steht; wird eingeleitet durch die Konjunktionen *obwohl, obgleich, wenn auch. Es regnet, **obwohl schönes Wetter vorausgesagt worden ist.*** 237

Laut Grundbaustein der gesprochenen Sprache

Leideform ▶ Passiv

Lexem Wortbaustein, der auch für sich schon ein selbstständiges Wort ist. *häufig, Bild, gehen* 34

lokal Ort oder Richtung betreffend

Lokaladverbial Adverbiale Bestimmung des Ortes 202

Lokalsatz Bezugssatz, der einen Ort oder eine Richtung angibt; wird eingeleitet durch wo, wohin, woher. *Das Buch liegt dort, **wo ich es hingelegt habe**.* 240

männlich ▶ maskulin

maskulin (männlich) ein Genus. *der Jäger* 46, 62 f.

Mehrzahl ▶ Plural

Mitlaut ▶ Konsonant

Mittelwort der Gegenwart ▶ Partizip Präsens

Mittelwort der Vergangenheit ▶ Partizip Perfekt

Mittelwortgruppe ▶ Partizipialgruppe

Modaladverbial Adverbiale Bestimmung der Art und Weise **203**, 250

modales Verb ▶ Modalverb

Modalsatz Nebensatz, der die Art und Weise der Handlung des Hauptsatzes erläutert; wird eingeleitet durch die Konjunktionen *indem, wobei. Du kannst mir helfen, **indem du die Spülmaschine ausräumst**.* 238

Modalverb (modales Zeitwort) Verb, das die Art und Weise eines anderen Verbs oder einer Handlung näher bestimmt. *dürfen, müssen, können* 111 ff., 150 ff.

modifizierende Verben (abänderndes Verb) werden zusammen mit zu + Infinitiv eines Verbs benutzt und wandeln dessen Bedeutung ab. *Er **pflegt zu** lesen. Sie **versucht zu** lesen. Du **brauchst** es nur (zu) lesen.*

Modus (Aussageweise) Es gibt drei Aussageweisen: Indikativ (Wirklichkeitsform), Konjunktiv (Möglichkeitsform), Imperativ (Befehlsform) 130 ff.

Möglichkeitsform ▶ Konjunktiv

Morphem kleinster bedeutungstragender Wortbaustein. *bau, -lich, vor-* 34

Multiplikativzahl ▶ Vervielfältigungszahl

Nachfrage *Du hast wen getroffen?* 228 f.

Nachsilbe ▶ Suffix

Nachzeitigkeit ein zeitliches Verhältnis der Handlungen in Haupt- und Nebensatz 256 ff.

Namenwort ▶ Nomen

natürliches Geschlecht ▶ Sexus

nebenordnende Konjunktion *und, oder, aber* 188 f.

Nebensatz inhaltlich vom Hauptsatz abhängiger Satz 234 ff.

Negation ▶ Verneinung

neutral (Neutrum, sächlich) ein Genus. *das Schiff* 46, 62 f.

Neutrum ▶ neutral

nicht notwendiger Relativsatz *Ich mag Kuchen, **der viel Schokolade enthält**.* 241

nicht zielend ▶ intransitiv

Nomen (Hauptwort, Substantiv) Wort, das Lebewesen, Pflanzen, Gegenstände und nicht mit den Sinnen wahrnehmbare Dinge benennt. *das Haus, die Sonne* 44 ff.

Nominalisierung (Substantivierung) Gebrauch eines Wortes als Nomen **57 f.**, 85, 89, 173, 175, 178

Nominativ 1. Fall, Wer-Fall ***der** Löwe, ich, mein* 51

notwendiger Relativsatz *Ich lese, **was mir gefällt.*** 241 ff.

Numerale (Zahlwort; Plural: Numeralien/Numeralia) *zwei, dritter, fünfmal* 171 ff.

Numerus (Zahl) Singular (Einzahl) und Plural (Mehrzahl). *der Baum, die Bäume, ich, wir* 51

Objekt (Satzergänzung) ein Satzglied. ▶ Akkusativobjekt, Dativobjekt, Genitivobjekt	196 ff.
Objektsatz Nebensatz, der die Aufgabe einer Satzergänzung übernimmt	248 f., 252
Ordinalzahl (Ordnungszahl) *der erste, zweite, dritte*	174 f.
Ordnungszahl ▶ Ordinalzahl	
Partikel Wort, das nicht flektiert werden kann. *ach, als, auf, denn, heute, selbst, vor*	43
Partizip I ▶ Partizip Präsens	
Partizip II ▶ Partizip Perfekt	
Partizip Perfekt (Partizip II, Mittelwort der Vergangenheit) *gegang**en**, gespiel**t***	103, 105 f., 117 f.
Partizip Präsens (Partizip I, Mittelwort der Gegenwart) *gehe**nd**, spreche**nd***	103, 105 f.
Partizipialgruppe (Mittelwortgruppe) Partizip + Objekt oder Adverbial als Ersatz für einen Nebensatz	253 ff.
Passiv Leideform. *er **wird geschlagen***	141 ff., 155 f.
Perfekt (vollendete Gegenwart) eine der sechs Zeiten. *ich bin gegangen, ich habe gespielt*	126 f., 128, 132
persönliches Fürwort ▶ Personalpronomen	
persönliches Passiv *Martha wurde entlassen.*	143
Person Es gibt drei Personen, und zwar jeweils im Singular (Einzahl) und im Plural (Mehrzahl).	121
Personalform Verbstamm + Personenendung, konjugierte/finite Verbform; Gegensatz: infinite Form	
Personalpronomen (persönliches Fürwort) *ich, er, wir*	67 ff.
Phonem kleinste lautliche Unterscheidung. ***b**iegen – **s**iegen*	34
Plural (Mehrzahl) *die Häuser, die Pferde*	46, 121
Plusquamperfekt (vollendete Vergangenheit) eine der sechs Zeiten. *ich war gegangen, ich hatte gespielt*	126, 128, 133, 257 ff.
Positiv (Grundstufe) erste, ungesteigerte Stufe bei der Steigerung des Adjektivs. *schön, gut, klein*	93 f.
Possessivpronomen (besitzanzeigendes Fürwort) *mein, dein, sein, unser, euer, Ihr*	69 ff.
Prädikat (Satzaussage) ein Satzglied. *Es **regnet**.*	194 f.
Das Prädikat bestimmt den Satzbau	213 ff.

das Prädikat als Satzklammer	216 ff.
das mehrteilige Prädikat im Satzbauplan	221 f.
prädikativ (zum Prädikat gehörend) Nomen oder Adjektiv als Teil des Prädikats. ▶ Prädikatsnomen, Prädikatsadjektiv	
Prädikatsadjektiv Gleichsetzung eines Adjektivs mit dem Subjekt oder Akkusativobjekt; Teil des Prädikats. *Sie ist **stark**.*	96, 201
Prädikatsnomen Gleichsetzung eines Nomens mit dem Subjekt oder Akkusativobjekt; Teil des Prädikats. *Frau Mai ist unsere **Nachbarin**.*	199 ff.
Präfix (Vorsilbe) nicht trennbarer oder trennbarer Wortteil, der einem anderen Wort vorangestellt wird und mit diesem ein neues Wort bildet. ***An**schaffung, **be**gleiten, **er**klären, **vor**lesen*	36 ff.
Präposition (Verhältniswort) *mit, von, gegen, in*	180 ff.
Präpositionalobjekt (Satzergänzung mit Verhältniswort) *Ich warte auf **deinen Anruf**.*	199, 204
Präsens (Gegenwart) eine der sechs Zeiten. *ich gehe, ich spiele*	126 f., 132, 257 ff.
Präteritum (Imperfekt, Vergangenheit) eine der sechs Zeiten. *ich ging, ich spielte*	126 f., 133, 257 ff.
Pronomen (Fürwort) Stellvertreter von Nomen. *ich, du, dieser, jeder, alle*	66 ff.
Pronominaladverb Adverb, das aus den Umstandswörtern *da, hier* oder *wo* + Präposition besteht und eine Verbindung aus Präposition + *das* oder *was* ersetzt. ***Worüber*** (aus: *über was*) *freust du dich?* ***Darüber*** (aus: *über das*).	168, 241
Punkt . ein Satzzeichen.	260 f.
reflexiv rückbezüglich	
Reflexivpronomen (rückbezügliches Fürwort) *mich, euch*	76 ff.
Reflexivverb (rückbezügliches Verb) *sich wundern*	115 f.
Rektion (Verb: regieren) Fähigkeit der Verben, Adjektive und Präpositionen, den grammatischen Kasus von Nomen und Pronomen festzulegen. *Er **vertraut ihm*** (Dativ). *Ich lege es **auf den Tisch*** (Akkusativ). *Ich bin mir **dieser Sache bewusst.*** (Genitiv)	181
Relativadverb (bezügliches Adverb) leitet einen Relativsatz ein. *womit, wovon, wodurch*	241
Relativpronomen (bezügliches Fürwort) leitet einen Relativsatz ein. *Die Geschäftspartnerin, **die/welche** ich gestern traf, ist heute wieder abgereist.*	78 ff.

Relativsatz (Bezugssatz)	Nebensatz, der sich auf das Subjekt, ein Objekt oder ein Adverbial im Hauptsatz bezieht; wird durch ein Relativpronomen oder Relativadverb eingeleitet. *Ich lese ein Buch, **das immer spannender wird**.*	238 ff.
Reziprozität	▶ wechselseitige Beziehung	
rhetorische Frage	Frage, auf die keine Antwort erwartet wird. *Hab' ich's nicht gesagt?*	229
rückbezügliches Fürwort	▶ Reflexivpronomen	
rückbezügliches Verb	▶ Reflexivverb	
sächlich	▶ neutral	
Satzaussage	▶ Prädikat	
Satzbau	Zusammensetzung der Satzglieder	214 ff., 219 ff.
Satzbauplan	Satzmuster. Darstellung der Möglichkeiten, wie Sätze aus verschiedenen Satzgliedern gebildet werden können	218 ff.
Satzellipse	verkürzter Satz	232
Satzergänzung	▶ Objekt	
Satzgefüge	Gefüge aus Haupt- und Nebensatz	232 f.
Satzgegenstand	▶ Subjekt	
Satzglied	ein oder mehrere Wörter, die eine bestimmte Aufgabe im Satz erfüllen	193 ff.
Satzgliedteil	▶ Attribut	
Satzklammer	mehrteilige Satzaussage, die andere Satzglieder umschließt. *Der Bus **fährt** später **ab**.*	216 ff., 225, 256 f.
Satzreihe	Aneinanderreihung von gleichrangigen Hauptsätzen	232
satzwertige Infinitivgruppe	▶ Infinitivgruppe	
satzwertige Partizipialgruppe	▶ Partizipialgruppe	
Satzzeichen	gliedern Sätze	261 ff.
Schachtelsatz	Satzgefüge aus einem oder mehreren Hauptsätzen und Nebensätzen	234
Schlusszeichen	schließen einen Satz ab	261 f.
Schrägstrich /	ein Satzzeichen	288
schwache Deklination	Deklination ohne besondere Merkmale	
schwache Deklination der Adjektive		91
schwache Deklination der Nomen		54

Schwache Konjugation (Beugung) Konjugation der Verben ohne Änderung des Stammvokals oder der Stammform. *ich arbeite, ich arbeitete* — 117

Selbstlaut ▶ Vokal

Semantik Lehre von der Bedeutung eines Wortes oder Ausdrucks

Semikolon (Strichpunkt) **;** ein Satzzeichen — 278

Sexus (natürliches Geschlecht) biologisches Geschlecht von Menschen, Tieren und Pflanzen — 62 f.

Silbe Sprecheinheit in Wörtern. *re-den* — 34 ff.

Silbentrennung Trennung von Wörtern nach Sprecheinheiten — 34 ff.

Singular (Einzahl) *das Haus, ein Pferd, ich* — 46, 121

Stamm des Verbs ▶ Verbstamm

Stammformen die drei Formen eines Verbs, die erkennbar machen, ob das Verb schwach oder stark konjugiert wird — 116

Stammprinzip eine wichtige Regel für die Rechtschreibung — 40

Standardsprache Hochdeutsch

starke Deklination Deklination mit besonderen Merkmalen

starke Deklination der Adjektive — 90

starke Deklination der Nomen — 51 ff

starke Konjugation Konjugation der Verben mit besonderen Merkmalen — 118 ff.

Steigerung (Komparation) des Adjektivs. *laut, lauter, am lautesten* — 93 ff.

Steigerungsstufe ▶ Komparativ

Stellvertreter Pronomen, das ein Nomen ersetzt — 66, 70, 73, 81, 83 f.

stimmhafte Laute *a, o, l, n* — 20, 21

stimmlose Laute *f, h, k, z* — 21 f.

Strichpunkt ▶ Semikolon

Subjekt (Satzgegenstand) ein Satzglied. ***Das Unwetter** zieht vorbei.* — 193 ff.

Subjektsatz Nebensatz, der den Satzgegenstand des Hauptsatzes ersetzt — 247 f., 253

Substantiv ▶ Nomen

Substantivierung ▶ Nominalisierung

Suffix (Nachsilbe, Anhängsel) Wortteil, das nicht als selbstständiges Wort vorkommt; wird an ein Wort *(Mitglied**schaft**)* oder einen Wortstamm *(laun**isch**)* angehängt und bildet so ein neues Wort. 36, 39

Superlativ (Höchststufe) dritte, höchste Stufe der Steigerung des Adjektivs. *am schnellsten; der schnellste Zug* 95 ff.

Syntax Lehre vom Satzbau

Tatform ▶ Aktiv

Tätigkeitswort ▶ Verb

Temporaladverbial Adverbiale Bestimmung der Zeit 202, 250

Temporalsatz (Zeitsatz) Nebensatz, der eine Handlung in ein zeitliches Verhältnis zum Hauptsatz setzt; wird z. B. durch die Konjunktionen *als, nachdem, während, bevor* eingeleitet. *Sie schlief noch, **als du kamst**.* 236, 250

Tempus (Plural: Tempora) Zeit. *Vergangenheit, Zukunft*

transitiv (zielend) ist ein Verb, das Akkusativobjekte bei sich haben kann. *Ich lese **diese Liste**.* 113 f., 215

trennbare Präfixe bei Verben. ***ab**fahren, **vor**ziehen* 38

Tunwort ▶ Verb

Übereinstimmung ▶ Kongruenz

Umgangssprache Sprache, die im Alltag benutzt wird, aber nicht im Schriftlichen

Umlaut *ä, ö, ü. M**ö**hre, V**ä**ter, tr**ü**b* 20, 22, 24

Umstandsbestimmung ▶ Adverbial

Umstandswort ▶ Adverb

unbestimmter Artikel ▶ Artikel

unbestimmtes Fürwort ▶ Indefinitpronomen

unbestimmtes Geschlechtswort ▶ Artikel

unbestimmtes Zahlwort *einige, manche, viele* 178 f.

unflektiert in Kasus, Genus, Numerus nicht verändert (ungebeugt). Gegensatz: flektiert ▶ Flexion

unpersönliches *es* 68 f.

unpersönliches Passiv wird mit es gebildet. *Es wurde viel getrunken.* 143

unpersönliches Verb Verb, das nur unpersönlich mit *es* benutzt werden kann. *es regnet* 114

unterordnende Konjunktionen *weil, als, dass* 190 ff.

Valenz ▶ Wertigkeit

Verb (Zeitwort, Tätigkeitswort, Tunwort) *spielen, sein* 102 ff.

Verbstamm (Stamm des Zeitworts) ergibt sich, wenn man am Ende des Infinitivs *-en/-ern/-eln* wegstreicht. *spielen, wandern, klingeln* 122

Vergangenheit ▶ Präteritum

Vergleichssatz ▶ Komparativsatz

Verhältniswort ▶ Präposition

verkürzter Satz (Satzellipse) *Glück gehabt!* 231

Verneinung (Negation) einzelner Wörter oder ganzer Sätze 222 f.

Verschiebeprobe Hilfsmittel zur Bestimmung der Satzglieder 204 f.

Vervielfältigungszahl (Multiplikativzahl) *mehrfach, zweifach* 176 f.

Vokal (Selbstlaut) *a, e, i, o, u* 20 f.

vollendete Gegenwart ▶ Perfekt

vollendete Vergangenheit ▶ Plusquamperfekt

vollendete Zukunft ▶ Futur II

Vollverb (vollwertiges Zeitwort) *fahren, helfen* 112 ff.

vollwertiges Zeitwort ▶ Vollverb

Vorgangspassiv Passivform, das einen Vorgang beschreibt. *Das Licht **wird ausgemacht**.* 141 ff., 155 f.

Vorsilbe ▶ Präfix

Vorzeitigkeit ein zeitliches Verhältnis der Handlungen in Haupt- und Nebensatz 256 ff.

w-Fragewort Fragewort, das mit dem Buchstaben *w* beginnt. *wer, warum, wo* 81 f., 165, 228

Wahlfrage (Alternativfrage) Frage mit zwei vorgegebenen Antwortmöglichkeiten. *Möchtest du Kaffee oder Tee?* 229, 246

wechselseitige Beziehung (Reziprozität) *Sie begrüßten sich (gegenseitig).* 78

weiblich ▶ feminin

Wem-Fall ▶ Dativ

Wen-Fall ▶ Akkusativ

Wenn-Satz ▶ Konditionalsatz

Wer-Fall ▶ Nominativ

Wertigkeit (Valenz) Fähigkeit der Verben, die Zahl der Satzglieder in einem Satz zu bestimmen 214 ff.

Wessen-Fall ▶ Genitiv

Wiewort ▶ Adjektiv

Wiederholungszahlen (Iterativzahlen) *dreimal, x-mal* 177

Wirklichkeitsform ▶ Indikativ

wörtliche Rede ▶ direkte Rede

Wortbaustein Wörter bestehen aus Wortbausteinen. 34

Wortfamilie Wörter, die alle vom selben Wortstamm abgeleitet sind. *send* ***send**en,* ***Send**eschluss, Ver**sand*** 40 f.

Wortfuge Stelle, an der bei zusammengesetzten Wörtern das eine Wort aufhört und das nächste beginnt. *Ton | leiter, fort | gehen* 35

Wortstamm Baustein für Wörter *wort, hand, viel* 40 f.

Wunschsatz *Wäre ich nur ein wenig reicher!* 230

Zählprobe Hilfsmittel zur Prüfung der Gleichrangigkeit aufgezählter Adjektive 266

Zahl ▶ Numerus

Zahlwort ▶ Numerale

Zeit (Tempus) Es gibt im Deutschen sechs Zeiten. *Präsens, Futur I* 126 ff.

Zeitsatz ▶ Temporalsatz

Zeitstrahl bildliche Darstellung der sechs Zeiten 256

Zeitwort ▶ Verb

zielend ▶ transitiv

Zukunft ▶ Futur I

zusammengesetztes Wort ▶ **Kompositum**

zusammengesetzte Zeit Zeit, die aus Hilfsverb + Vollverb gebildet wird. *er hat gegessen, er wird essen* 126 ff.

Zustandspassiv Passivform, die einen Zustand beschreibt. *Das Licht **ist** gelöscht.* 141 f.

Zwecksatz ▶ Finalsatz

zweiwertige Verben *lieben, brauchen, helfen* 215

Zwielaut ▶ Diphtong

Sach- und Stichwortverzeichnis

In der folgenden Liste finden Sie zahlreiche Fachbegriffe und Stichwörter, die in diesem Buch im Rahmen eines oder mehrerer Themen behandelt werden. Dahinter wird auf die entsprechende Seite verwiesen. Fachbegriffe sind fettgedruckt, Stichwörter kursiv. Ein ▶ verweist auf einen gleichbedeutenden Fachbegriff. Schlagen Sie dann bitte dort nach.

A

E

T

U

V

PONS Rechtschreibung und Zeichensetzung auf einen Blick Deutsch

Schnell, übersichtlich und effizient

Präzises Kompaktwissen auf wenigen Seiten. Hier finden Sie die wichtigsten Regeln zum schnellen Nachschlagen - im Unterricht oder zu Hause.

ISBN: 978-3-12-561234-1

PONS Typische Fehler auf einen Blick Deutsch

So können Sie Fettnäpfchen erfolgreich vermeiden

Typische Fehler sind hier übersichtlich dargestellt. Mit vielen Beispielen aus der täglichen Praxis.

ISBN: 978-3-12-561478-9

Format: DIN A4, jeweils 6 Seiten

Klappkarte, laminiert, gelocht

- immer griffbereit zum Nachschlagen
- aus strapazierfähigem, abwischbarem Material
- zum Abheften in jedem Ordner
- mit seitlicher Lochung

PONS Großes Schulwörterbuch Deutsch

Richtig schreiben, besser verstehen – mit dem Rechtschreib- und Bedeutungswörterbuch

- ideal für die Schule: der zuverlässige Begleiter, wenn es um die deutsche Sprache geht
- umfassend: rund 42.000 Stichwörter und Wendungen und mehr als 54.000 Bedeutungserklärungen
- schulgerecht: mit dem Fachwortschatz, auf den es in der Schule ankommt, und zahlreichen Infokästen rund um die Sprache
- verlässlich: mit umfangreichem Regelteil zur Rechtschreibung und Zeichensetzung
- nützlich: schnelle Hilfe beim Formulieren und Verstehen von Texten – und immer dann, wenn es um richtiges Schreiben geht

Format: 13 x 19,5 cm

Flexicover, 1.317 Seiten

ISBN: 978-3-12-517591-4

PONS

www.pons.de